CONTES ET LÉGENDES INACHEVÉS

TROISIÈME ÂGE

J. R. R. TOLKIEN

Contes et légendes inachevés

Troisième Âge

Introduction, commentaire et cartes
établis par Christopher Tolkien

Traduit de l'anglais par Tina Jolas

CHRISTIAN BOURGOIS ÉDITEUR

Collection « Références » dirigée par
Claude AZIZA

L'« Entracte » a été imaginé par
Catherine BOUTTIER

TROISIÈME PARTIE

LE TROISIÈME ÂGE

Loi n° 49-956 du 16 juillet 1949 sur les publications destinées
à la jeunesse : octobre 1996.

ISBN 2-266-07295-1

1

LE DÉSASTRE DES CHAMPS D'IRIS

APRÈS la chute de Sauron, Isildur, le fils et l'héritier d'Élendil, revint au Gondor. Et là il ceignit l'Élendilmir [1] en tant que Roi de l'Arnor et proclama sa souveraineté sur tous les Dúnedain, et au Nord et au Sud ; car il était homme de grand orgueil, et vigoureux. Il demeura un an au Gondor pour y rétablir l'ordre et en délimiter les frontières [2]. Mais le gros de l'armée d'Arnor revint en Ériador en empruntant la route númenoréenne qui, par les Gués de l'Isen, gagne Fornost.

Lorsqu'il se sentit enfin libre de retourner en son propre royaume, il fut pris d'une hâte soudaine, et désira se rendre sur-le-champ à Imladris, où il avait laissé sa femme et son plus jeune fils [3]. Et il avait en outre grand besoin de consulter Elrond. C'est pourquoi il résolut de partir d'Osgiliath et de pousser vers le nord en remontant le Val d'Anduin jusqu'aux Cirith-Forn-en-Andrath, les hauts cols d'où l'on redescendait directement sur Imladris [4]. Il connaissait le pays pour l'avoir parcouru souvent avant la Guerre de l'Alliance, et c'est par ce chemin même qu'il était parti en guerre avec les hommes de l'Arnor oriental, en la compagnie d'Elrond [5].

C'était un long périple, mais plus longue encore, et de beaucoup, était la seule autre route, laquelle prenait à l'ouest puis au nord jusqu'au carrefour d'Arnor, et ensuite à l'est jusqu'à Imladris [6]. Une route tout aussi rapide pour des cavaliers, mais Isildur n'avait pas de chevaux [7] aptes à faire le voyage, et plus sûre peut-être autrefois, mais à présent Sauron était vaincu, et les gens du Val d'Anduin avaient été à ses côtés dans la victoire. Il ne craignait rien sinon le mauvais temps et la fatigue, mais il leur fallait être gens d'endurance, ceux-là que le besoin envoyait errer au loin, en les Terres du Milieu [8].

Or donc, comme il est dit dans les légendes plus tardives, la seconde année du Troisième Âge tirait à sa fin lorsque Isildur se mit en route, quittant Osgiliath au début d'Ivanneth [9], et il comptait atteindre Imladris en quarante jours, vers la mi-Narbeleth, avant que le souffle de l'Hiver n'effleurât le Nord. Et par un clair matin, Meneldil [10] lui fit ses adieux à la Porte-Est du Pont, disant : « Va donc, et fais diligence ! Et puisse le Soleil de ton départ ne point cesser d'éclairer ta route ! »

Avec Isildur s'en furent ses trois fils, Élendur, Aratan et Ciryon [11], et sa Garde, forte de deux cents chevaliers et soldats, tous hommes d'Arnor, rudes et aguerris. On ne sait rien de leur voyage jusqu'à ce qu'ils aient franchi la plaine de Dagorlad et se soient enfoncés plus au nord, dans les vastes landes désertes, au sud de Vert-Bois-Le-Grand. Le vingtième jour, comme ils arrivaient tout juste en vue de la forêt qui couronnait les hautes terres, à l'horizon, des lueurs rouges et or d'Ivanneth, le ciel se couvrit ; et de la Mer de Rhûn, un vent sombre accourut, chargé de pluie et il plut quatre jours durant, de sorte que lorsqu'ils atteignirent le débouché des Vallons, entre la Lórien et Amon Lanc [12], Isildur se détourna de l'Anduin, grossi d'eaux tumultueuses, et gravit les pentes abruptes de la rive occidentale afin de retrouver les anciens sentiers des Elfes Sylvains, qui suivaient la lisière de la Forêt.

Et c'est ainsi qu'en cette fin d'après-midi de leur trentième journée de marche, ils longeaient les confins nords des Champs d'Iris [13], empruntant un sentier qui conduisait à ce qui était alors le royaume de Thranduil [14]. La belle journée était à son déclin, et au-delà des cimes lointaines, les nuages s'amoncelaient, empourprés par le soleil brumeux qui sombrait en leur sein. Le creux des ravines s'emplissait d'ombre. Et chantaient les Dúnedain, car leur journée de marche tirait à sa fin, et ils avaient déjà laissé derrière eux les deux tiers de la longue route jusqu'à Imladris. A leur main droite la Forêt enténébrait les versants abrupts au-dessus du sentier, qui allaient s'adoucissant en contrebas jusqu'au creux du vallon.

Et soudain, comme le soleil s'évanouissait derrière un nuage, ils entendirent les cris hideux des Orcs, et ils les virent qui surgissaient de l'ombre de la Forêt, et dévalaient la pente, poussant leur cri de guerre [15]. Dans la lumière crépusculaire, leur nombre ne se pouvait que deviner, mais à l'évidence les Dúnedain étaient en minorité, et même à un contre dix. Isildur ordonna que l'on formât une *thangail* [16], un mur de boucliers sur deux rangs serrés qui, s'il était pris de flanc, pouvait s'incurver aux deux bouts jusqu'à devenir un anneau fermé. Si le terrain avait été plat, ou si la pente avait été en sa faveur, il aurait fait former une *dirnaith* [16], et il aurait chargé les Orcs, confiant en la force plus grande des Dúnedain et de leurs armes, et en leur capacité de se tailler un chemin dans la masse de leurs ennemis et de les disperser en semant l'effroi parmi eux ; mais en l'occurrence, cela ne se pouvait faire. Et l'ombre d'un pressentiment tomba sur son cœur.

« La vengeance de Sauron perdure, songea-t-il, même si Sauron, lui, est mort ! » ; et il dit à Elendur qui se tenait à ses côtés : « Il y a de la ruse dans cet assaut, mais plus que de la ruse, une intention maligne ! Nous n'avons nul espoir d'être secourus ! La Moria et la Lórien sont à présent loin derrière nous, et Thranduil est à quatre jours de marche devant ! Et nous sommes porteurs de fardeaux dont la valeur est sans prix », dit Élendur, car il était dans la confidence de son père.

Les Orcs gagnaient du terrain. Isildur se tourna

vers son écuyer : « Ohtar [17], dit-il. Je place ceci en ta garde », et il lui remit le lourd fourreau et les tronçons de Narsil, l'épée d'Élendil. « Dérobe-les à la capture par tous les moyens possibles et à tout prix, même au prix d'être tenu pour un lâche qui m'a abandonné ! Prends avec toi ton compagnon, et file ! Va ! Je te l'ordonne ! » Ohtar mit un genou en terre et lui baisa la main, et les deux jeunes gens disparurent, tout courant, dans l'obscurité du vallon [18].

Si les Orcs aux yeux perçants remarquèrent leur fuite, ils n'y prêtèrent point attention. Ils firent une halte brève, se préparant à l'assaut. Et tout d'abord, ils lâchèrent une volée de flèches, puis subitement, et poussant une horrible clameur, ils firent ce qu'aurait fait Isildur : avec leurs principaux guerriers à l'avant-garde, ils se ruèrent le long de la dernière pente, comptant enfoncer le mur des boucliers. Mais il tint ferme. Les flèches ne purent percer l'acier númenoréen. Les Hommes dominaient de leur haute stature les plus grands des Orcs, et leurs épées et javelots portaient beaucoup plus loin que ceux de leurs ennemis. L'assaut faiblit, se brisa, et ils se retirèrent, laissant les défenseurs sans grand mal et inébranlés, derrière des monceaux d'Orcs tués.

Isildur crut que l'ennemi faisait retraite vers la forêt. Il regarda derrière lui. A l'instant de disparaître derrière les montagnes, le rouge limbe du soleil luisait dans l'entre-deux des nuages : il ferait nuit bientôt. Il donna l'ordre de se remettre immédiatement en route mais d'infléchir la marche vers le terrain plat, en contrebas, où les Orcs se trouveraient moins avantagés [19]. Peut-être pensait-il qu'ayant chèrement payé une attaque qui avait été repoussée, ils leur céderaient le pas, non sans les faire suivre, la nuit durant, par leurs éclaireurs, et faire surveiller leur camp. C'était bien à la manière des Orcs, qui le plus souvent battaient en retraite tout déconfits, lorsque leur proie se retournait contre eux et mordait.

Mais il était dans l'erreur. Il y avait plus que de la

ruse dans l'attaque, mais de la haine, et une haine féroce et acharnée. Les Orcs des montagnes avaient été embrigadés, et placés sous le commandement des sinistres serviteurs de Barad-Dûr ; et ils avaient été postés longtemps auparavant à la surveillance des cols, et bien qu'ils n'en eussent point claire conscience, l'Anneau coupé sur la Noire Main de Sauron, deux ans avant, demeurait toujours chargé de son maléfice, et convoquait à l'aide tous les serviteurs de Sauron [20]. Les Dúnedain avaient fait à peine un mille lorsque les Orcs firent à nouveau mouvement. Cette fois-ci, ils ne chargèrent pas, mais rassemblant toutes leurs forces, ils se précipitèrent sur un seul rang, offrant un large front qui s'incurva peu à peu, jusqu'à former un croissant, et bientôt un anneau se refermant sur les Dúnedain. Ils étaient silencieux à présent, et demeuraient à distance respectueuse des redoutables arcs d'acier de Númenor [21], encore que l'ombre gagnât rapidement, et qu'Isildur ne disposât point d'archers en nombre suffisant pour la circonstance [22]. Il fit halte.

Il y eut une pause, bien que ceux des Dúnedain qui avaient la vue perçante dirent que les Orcs s'avançaient furtivement vers l'intérieur, pas à pas. Élendur s'approcha de son père, qui se tenait à l'écart, sombre, comme perdu dans ses pensées. « *Atarinya,* dit-il. Qu'en est-il de ce pouvoir qui réduirait à merci ces créatures infâmes, et les contraindrait à t'obéir ? N'est-il d'aucun secours ? »

« Hélas, non, *senya* ! Je ne puis en faire usage. Je redoute la douleur d'y toucher [23]. Et je n'ai pas encore trouvé la force de le soumettre à mon vouloir. Il exige d'être manié par quelqu'un de plus grand que celui que je me sais être à présent. Mon orgueil est abattu. L'Anneau devrait être entre les mains des Gardiens des Trois. »

A cet instant, on sonna du cor, et les Orcs resserrèrent l'étau de toute part, se ruant sur les Dúnedain avec une férocité téméraire. La nuit était venue et tout espoir s'était évanoui. Les Hommes tombaient, car les plus grands parmi les Orcs bondissaient en l'air, deux à la fois, et morts ou vivants s'abattaient de tout leur poids sur un Dúnedain afin de le livrer à d'autres griffes plus puissantes qui le traînaient hors de la mêlée pour l'achever. Les Orcs, à ce jeu, perdaient à cinq contre un, mais ce n'était pas cher payé. Ciryon fut tué de cette manière, et Aratan fut blessé à mort en tentant de le secourir.

Élendur, encore indemne, chercha Isildur. Il ralliait ses hommes sur le flanc est où l'assaut avait été particulièrement meurtrier, car les Orcs craignaient encore l'Élendilmir qu'il portait au front et ils l'évitaient. Élendur le toucha à l'épaule et il se retourna sauvagement, croyant être attaqué par un Orc embusqué derrière lui.

« Mon Roi, dit Élendur, Ciryon est mort et Aratan est mourant. Ton ultime conseiller se doit de te porter conseil ; il se doit même de te donner ordre, de même que tu donnas ordre à Ohtar. Va ! Prends le fardeau qui t'a été confié et, à tout prix, remets-le entre les mains des Gardiens : au prix même d'abandonner tes hommes et moi ! »

« Fils de Roi, dit Isildur, je savais qu'il me le fallait faire ; mais je me dérobais devant la si cruelle douleur. Ni ne pouvais-je partir sans avoir reçu de toi congé. Pardonnez-moi et pardonne à mon orgueil qui t'a conduit à ce destin de mort[24]. » Élendur l'embrassa : « Va ! Va maintenant ! », dit-il.

Isildur prit vers l'ouest, et retirant l'Anneau du sachet fixé à son cou sur une chaînette, il le passa à son doigt avec un hurlement de douleur — et depuis lors jamais plus ne fut vu en la Terre du Milieu. Mais l'éclat de l'Élendilmir de l'Ouest ne se laissa pas étouffer de la sorte, et soudain voici que sa lumière fulgura, flamme rouge et furieuse, comme une étoile incendiée ; et l'effroi au cœur, les Hommes et les Orcs s'écartèrent ; et ramenant son capuchon sur sa tête, Isildur disparut dans la nuit[25].

De ce qu'il advint aux Dúnedain, cela seulement on devait apprendre : sous peu, ils gisaient tous morts, sauf un, un jeune écuyer qui n'avait été qu'étourdi, et se trouvait enterré sous l'amoncellement des tués. Ainsi périt Élendur[26], lequel devait être Roi, et comme le prédisaient tous ceux qui le connaissaient, un grand Roi par sa force et sa sagesse et sa majesté sans superbe, un des plus grands car en lui revivait le meilleur de la semence d'Élendil, son aïeul, et il était le plus semblable à lui.

Or d'Isildur, on raconte qu'il souffrit une douleur aiguë et que l'angoisse lui tenailla le cœur, mais qu'au début il courut comme un cerf qui fuit la meute des chiens, jusqu'à ce qu'il atteignît le fond du vallon. Et là reprit son souffle, pour s'assurer qu'il n'était pas poursuivi ; car les Orcs pouvaient traquer un fugitif dans les ténèbres rien que par le fumet, et ils n'avaient nul besoin de voir clair. Alors moins haletant, il reprit sa fuite, et se déployait devant lui, dans les ténèbres, un plat pays rocailleux, sans chemins ni sentiers, plein d'embûches pour le pied de l'errant.

Et ainsi marchant, il atteignit enfin les rives de l'Anduin, au plus fort de la nuit, et il était exténué ; car il avait parcouru dans l'obscurité un chemin que les Dúnedain n'auraient pu couvrir aussi vite de jour et sans faire halte aucune[27]. A ses pieds, le fleuve se ruait, tourbillonnant dans le noir. Il se tint là, un temps, seul et le désespoir au cœur. Puis soudain, et promptement, il dépouilla son armure et rejeta ses armes, sauf une courte épée à sa ceinture[28], et il plongea dans l'eau. C'était un homme vigoureux et endurant, au point qu'il y en avait peu de son âge, parmi les Dúnedain, pour lui tenir tête, et cependant il n'avait guère espoir d'atteindre l'autre rive. Avant d'avoir poussé bien loin, il fut en effet contraint d'obliquer vers le nord nageant à contre-courant ; car malgré tous ses efforts, il se voyait toujours entraîné vers les rapides des Champs d'Iris. Et ils étaient plus près qu'il n'avait cru[29], et voilà qu'il sentit enfin le courant s'alanguir, et qu'il crut avoir gagné le pas ; mais il était là se débattant dans un fouillis de roseaux et de joncs. Et soudain, il sut qu'il n'avait plus l'Anneau : par hasard ou par un hasard à point voulu, il s'était détaché de sa main, et avait disparu là où jamais plus il ne pouvait espérer le retrouver. Un instant, il ressentit si fort le sentiment de cette perte qu'il cessa de lutter, et se serait laissé couler bas. Mais un instant seulement, car ce sentiment se dissipa aussi promptement qu'il était venu. La douleur l'avait quitté. On l'avait déchargé d'un grand fardeau. Ses pieds reconnurent le lit de la rivière, et s'arrachant à la vase, il pataugea parmi les roseaux jusqu'à un îlot marécageux proche de la rive ouest, et là se dressa hors de l'eau : un homme, rien qu'un homme mortel, une infime créature perdue et abandonnée, dans les solitudes de la Terre du Milieu. Mais les Orcs ont la vision nocturne, et à ceux des Orcs qui rôdaient aux aguets dans les parages, l'Homme apparut immense et monstrueux, une grande ombre chargée d'épouvante et dont le regard brillait comme une étoile. Et sur elle, ils lâchèrent leurs flèches empoisonnées, et prirent la fuite. Et sans cause, car Isildur était désarmé ; il eut le cœur et la gorge transpercés de part en part, et sans un cri, il retomba en arrière dans les flots. Et jamais trace de son corps ne fut retrouvée, ni par les Elfes, ni par les Hommes. Ainsi passa la première victime du maléfice perpétré par l'Anneau sans maître : Isildur second Roi de tous les Dúnedain, Seigneur d'Arnor et de Gondor, en cet Âge du Monde qui devait être le dernier.

La Mort d'Isildur : sources de la légende

Il y eut des témoins de l'événement. Ohtar et son compagnon s'échappèrent, emportant avec eux les tronçons de Narsil. Le récit fait aussi état d'un jeune homme qui aurait survécu au massacre ; c'était l'écuyer d'Élendur, nommé Estelmo ; et il fut l'un des derniers à tomber, mais il ne fut qu'étourdi par un coup de massue, et non point tué, et on le retrouva vivant sous le corps d'Élendur. Il entendit les paroles d'adieu d'Isildur et d'Élendur. Et il y eut des sauveteurs qui vinrent sur les lieux, trop tard, mais à temps cependant pour faire fuir les Orcs et les empêcher de mutiler les corps. Et il y eut aussi quelques Forestiers qui furent avertis par les coureurs de Thranduil, et qui eux aussi se rassemblèrent en force pour dresser une embuscade aux Orcs — dont ceux-ci eurent vent, et ils se disséminèrent au loin, car bien que victorieux, ils avaient subi de graves pertes, et presque tous les grands Orcs étaient tombés dans la bataille ; et pour de longues années, ils renoncèrent à lancer des attaques de cette envergure.

L'histoire des dernières heures d'Isildur et de sa mort reste objet de conjectures : mais de conjectures bien fondées. La légende sous sa forme complète prit corps seulement sous le Règne d'Élessar, au Quatrième Âge, lorsque d'autres traces vinrent à jour. Jusque-là on apprit d'abord qu'Isildur avait bien eu l'Anneau en sa possession, et qu'il s'était enfui vers le Fleuve ; deuxièmement, qu'on avait trouvé sur la berge sa cotte de mailles, son heaume, son écu et sa grande épée (mais rien d'autre), un peu en amont des Champs d'Iris ; troisièmement, que les Orcs avaient laissé des guetteurs sur la rive occidentale armés d'arcs pour intercepter quiconque aurait échappé à la mêlée et aurait fui vers le Fleuve (car on trouva des vestiges de leurs campements, dont certains tout proches des Champs d'Iris) ; et quatrièmement, qu'Isildur et l'Anneau, ou séparément ou ensemble, avaient dû se perdre dans la Rivière, car si Isildur avait pu atteindre, l'Anneau au doigt, la berge occidentale, il aurait éludé la garde, et un homme tant hardi et à ce point endurant n'aurait pas manqué de rallier Lórien ou la Moria, avant que de défaillir. Malgré la longueur du voyage entrepris, les Dúnedain portaient, chacun à la ceinture, une pochette scellée contenant un flacon de cordial et des tranches de pain-de-route, de quoi subvenir à leurs besoins pour plusieurs jours, — non point le *miruvor*[30] ou les *lembas* des Eldar, mais quelque chose d'analogue, car grande était l'efficacité de la médecine et des autres arts pratiqués à Númenor, et on ne les avait pas encore oubliés. Or parmi la garbe dont s'était dépouillé Isildur, il n'y avait ni ceinture ni sacoche.

Longtemps après, comme le monde des Elfes était, en ce Troisième Âge, à son déclin, et qu'approchait la Guerre de l'Anneau, on révéla au Conseil d'Elrond que l'Anneau avait été découvert dans la vase, en bordure des Champs d'Iris, tout près de la berge occidentale ; cependant il ne fut jamais trouvé trace du corps d'Isildur. Alors ils se rendirent compte que Saruman avait fouillé lui aussi secrètement la même région, et bien qu'il n'eût pas trouvé l'Anneau (qui avait été emporté longtemps auparavant), ils ignoraient quelle autre chose il avait bien pu déterrer.

Mais le Roi Élessar, qui avait été couronné au Gondor, entreprit la réorganisation de son royaume, et l'une de ses premières tâches fut de restaurer l'Orthanc où il se proposait d'installer à nouveau le *palantir*, repris des mains de Saruman. Alors on fouilla la tour dans ses moindres recoins. Et on trouva bien des objets de valeur, bijoux et joyaux ayant appartenu à Éorl, dérobés à Édoras par l'entremise de Wormtongue, durant le déclin du Roi Théoden, et d'autres choses encore, plus anciennes et plus belles, arrachées aux tertres et aux tombes, ici et là. Car en son avilissement, il semble que Saruman ait cessé de se conduire en dragon, pour se faire pie voleuse ! Enfin derrière une porte fermée, qu'Élessar n'eût pu ni découvrir ni ouvrir si cela n'avait été avec l'aide de Gimli le Nain, apparut une armoire de fer. Et peut-être cette armoire était-elle destinée à abriter l'Anneau ; mais on la trouva quasiment vide. Une cassette, sur une planche du haut, renfermait deux choses : et la première était un petit sachet d'or attaché à une chaîne fine ; et le sachet était vide et ne portait ni lettre ni inscription d'aucune sorte ; mais sans nul doute possible, le sachet avait contenu, un jour, l'Anneau suspendu au cou d'Isildur. A côté, gisait un trésor sans prix, longtemps pleuré car on le croyait perdu à jamais : l'Élendilmir lui-même, la blanche étoile des Elfes, l'étoile de cristal sertie dans un fin réseau de *mithril*[31], hérité de Silmarien elle-même qui l'avait transmis à Élendil, et que celui-ci avait choisi comme gage de la souveraineté dans le Royaume du Nord[32]. Depuis lors, chaque Roi et chaque chef suprême, à son accession en Arnor, avait porté l'Élendilmir, et jusqu'à Élessar lui-même ; mais bien que ce fût un joyau de grande beauté, fabriqué par les forgerons-Elfes d'Imladris, pour Valandil, fils d'Isildur, il n'avait point l'ancienneté ni les pouvoirs de celui qui fut perdu lorsque Isildur prit la fuite dans les ténèbres pour ne plus jamais revenir.

Élessar s'en chargea avec révérence, et lorsqu'il retourna au pays du Nord, et assuma de nouveau la pleine souveraineté sur l'Arnor, Arwen le lui noua au front, et les hommes firent silence, éblouis par sa splendeur. Mais Élessar se garda de le placer de nouveau en péril et ne s'en ceignit que les jours d'apparat, au royaume du Nord. Et lorsqu'il portait garbe royale en d'autres occasions, il se parait de l'Élendilmir qu'il avait eu par héritage. « Et cela même, disait-il, est plus que je ne mérite : quarante fronts l'ont porté avant moi[33]. »

Lorsque les hommes considérèrent de plus près ce trésor secret, ils s'étonnèrent et s'affligèrent ; car il leur apparut que si ces choses avaient survécu, c'est qu'elles avaient tenu au corps même d'Isildur lorsqu'il coula bas ; et si cela s'était passé en eau profonde, un fort courant les aurait, avec le temps, entraînées au loin. Donc Isildur avait dû tomber non pas au milieu du fleuve, mais dans les troubles en bordure, et avec tout juste de l'eau au genou. Pourquoi, dans ce cas, et bien qu'un Âge entier se fût écoulé, n'y avait-il trace de ses ossements ? Saruman les aurait-il trouvés et profanés ? Les aurait-il brûlés en dérision, dans l'un de ses fourneaux ? Si cela avait eu lieu, c'était là œuvre honteuse. Mais on lui connaissait de bien plus noirs forfaits.

NOTES

1. L'Élendilmir est mentionné dans une note à l'Appendice A (I ii) (*Le Seigneur des Anneaux*) : les Rois de l'Arnor ne portaient pas de couronne, « mais un unique joyau blanc, l'Élendilmir, l'Étoile d'Élendil, fixé au front par une fine résille d'argent ». Cette note évoque d'autres mentions de l'Étoile d'Élendil dans le cours du récit. En fait, il n'y avait pas une, mais deux pierres précieuses, de même nom.

2. Sur les événements qui donnèrent lieu au Serment d'Éorl et à l'Alliance du Gondor avec les Rohirrim, voir l'Histoire de Cirion et d'Éorl, elle-même fondée sur des récits plus anciens et pour la plupart, perdus. [Note de l'auteur.]

3. Le plus jeune fils d'Isildur était Valandil, troisième Roi de l'Arnor : voir *les Anneaux du Pouvoir,* dans *le Silmarillion.* Dans l'Appendice A (I, iii) au *Seigneur des Anneaux,* il est précisé que Valandil était né à Imladris.

4. Ce col figure uniquement sous un nom Elfe. A Rivendell, bien des années plus tard, Gimli-le-Nain en parle comme du « Haut Col ». « Si ce n'était pour les Beornings, il y a longtemps que le chemin de Dale à Rivendell serait devenu impraticable. Ce sont gens vaillants et ils gardent ouverts le Haut Col et le Gué du Carrock. » (*la Fraternité de l'Anneau.* II, i.) C'est en passant ce col que Thorin Oakenshield et les siens tombèrent aux mains des Orcs (*les Hobbits,* Prologue, I). *Andrath* signifie manifestement « longue escalade » :

5. Voir *les Anneaux du Pouvoir,* dans *le Silmarillion* : « [Isildur] s'en alla vers le nord à Gondor par le chemin qu'Élendil avait pris. »

6. Cela faisait trois cents lieues et plus [par le chemin qu'Isildur comptait prendre] ; et, en majeure partie, par des routes généralement à peine frayées ; à cette époque-là, les seules routes númenoréennes étaient l'importante voie qui reliait le Gondor à l'Arnor, en passant par le Calenardhon, puis, obliquant vers le nord pour franchir le Gwathló à Tharbad, poussait jusqu'à Fornost ; et la Grande Route Est-Ouest qui, depuis les Havres Gris, ralliait Imladris. Ces routes se croisaient en un point [Bree] à l'ouest d'Amon Sûl (Weathertop), à trois cent quatre-vingt-dix-

neuf lieues — selon le bornage des Númenoréens — d'Osgiliath, et à cent seize lieues d'Imladris : soit, cinq cents lieues en tout. [Note de l'auteur.] — Voir l'Appendice sur les mesures linéaires númenoréennes.

7. Les Númenoréens possédaient en leur propre pays des chevaux qu'ils tenaient en haute estime — voir la « description de Númenor », *le Second Âge,* p. 7. Mais ils ne s'en servaient pas au combat ; car leurs guerres se déroulaient toutes outre-mer. De plus, ils étaient gens de haute taille et de puissante carrure et fort vigoureux, et leurs soldats tout équipés avaient accoutumé de porter des armes et des armures de grand poids. En leurs colonies sur les côtes de la Terre du Milieu, ils acquérirent et élevèrent des chevaux, mais ils ne s'en servaient guère comme monture, sinon pour le plaisir et le sport. A la guerre, seuls les messagers étaient montés, et certains corps d'archers munis d'armes légères (souvent gens d'une autre race). Dans la Guerre de l'Alliance, les quelques chevaux qu'ils utilisèrent furent décimés, et à Osgiliath, il ne devait guère y en avoir. [Note de l'auteur.]

8. Il leur fallait bien quelques bagages et provisions dans ces pays déserts, car ils ne pouvaient compter sur aucune habitation, ni d'Elfes ni d'Hommes, avant d'atteindre le royaume de Thranduil, presque au terme de leur voyage. En cours de route, chaque homme portait pour environ deux jours de provisions (outre « l'en-cas », le sachet mentionné dans le texte [p. 18] ; le reste et les autres bagages étaient transportés à dos de cheval, des petits chevaux très résistants, d'une race qu'on avait d'abord découverte, dit-on, vivant à l'état libre et sauvage dans les vastes plaines du sud, à l'est du Vert-Bois. On les avait domestiqués, mais s'ils acceptaient de transporter, au pas, de lourdes charges, ils ne laissaient personne les monter. Et il n'y en avait que dix. [Note de l'auteur.]

9. *Yavannië* 5, selon le « comput des Rois de Númenor », conservé sans grandes modifications dans le Calendrier de la Comté. Yavannië (*Yvanneth*) correspondait à *Nalimath,* notre mois de septembre ; et *Narbeleth,* à notre mois d'octobre. Quarante jours (jusqu'au 15 *Narbeleth*) devaient suffire, si tout allait bien. Le voyage comptait au moins trois cent huit lieues de marche, mais les soldats Dúnedain, hommes grands et forts et endurants, étaient accoutumés à faire « sans effort », leurs huit lieues par jour. Ils avançaient par étapes d'une lieue avec de brèves pauses à l'issue de chaque étape (*lár,* et en Sindarin *daur,* signifiaient, à l'origine, une halte, une pause), et une heure de pause également, aux alentours de midi. Cela leur faisait une « traite » d'environ dix à dix heures et demi, durant laquelle ils marchaient huit heures d'affilée. Ils pouvaient maintenir cette allure sur de longues périodes, pour peu qu'ils aient des provisions en suffisance. Le temps pressant, ils étaient capables de se déplacer beaucoup plus rapidement, au rythme d'environ douze lieues par jour (ou même plus en cas d'urgence), mais sur des

périodes plus courtes. A la date du désastre, on disposait en rase campagne d'au moins onze heures de jour à la latitude d'Imladris (dont ils approchaient) ; mais de moins de huit, au cœur de l'hiver. Toutefois, en temps de paix, on n'entreprenait pas de longs voyages au Nord, depuis le début de *Hithui* (*Hisimë,* novembre), jusqu'à la fin *Ninui* (*Nenimë,* février). [Note de l'auteur.] Un exposé détaillé des Calendriers en usage dans les pays de la Terre du Milieu figure dans *Le Seigneur des Anneaux* (Appendice D).

10. Meneldil était le neveu d'Isildur, le fils d'Anárion, le plus jeune frère d'Isildur, tué au siège de Barad-Dûr. Isildur avait institué Meneldil Roi du Gondor. Meneldil était un homme courtois mais avisé, et ménager de ses pensées. En fait, il ne voyait pas d'un mauvais œil le départ d'Isildur et de ses fils, et il espérait que leur affaire, là-bas au Nord, les retiendrait longtemps. [Note de l'auteur.] Il est précisé, dans une chronique inédite concernant les Héritiers d'Élendil, que Meneldil était le quatrième enfant d'Anárion, qu'il était né en l'année 3318 du Second Âge, et qu'il fut le dernier homme à naître sur l'île de Númenor. La note ci-dessus est la seule indication touchant son caractère.

11. Tous trois, ils avaient combattu dans la guerre de l'Alliance, mais Aratan et Ciryon n'avaient pas participé à l'invasion du Mordor et au siège de Barad-Dûr, car Isildur les avait envoyés défendre sa forteresse de Minas Ithil, de peur que Sauron, n'échappant à Gil-galad et à Élendil, ne forçât un chemin à travers Girith Dúath (plus tard, appelé Cirth Ungol), et n'aille tirer vengeance des Dúnedain, avant d'être réduit à merci. Élendur, héritier d'Isildur et proche de son cœur, était resté aux côtés de son père durant toute la guerre (sauf pour l'ultime assaut contre Orodruin), et il avait toute la confiance d'Isildur. [Note de l'auteur.] La chronique mentionnée dans la note précédente nous apprend que le fils aîné d'Isildur était né à Númenor, en l'année 3299 du Second Âge — (Isildur lui-même est né en 3209).

12. *Amon Lanc* « La Colline Dénudée » était le point culminant des hautes terres, à la corne sud-ouest du Vert-Bois, et on l'appelait ainsi parce qu'aucun arbre ne poussait sur sa cime. Plus tard, ce fut Dol Guldur, la première place forte de Sauron, au lendemain de son réveil. [Note de l'auteur.]

13. Les Champs d'Iris (*Loeg Ningloron*). Dans les Jours Anciens, à l'époque où vinrent s'y établir les Elfes Sylvains, il s'était formé là un lac dans une dépression profonde où, affluant du nord, l'Anduin se déversait au terme d'une longue dénivellation de près de soixante-dix milles, tranche la plus tumultueuse de son cours ; et là il mêlait ses eaux à la torrentueuse rivière des Iris (Sîr Ninglor) qui dévalait des Montagnes. Autrefois le lac devait s'étendre plus à l'ouest de l'Anduin, car le flanc est du vallon était plus abrupt ; et il avait dû battre le chevet des bois qui couvraient, en ces temps lointains, les longs versants est depuis les hauteurs de la Forêt. Et ses rives couvertes de roseaux se marquaient encore dans l'apaisement de la pente, juste en contrebas du sentier que

suivait Isildur. Le lac n'était plus qu'un vaste marécage où la rivière vaguait parmi un semis d'îlots sauvages, de roselières et de jonchaies, et foisonnaient les iris jaunes qui poussaient à hauteur d'homme et plus, et ces iris avaient donné leur nom à toute la région et à la rivière jaillie des Montagnes, dont ils envahissaient en rangs serrés tout le cours inférieur. Mais les marécages s'étaient retirés vers l'est, et en bas des pentes il y avait maintenant de vastes noues où l'on pouvait marcher dans l'herbe fraîche et les joncs nains. [Note de l'auteur.]

14. Bien avant la Guerre de l'Alliance, Oropher, Roi des Elfes Sylvains à l'est de l'Anduin, inquiet des rumeurs qui couraient sur le pouvoir croissant de Sauron, avait abandonné avec son peuple, leurs anciennes demeures aux abords d'Amon Lanc, en face de Lórien, sur l'autre berge de la rivière où vivait leur parentèle. Par trois fois, il s'était déplacé vers le nord, et à la fin du Second Âge, il vivait dans les ravines à l'ouest de l'Émyn Duir, et son peuple nombreux habitait et errait dans les bois et vallées, à l'ouest jusqu'à l'Anduin, et au nord de l'ancienne Route-des-Nains (*Men-i-Naugrim*). Il s'était joint à l'Alliance, mais avait été tué lors de l'assaut donné aux Portes de Mordor. Son fils Thranduil était retourné au pays, ramenant les restes de l'armée des Elfes Sylvains l'année qui précéda le voyage d'Isildur.

Les Émyn Duir (les Montagnes Sombres) étaient un groupe de hautes collines au nord-est de la Forêt, qui devaient leur nom aux denses bois de sapins qui en couvraient les versants ; mais elles n'avaient pas encore acquis une mauvaise réputation. Par la suite, lorsque l'ombre de Sauron s'étendit sur tout Vert-Bois-le-Grand, au point d'en changer le nom, qui d'Éryn Galen devint Taur-nu-Fuin (traduit par Mirkwood), l'Émyn Duir se fit le repaire de nombre de ses créatures les plus malfaisantes, et s'appela Émyn-nu-Fuin, les Monts de Mirkwood. [Note de l'auteur]. Sur Oropher, voir l'Appendice B à « l'Histoire de Galadriel et de Celeborn » ; dans l'un des passages, est mentionnée la retraite d'Oropher vers le nord, dans les profondeurs du Vert-Bois, retraite imputée à son désir d'échapper à la proximité des Nains du Khazad-dûm et au voisinage de Celeborn et de Galadriel, en Lórien.

Les noms Elfes des Monts de Mirkwood, ne se retrouvent nulle part ailleurs. Dans l'Appendice F (II) au *Seigneur des Anneaux,* le nom Elfe de Mirkwood est Taur-e-Ndaedelos, « Bois d'Effroi » ; le nom donné ici, « Tau-nu-Fuin, » « Forêt ennuitée » devait plus tard s'appliquer à tout le Dorthonion, les hautes terres boisées aux confins septentrionaux du Beleriand, durant les Jours Anciens.

Que ce même nom, Taur-nu-Fuin, soit appliqué et à la forêt de Mirkwood et au Dorthonion correspond d'ailleurs aux représentations picturales qu'en donne mon père : voir *Pictures by J.R.R. Tolkien,* 1979, note au n° 37. Au lendemain de la Guerre de l'Anneau, Thranduil et Celeborn changèrent une nouvelle fois le nom de Mirkwood, qui devint Eryn Lasgalen, le Bois des Vertes-feuilles (Appendice B au *Seigneur des Anneaux*).

Men-i-Naugrim, la Route des Nains, est la Vieille Route Forestière décrite dans *le Hobbit,* chapitre 7. Dans les premières ébauches de cette partie du récit actuel, une note renvoie à « l'ancienne Route Forestière qui descendait du Col d'Imladris et traversait Anduin par un pont (lequel avait été élargi et renforcé afin de permettre le passage des armées de l'Alliance), et suivait ensuite la vallée jusqu'au Vert-Bois. A l'aval, l'Anduin ne se laissait point guéer ; car à quelques milles au-dessous de la Route Forestière, la pente s'accusait fortement et la rivière devenait extrêmement rapide, jusqu'à ce qu'elle ait atteint le grand déversoir des Champs d'Iris. Au-delà des Champs, elle précipitait son cours à nouveau, et là formait un vaste fleuve qui recevait maints ruisseaux tributaires dont les noms se sont perdus, sauf pour les plus importants : la rivière des Iris (Sîr Ninglor), le Silverlode (Le Celebrant), et la Limlight (Limlaith). Dans *le Hobbit,* la Route Forestière franchit le Grand Fleuve à l'Ancien Gué, et il n'y est pas fait mention d'un pont en ce lieu.

15. Une différente tradition de l'événement est donnée dans le bref récit qui figure dans *les Anneaux du Pouvoir* (*le Silmarillion*) : « Mais Isildur fut submergé par une nuée d'Orcs qui le prirent en embuscade dans les Montagnes de Brume : ils descendirent sur son camp par surprise entre la Forêt Verte et le Grand Fleuve, près de *Loeg Ningloron,* la Plaine des Iris. Il ne craignait rien, croyant ses ennemis anéantis, et n'avait pas placé de gardes. »

16. *Thangail,* « bouclier-palissade », était le nom de cette formation en Sindarin, la langue parlée couramment par le peuple d'Élendil ; le nom « officiel », en Quenya, était *sandastan* « bouclier-barrière », dérivé de la forme primitive *thandá* « bouclier » et *stama* — « barrer, exclure ». Le mot sindarin s'adjoignait un suffixe différent : *cail,* une grille hérissée, une palissade de pieux aiguisés. Ce qui, sous la forme primitive *kegle* provenait d'une racine *keg-,* « épine », « barbelure », que l'on retrouve dans le mot primitif « *kegya* », « haie », d'où le Sindarin *cai* (voir le *Morgai,* au Mordor).

Le *Dirnaith,* en Quenya, *nernehta,* « homme-fer-de-lance », était une formation en coin, déployée sur une courte distance contre un ennemi en train de se rassembler, mais non encore en ordre de bataille, ou contre une formation défensive en rase campagne. Le Quenya *nehte* et le Sindarin *naith* s'appliquaient à n'importe quelle formation ou projection s'effilant en pointe : une pointe de flèche, une langue de terre, un coin, un promontoire étroit (de la racine *nek* étroit) ; voir le Naith de Lórien, la portion de terre à l'angle du Celebrant et de l'Anduin, qui au confluent même des deux rivières, se faisait si étroite qu'on ne peut l'indiquer sur une carte à petite échelle. [Note de l'auteur.]

17. *Ohtar* est le seul autre nom figurant dans les légendes : mais il s'agit vraisemblablement d'un titre d'adresse qu'Isildur, en cet instant tragique, utilise pour dissimuler ses sentiments sous des

paroles de convention. *Ohtar,* « guerrier », « soldat », était le titre de tous ceux qui bien qu'ayant reçu une formation complète et forts d'une certaine expérience, n'avaient pas encore été admis dans les rangs des *roquen,* des « chevaliers ». Mais Ohtar était cher à Isildur, et de son propre sang. [Note de l'auteur.]

18. Dans les premières versions, Isildur ordonna à Ohtar de prendre avec lui deux compagnons. Dans *les Anneaux du Pouvoir* (*le Silmarillion*) et dans *la Fraternité de l'Anneau,* II, 2, on lit : « ne restèrent que trois hommes seulement qui revinrent par-delà les montagnes », ce qui impliquerait, selon le texte donné ici, que le troisième était Estelmo, l'écuyer d'Élendur, qui survécut à la mêlée.

19. Ils avaient franchi la profonde dépression des Champs d'Iris au-delà de laquelle le terrain à l'est de l'Anduin (qui coulait dans un lit encaissé) se faisait plus ferme et plus sec, car le paysage avait changé. La route amorçait sa montée vers le nord, jusqu'à atteindre les abords de la Route Forestière et du pays de Thranduil, et là filait presque à niveau avec la lisière du Vert-Bois. Et cela, Isildur le savait bien. [Note de l'auteur.]

20. Nul doute que Sauron, bien informé des mouvements de l'Alliance, n'ait envoyé en campagne tous les bataillons d'Orcs — les Orcs du Rouge-Œil — dont il pouvait se passer, avec ordre d'harceler tant et plus toutes les forces qui tenteraient de prendre par le plus court, en franchissant les Cols. En l'occurrence, le gros des forces de Gil-galad, avec celles d'Isildur et une partie des Hommes d'Arnor, avaient passé les cols d'Imladris et de Caradhras, et les Orcs, tout désemparés, restaient tapis dans leurs cachettes. Mais à l'aguet néanmoins, et bien résolus de se ruer sur toute compagnie d'Elfes ou d'Hommes qui leur serait inférieure en nombre. Ils avaient laissé passer Thranduil, car son armée, même durement éprouvée, était bien trop forte pour eux. Mais ils attendaient leur heure, embusqués dans les Forêts, tandis que d'autres rôdaient le long des berges de la rivière. Il est peu probable que leur soient parvenues les nouvelles de la chute de Sauron, car il avait soutenu un âpre siège au Mordor, et toutes ses forces avaient été défaites. Si certains avaient réchappé, ils avaient fui au loin, vers l'est, avec les Spectres de l'Anneau. De sorte que ce petit détachement d'Orcs posté au Nord et sans grande conséquence, avait été oublié. Sans doute pensaient-ils que Sauron avait remporté la victoire et que les débris de l'armée de Thranduil fuyaient pour regagner leurs retraites forestières. Et ainsi s'étaient-ils enhardis, aspirant à gagner les louanges de leur Maître, bien qu'ils n'eussent participé à aucune des principales batailles. Au demeurant, ce ne sont point des louanges qu'auraient reçues ceux d'entre eux qui auraient survécu pour voir la renaissance de Sauron. Car il n'y aurait pas eu de tortures assez abominables pour calmer sa fureur contre des imbéciles capables de laisser glisser entre leurs mains ce qu'il y avait de plus précieux en Terre du Milieu : le Maître Anneau ; et cela quand bien même

ils étaient censés ne rien savoir du Maître Anneau, dont l'existence n'était connue de personne hors de Sauron lui-même et des Neufs Spectres, ses esclaves. Pourtant nombreux furent ceux qui pensèrent que si les Orcs s'étaient attaqués avec tant de fureur et d'acharnement à Isildur, l'Anneau y était pour quelque chose. Il n'y avait guère plus de deux ans qu'il avait quitté la main de Sauron, et sans doute se refroidissait-il rapidement, mais il demeurait encore imbu de son pouvoir maléfique et cherchait par tous les moyens à rejoindre la main de son Seigneur (comme il arriva lorsque Sauron se releva, et fut rétabli en ses pouvoirs). Et on conclut, sans d'ailleurs bien comprendre pourquoi, que les chefs-Orcs étaient animés d'un féroce désir de détruire les Dúnedain et de faire prisonnier leur chef. Et plus tard, il devait s'avérer que la Guerre de l'Anneau avait été perdue lors du Désastre des Champs d'Iris.

21. Sur les arcs d'acier des Númenoréens, voir la « Description de Númenor », *le Second Âge,* p. 15.

22. Guère plus de vingt, dit-on, car on n'avait nullement prévu d'avoir recours à eux. [Note de l'auteur.]

23. Comparer avec les mots tracés par Isildur à la veille de quitter Gondor pour son dernier voyage, sur le parchemin dont Gandalf donne lecture au Conseil d'Elrond, à Rivendell : « Il était chaud quand je le saisis, chaud comme braise, et ma main fut brûlée de telle sorte que je doute jamais être débarrassé de la douleur. Mais au moment où j'écris, il est refroidi et il paraît se rétrécir... » (*la Fraternité de l'Anneau* II, 2.)

24. L'orgueil qui l'incita à conserver l'Anneau malgré l'avis contraire d'Elrond et de Círdan, qui préconisaient qu'il fût détruit dans les flammes d'Orodruin (*la Fraternité de l'Anneau* II, 2, et *les Anneaux du Pouvoir,* dans *le Silmarillion*).

25. Le sens, remarquable en soi, de ce passage, semble être que l'éclat de l'Élendilmir était tel qu'il triomphait de l'invisibilité que conférait le Maître Anneau ; mais lorsque Isildur se recouvre la tête d'un capuchon, la lumière s'obscurcit.

26. On dit que par la suite ceux (tel Elrond) qui se souvenaient de lui étaient frappés par sa grande ressemblance, et de corps et d'esprit, avec le Roi Élessar, le vainqueur de la Guerre de l'Anneau, où Sauron et l'Anneau furent anéantis à jamais. Selon les Annales des Dúnedain, Élessar était le descendant au trente-huitième degré de Valandil, frère d'Élendur. Et tout ce long temps s'écoula avant qu'il fût vengé. [Note de l'auteur.]

27. A sept lieues ou plus du champ de bataille. La nuit était tombée lorsqu'il s'enfuit ; et il atteignit l'Anduin à peu près à minuit. [Note de l'auteur.]

28. D'une espèce dite *eket* : un court sabre-poignard, avec une lame très large, à double fil et aiguisée du bout, d'une longueur d'un pied à un pied et demi environ. [Note de l'auteur].

29. Le site de la dernière bataille se trouvait à environ un mille ou plus au-delà de leurs confins nord, mais il se peut que dans

l'obscurité, la pente du terrain ait infléchi sa course un peu vers le sud. [Note de l'auteur.]

30. Elrond donne un flacon de *miruvor,* " le cordial d'Imladris ", à Gandalf, lorsque la compagnie se met en route et quitte Rivendell (*la Fraternité de l'Anneau* II, 3 ; voir aussi *the Road Goes Ever On,* p. 61).

31. Car on trouvait ce métal à Númenor [Note de l'auteur] — dans « La Lignée d'Elros ». Tar-Telemmaïtë, quinzième Souverain de Númenor, devait son nom, dit-on, (l'Homme-aux-mains-d'argent) à son amour de l'argent natif : « et il enjoignait à tous ses serviteurs de lui rapporter du *mithril* ». Mais Gandalf dit que le *mithril* « ne se trouve que dans les mines de la Moria » et nulle part ailleurs au monde » (*la Fraternité de l'Anneau,* II, 4).

32. Dans « Aldarion et Érendis » il est dit qu'Érendis fit sertir le diamant qu'Aldarion lui avait rapporté de la Terre du Milieu, « telle une étoile, dans une résille d'argent ; et à sa demande, il la lui noua au front. » Et depuis, elle fut connue sous le nom de Tar-Élestirnë, la Dame au Front Étoilé : « et c'est ainsi, dit-on, que les Rois et les Reines par la suite vinrent à porter une étoile au front, comme un blanc joyau, et ils n'avaient pas de couronne (*le Second Âge,* p. 79, note 18) ». On ne saurait dissocier cette tradition de celle de l'Élendilmir, pierre étoilée portée au front en signe de royauté, au pays d'Arnor ; mais le véritable Élendilmir, possession de Silmarien, existait à Númenor (quelle que fût son origine) bien avant qu'Aldarion apportât à Érendis la pierre précieuse de la Terre du Milieu, et il ne peut donc s'agir de la même pierre.

33. Trente-huit était le chiffre véritable, le second Élendilmir ayant été fabriqué pour Valandil (voir note 26 plus haut). Dans les Tables Royales (Appendice B au *Seigneur des Anneaux*), la notice pour l'année 16 du Quatrième Âge (année 1436, selon le comput de la Comté) précise que lorsque le Roi Élessar vint au pont de Brandywine accueillir ses amis, il donna l'Étoile des Dúnedain à Monsieur Samwise, tandis que sa fille Élanor était faite demoiselle d'honneur de la Reine Arwen. Se basant là-dessus, M. Robert Foster, dans *The Complete Guide to Middle-Earth,* dit que « l'Étoile d'Élendil était portée au front par tous les Rois du Royaume du Nord, jusqu'à ce qu'Élessar en fît don à Sam Gamgee, en l'an 16 du Quatrième Âge ». Or il ressort clairement du présent passage que le roi Élessar conserva indéfiniment par-devers lui l'Élendilmir qui avait été fabriqué pour Valandil ; au surplus, il me semble hors de question qu'il ait pu en faire don au Maire de la Comté, quelque estime qu'il lui portât. L'Élendilmir est connu sous des noms divers : l'Étoile d'Élendil, l'Étoile du Nord, l'Étoile du Royaume du Nord ; quant à l'Étoile des Dúnedain (mentionnée une seule fois dans les Tables royales), M. Robert Foster, dans son *Guide,* et J.E.A. Tyler dans son *Tolkien companion,* croient y voir encore une

nouvelle dénomination de l'Étoile. Je n'ai trouvé aucune autre allusion à cette Étoile des Dúnedain ; mais il est presque certain, me semble-t-il, qu'il ne s'agissait pas de l'Étoile proprement dite, et que Monsieur Samwise reçut une autre décoration (et mieux appropriée).

APPENDICE

LES MESURES LINÉAIRES NÚMENORÉNNES

Dans une note renvoyant au passage qui, dans « Le Désastre des Champs d'Iris », évoque les différents itinéraires pour se rendre d'Osgiliath à Imlandris (pp. 9 et 20, note 6), on lit :

> Les mesures de distance sont données autant que possible en termes modernes. On utilise la « lieue » parce qu'elle représente la plus longue mesure de distance : selon le comput númenoréen (qui était décimal), cinq mille *rangar* (soit cinq milles bonnes foulées ou enjambées) constituaient un *lar,* environ cinq de nos kilomètres. *Lar* signifiait « pause », car hors les cas de marche forcée, on faisait une brève halte après avoir couvert cette distance [cf. la note 9 ci-dessus]. Vu la stature plus élevée des Númenoréens, le *ranga* équivalait approximativement à un mètre, soit environ trente-huit pouces. Cinq mille *rangar* fourniraient donc un équivalent presque exact de 5280 yards anglais soit l'équivalent de notre « lieue » (5277 yards) — environ quatre kilomètres. Toutefois ces équivalences ne sauraient être déterminées avec exactitude, car elles sont fondées sur les longueurs mentionnées dans divers récits, pour tel objet ou telle distance susceptibles d'être comparés à ceux de notre propre temps. Et pour autant que les mains, les pieds et les pouces fournissent des unités de mesure, il nous faut compter avec la puissante stature

des Númenoréens ; et, d'autre part, avec les variations par rapport à ces moyennes, qui peuvent intervenir lors de l'établissement et de l'organisation d'un système de mesure destiné à la fois à l'usage courant et aux calculs exacts. Ainsi deux *rangar* faisaient, disait-on souvent, « une hauteur d'homme », ce qui, le *rangar* ayant un peu plus d'un mètre, donnait une taille moyenne de deux mètres et quatre à cinq centimètres ; mais ceci se rapporte à une période plus tardive, lorsque la stature des Dúnedain semble s'être amenuisée ; et il ne s'agit pas de formuler avec précision une moyenne de taille pour les hommes Dúnedain, telle qu'on pouvait la constater à l'époque, mais simplement d'énoncer une longueur approximative en termes de l'unité bien connue, *ranga.* (On a souvent dit que le *ranga* représentait la longueur d'une foulée, depuis le talon arrière jusqu'à l'orteil avant, d'un homme ayant atteint sa pleine croissance et marchant rapidement mais d'un pas léger : or une véritable foulée serait plutôt équivalente à un *ranga* et demi.) Toutefois, on prétend que les nobles des temps jadis dépassaient « la hauteur d'homme. » Élendil était réputé mesurer un *ranga* de plus qu'une « hauteur d'homme ». Mais on le croyait le plus grand des Númenoréens a avoir survécu à la Submersion, et on l'appelait d'ailleurs très communément Élendil-le-Grand. Les Eldar, dans les Jours Anciens, étaient également gens de très haute taille. Galadriel « la plus grande de toutes les femmes Eldar dont il est parlé dans les récits », est dite « haute comme un homme », mais ceci « d'après les mesures des Dúnedain et des hommes d'autrefois », ce qui indiquerait une hauteur d'environ deux mètres cinq.

Les Rohirrim étaient généralement plus petits, car dans leur lointaine ascendance, ils avaient du sang d'hommes plus lourdement charpentés et plus trapus. On dit qu'Éomer était grand, qu'il avait même taille qu'Aragorn ; mais comme d'autres descendants du Roi Thengel, il était plus grand que le commun des hommes du Rohan, tenant ses traits (avec, pour certains, la sombre chevelure) de Morwen, la femme de Thengel, une dame du Gondor, de haute noblesse Númenoréenne.

Une note au texte ci-dessus ajoute quelques détails au portrait de Morwen, donné dans *le Seigneur des Anneaux* (Appendice A (II) « Les Rois de la Marche ») :

> Elle était connue sous le nom de Morwen de Lossarnach, car c'était là qu'elle vivait; mais elle n'appartenait pas au peuple de ce pays. Son père en avait fait sa demeure, venant de Belfals, par amour de ses vallées fleuries ; c'était un descendant d'un ancien Prince de ce fief, et par là, un parent du Prince Imrahil. Sa parenté avec Éomer de Rohan, bien que distante, était reconnue par Imrahil, et ils se lièrent d'une grande amitié. Éomer épousa la fille d'Imrahil [Lothíriel] et leur fils, Elfwine le Blond, ressemblait de manière frappante au père de sa mère.

Dans une autre note, il est dit que Celeborn était « Un Linda de Valinor » (c'est-à-dire un des Teleri qui se nommaient eux-mêmes Lindar : les Chanteurs) ;

> ils [les Lindar] le considéraient comme grand, comme l'indiquait son nom (« grand-d'argent ») ; mais les Teleri étaient en général plus fluets de conformation et de taille que les Noldor.

C'est la version tardive de l'histoire de Celeborn : histoire de ses origines et de la signification de son nom ; voir *le Second Âge,* pp. 96, 151.

Ailleurs, mon père évoque la stature des Hobbits en regard de celle des Númenoréens, et l'origine du nom Halflings * :

> Les remarques sur la stature des Hobbits dans le Prologue au *Seigneur des Anneaux* sont vagues et compliquées à l'excès, et cela en raison des références à la race des Hobbits telle qu'elle devait survivre à une époque plus tardive. Mais en ce qui concerne *le Seigneur des Anneaux,* voici l'essentiel : les Hobbits

* Les semi-hommes.

de la Comté avaient entre trois et quatre pieds de haut [soit de un mètre à un mètre cinquante], jamais moins et rarement plus. Bien entendu, ils ne se dénommaient pas eux-mêmes Halflings ; c'était le nom que leur donnaient les Númenoréens, et qui faisait manifestement allusion à leur taille au regard de celle des hommes de Númenor, et correspondait à peu près à la réalité de l'époque. On devait appliquer cette dénomination d'abord aux Harfoots que connurent les Souverains de l'Arnor, au onzième siècle [voir la notice pour l'année 1050 dans les Tables Royales], et par la suite également aux Fallohides et aux Stoors. En ce temps-là, les Royaumes du Nord et du Sud demeuraient en étroite communication, et il en fut d'ailleurs ainsi pendant longtemps, et chacun était bien informé de ce qui se passait dans l'autre région, et en particulier des migrations de peuples de toutes espèces. Aussi, bien qu'aucun « Halfling », à ce qu'on sache, ne se soit montré au Gondor avant la venue de Peregrin Took, l'existence de ce peuple à l'intérieur des frontières du royaume d'Arthedain, était connue au Gondor, et on leur donna le nom de Halfling, ou en sindarin, *perian*. Dès qu'on le lui indiqua [au Conseil d'Elrond], Boromir reconnut immédiatement en Frodo un membre de cette race. Jusque-là, il l'avait probablement pris pour une créature issue de ce que nous appellerions des contes de fées ou du folklore. D'après la réception que reçut Pippin au Gondor, il semble évident qu'on y avait gardé mémoire des « Halflings ».

Dans une autre version de cette note, est évoquée à nouveau la décroissance de taille, tant des Halflings que des Númenoréens :

Le rapetissement des Dúnedain n'était pas une tendance normale partagée par tous les peuples qui étaient originaires de la Terre du Milieu ; mais bien une tendance due à la perte de leur ancienne patrie d'Extrême-Occident, de toutes les terres mortelles, la plus proche du Royaume Immortel. L'amenuisement beaucoup plus tardif des Hobbits devait être lié à un changement dans leur état ou mode de vie ; car ils devinrent un peuple traqué et secret, contraint (à mesure que les Hommes, les Grandes Gens, se faisaient plus nombreux et envahissaient les terres les plus fertiles et propices à habiter) de se réfugier dans les forêts et les landes désertes : de pauvres gens errant, oublieux de leurs arts et entièrement absorbés par la quête de la nourriture, menant une existence précaire et furtive.

2

CIRION ET ÉORL ET L'AMITIÉ DU PAYS GONDOR ET DU PAYS ROHAN

1.

Les Nortmen et les Wainriders *

LA chronique de Cirion et d'Éorl[1] ne débute qu'avec la première rencontre entre Cirion, Surintendant du Gondor, et Éorl, Seigneur de l'Éothéod, au lendemain de la Bataille du Champ du Celebrant, où furent anéantis les envahisseurs du Gondor. Mais au Rohan et au Gondor, lais et légendes disaient la grande chevauchée des Rohirrim accourus du Nord, et de là furent tirés les récits qui figurent dans les Chroniques[2] plus tardives, avec quantité d'autres faits concernant les Éothéod. Les voici tous rassemblés brièvement, sous forme de chronique.

Les Éothéod vinrent à être connus sous ce nom seulement à l'époque du Roi Calimehtar du Gondor (lequel mourut en l'année 1936 du Troisième Âge), et ce n'était alors qu'un petit peuple établi dans le Val d'Anduin, vivant pour la plupart sur la rive ouest du fleuve, entre l'îlot Carrock et les Champs d'Iris. Ils étaient les derniers de ces Hommes du Nord ou Nortmen, qui avaient formé par le passé, une puissante et populeuse confédération dans les vastes plaines qui se déploient entre la Forêt de Mirkwood

* Les Gens-du-Nord et les Gens-des-Chariots.

et la Rivière Vive, grands éleveurs de chevaux et cavaliers réputés pour leur adresse et leur endurance, bien qu'ils se soient fixés en lisière de la Forêt, et plus particulièrement dans la Brèche Est qu'ils avaient eux-mêmes largement contribué à ouvrir par leurs défrichements[3].

Ces Nortmen étaient les descendants de cette même race d'Hommes qui au Premier Âge, gagnèrent l'Ouest de la Terre du Milieu, et furent les alliés des Eldar dans leurs guerres contre Morgoth[4] ; ils se comptaient donc pour de lointains parents des Dúnedain et des Númenoréens, et l'amitié était grande entre eux et les gens du Gondor. En fait, ils étaient le rempart du Gondor, protégeant ses marches frontières au nord et à l'est, contre les invasions ; encore que les Rois n'eurent point eu clairement conscience de la chose avant que ledit rempart ne se trouvât miné, et sur la fin, détruit. Le déclin des Nortmen du Rhovanion s'amorça avec la Grande Peste qui survint dans la région durant l'hiver de l'année 1635, et sous peu s'étendit au Gondor. Et la mortalité fut terrible au Gondor, surtout parmi les habitants des villes ; mais plus terrible encore au Rhovanion, car bien qu'il n'y eût pas de grandes cités et que les gens aient vécu pour la plupart en rase campagne, la Peste vint dans le sillage d'un hiver rigoureux qui avait chassé hommes et bêtes à l'abri, et elle les trouva entassés dans des maisons et des écuries basses de plafond, et fit de grands ravages ; car ils étaient peu versés dans la médecine et les arts de guérir, encore en honneur au Gondor où s'était transmis le savoir des Númenoréens. Lorsque la Peste se retira, près de la moitié, affirme-t-on, du Rhovanion avait péri, et il en fut de même pour leurs chevaux.

Et ils furent lents à se rétablir ; mais un temps assez long, rien ne vint mettre à l'épreuve leur faiblesse. Sans doute, les peuplades plus à l'est avaient-elles été pareillement éprouvées, de sorte que les ennemis du Gondor venaient surtout du Sud, et de l'outre-mer. Mais lorsque commença l'invasion des Gens-des-

Chariots ou Wainriders, et que Gondor se trouva plongée dans des guerres qui devaient durer près de cent ans, les Nortmen soutinrent le choc des premiers assauts. Le Roi Narmacil II prit la tête d'une puissante armée qu'il conduisit vers le nord, dans les plaines au midi de la Forêt de Mirkwood, et il rallia tant qu'il put les débris épars des Nortmen ; mais il fut vaincu et lui-même tué au combat. Les restes de son armée battirent en retraite à travers la plaine du Dagorlad, et jusqu'à l'Ithilien, et sauf pour cette dernière contrée, Gondor renonça à toutes les terres à l'est de l'Anduin [5].

Quant aux Nortmen, quelques-uns, dit-on, s'échappèrent en franchissant la Rivière Tout Courante et se mêlèrent aux gens de Dale à l'ombre du Mont Érebor (avec qui ils étaient en parenté) ; d'autres se réfugièrent au Gondor et d'autres encore se rassemblèrent autour de Marhwini, le fils de Marhari (qui tomba dans les combats d'arrière-garde, après la Bataille des Plaines) [6]. Ils gagnèrent le nord en passant entre la Forêt de Mirkwood et l'Anduin et s'établirent dans le Val d'Anduin où vinrent les rejoindre maints fugitifs qui passèrent par la Forêt. Tels furent les débuts de l'Éothéod [7], bien qu'on n'en sût rien au Gondor pendant de longues années. Mais la plupart des Nortmen furent réduits en esclavage et les Wainriders s'approprièrent leurs terres [8].

Lorsque tout autre danger fut enfin écarté [9], le Roi Calimehtar, fils de Narmacil II, résolut de venger la défaite de la Bataille des Plaines. Des messagers vinrent le trouver de la part de Marhwini, l'avertissant que les Wainriders s'apprêtaient à ravager le Calenardhon, en passant les Méandres de l'Anduin [10], mais ils dirent aussi que couvait une révolte des prisonniers Nortmen, et que le feu prendrait vite si les Wainriders se lançaient dans la guerre. Aussi dès qu'il le put, Calimehtar conduisit une armée hors d'Ithilien, veillant bien à ce que l'ennemi eût connaissance de sa venue. Les Wainriders se précipitèrent au-devant de lui avec toutes leurs forces disponibles, et Calimehtar se déroba, les attirant loin de leurs foyers. Enfin les deux armées s'affrontèrent dans la plaine de Dagorlad, et longtemps la victoire demeura en suspens. Mais au fort de la bataille, des cavaliers que Calimehtar avait envoyés au travers des Méandres (laissés sans défense par l'ennemi) se joindre à une grande *éored*[11] conduite par Marhwini, assaillirent les Wainriders simultanément sur leurs flancs et sur leurs arrières. La victoire de Gondor fut écrasante — bien qu'en l'occurrence, non décisive. Lorsque l'ennemi rompit les rangs et bientôt se rua en désordre vers ses foyers, au nord, Calimehtar — sagement quant à lui — les abandonna à leur déroute. Les Wainriders avaient laissé près d'un tiers de leurs hommes morts sur le Dagorlad à pourrir parmi les ossements des batailles de jadis — et plus nobles furent-elles ! Mais les cavaliers de Marhwini harcelèrent les fugitifs et leurs infligèrent de terribles pertes durant leur longue débandade par les plaines jusqu'à ce qu'ils arrivent en vue de la Forêt de Mirkwood. Et là seulement les lâchèrent, non sans les narguer, disant : « Filez donc à l'est, gens de Sauron, et non pas au nord ! Regardez donc ! Les maisons que vous vous étiez appropriées sont en flammes ! » Car une épaisse fumée s'élevait.

De fait, la révolte concertée et fomentée par Marhwini avait éclaté : les hors-la-loi, hommes prêts à tout et à bout de ressources, avaient surgi de la Forêt et soulevé les esclaves, et ensemble, ils étaient parvenus à incendier les demeures des Wainriders et leurs entrepôts, et les chariots (*wain*) dont ils se faisaient des camps fortifiés. Mais pour la plupart, ils avaient péri dans l'entreprise ; car ils étaient mal armés, et l'ennemi n'avait pas laissé ses foyers sans défense : aux côtés des jeunes garçons et des hommes d'âge se battaient en effet les jeunes femmes qui, chez ce peuple, étaient formées au maniement des armes, et qui luttèrent avec acharnement pour protéger leurs maisons et leurs enfants. Et c'est ainsi qu'en fin de compte, Marhwini fut contraint de se retirer à nouveau dans ses terres, sur les rives de l'Anduin, et les Nortmen de sa race jamais plus ne retrouvèrent leur pays d'antan. Calimehtar se replia au Gondor qui connut un répit de quelques années (de 1899 à 1944) avant le grand assaut où devait presque sombrer la lignée de ses Rois.

Néanmoins, l'alliance entre Calimehtar et Marhwini ne fut pas sans effets. Car si la force des Wainriders du Rhovanion n'avait pas été brisée, plus précoce aurait été l'attaque et plus meurtrière, et le Royaume du Gondor risquait l'anéantissement. Mais l'alliance allait surtout porter ses fruits dans un lointain avenir que personne n'aurait pu alors prévoir : et ce furent les deux grandes chevauchées des Rohirrim se portant au secours du Gondor ; la venue d'Éorl au Champ du Celebrant, et les trompettes du Roi Théoden sonnant sur le Pelennor, sans lesquelles le retour du Roi aurait été vain [12].

Cependant les Wainriders léchaient leurs plaies et méditaient vengeance. Hors d'atteinte des armes du Gondor, dans les lointaines terres à l'est de la Mer de Rhûn d'où aucune nouvelle ne parvenait jamais à ses Rois, ce peuple croissait et multipliait, avide de conquêtes et de butins, et plein de haine envers Gondor qui leur barrait la route. Toutefois il s'écoula du temps avant qu'ils ne se mettent en mouvement. Car ils redoutaient la puissance du Gondor, et ne sachant rien de ce qui se passait à l'ouest de l'Anduin, ils croyaient le royaume plus vaste et plus populeux qu'il ne l'était à l'époque. D'autre part, ceux de l'Est s'étaient mis en marche vers le sud, au-delà du Mordor, et ils s'étaient heurtés aux populations du Khand et à leurs voisins plus méridionaux. Éventuellement, ces ennemis communs du Gondor conclurent paix et alliance et s'apprêtèrent à l'attaquer simultanément du nord et du sud.

Bien entendu, au Gondor, on ne savait que peu,

ou rien, de ces desseins et de ces mouvements. Ce que l'on en dit ici fut déduit des événements longtemps après, par les historiens qui s'accordèrent également à penser que la haine portée au Gondor et l'alliance de ses ennemis en vue d'une action concertée (pour laquelle ils n'avaient, de leur propre chef, ni le vouloir ni le pouvoir), étaient dues aux machinations de Sauron. Forthwini, le fils de Marhwini, prévint le Roi Ondoher (qui succéda à son père Calimehtar en l'année 1936), que les Wainriders de Rhovanion reprenaient force et se remettaient de leur peur, et qu'il les soupçonnait de recevoir des troupes fraîches en provenance de l'Est, car il était fort en souci de leurs incursions dans ses territoires du sud où ils s'infiltraient à la fois par la remontée du fleuve et par les Goulets de la Forêt [13]. Mais Gondor ne pouvait guère faire plus, à l'époque, que de mettre sur pied l'armée la plus importante qu'il pût se donner ou se payer. Et lorsque vint enfin l'assaut, il trouva Gondor sur ses gardes, bien que sa force fût moindre que ses besoins ne l'eussent exigé.

Ondoher se rendit compte que ses ennemis au sud faisaient des préparatifs de guerre, et il eut la sagesse de diviser ses troupes en une armée du nord et une armée du sud. La seconde était moins considérable, car on considérait moins pressant le danger de ce côté-là [14]. Elle fut placée sous le commandement d'Éärnil, membre de la Maison Royale en tant que descendant du Roi Telumehtar, père de Narmacil II. Et cette armée était basée à Pelargir. Le Roi Ondoher prit lui-même le commandement de l'armée du nord. Car selon l'ancienne coutume du Gondor, le Roi, s'il le souhaitait, pouvait prendre la tête de ses troupes, lors d'une bataille importante, pourvu que demeurât à l'arrière un héritier dont les droits au trône soient incontestés. Ondoher venait d'une lignée guerrière, et il était aimé et estimé de ses soldats, et il avait deux fils tous deux en âge de porter les armes : Artamir l'aîné, et Faramir, son cadet de trois ans environ.

Les nouvelles de l'approche ennemie atteignirent Pelargir le neuvième jour de Cermië, en l'année 1944. Éärnil avait déjà pris ses dispositions : il avait franchi l'Anduin avec une moitié de ses troupes, et laissant à dessein les Gués du Poros sans défense, il s'était cantonné à quelque quarante milles au nord, dans l'Ithilien Sud. Quant au Roi Ondoher, il se proposait de remonter vers le nord à travers l'Ithilien, et de déployer son armée sur la plaine de Dagorlad, un champ de mauvais augure pour les ennemis du Gondor. (A cette époque, les forts construits par Narmacil I, au nord de Sarn Gebir, le long de l'Anduin, étaient encore en état de défense, et les garnisons du Calehardhon étaient suffisamment nombreuses pour empêcher toute tentative ennemie de franchir le fleuve à la hauteur des Méandres.) Mais ce fut seulement au matin du douzième jour de Cermië qu'Ondoher apprit la nouvelle de l'attaque déclenchée au nord, et à cette heure l'ennemi se trouvait déjà à proximité. Or l'armée du Gondor s'était déplacée beaucoup plus lentement qu'elle ne l'aurait fait si Ondoher avait été averti en meilleur temps, et son avant-garde n'était même pas encore en vue des Portes du Mordor. Le gros de l'armée marchait avec le Roi et sa garde en tête, suivis par les soldats de l'Aile Droite et ceux de l'Aile Gauche, qui devaient prendre position lorsqu'ils seraient hors de l'Ithilien et aux abords de Dagorlad. Là, ils s'attendaient à ce que l'assaut vienne du nord ou du nord-est, comme cela avait eu lieu, lors de la Bataille des Plaines et de la victoire de Calimehtar sur ce même Dagorlad.

Mais cela ne se passa point ainsi. Les Wainriders avaient rassemblé une puissante armée sur les rives sud de la Mer intérieure de Rhûn, renforcée par les gens du Rhovanion, parents à eux, et par leurs nouveaux alliés du Khand. Lorsque tout fut prêt, ils se mirent en route pour le Gondor ; et ils venaient de l'est à marche forcée, au couvert des monts d'Éred Lithui, de sorte que leur approche ne fut décelée que trop tard. Ainsi advint-il que la tête d'armée du Gondor touchait à peine les Portes du Mordor (la Morannon) lorsqu'une nuée de poussière disséminée par un vent d'est, annonça l'arrivée de l'avant-garde ennemie [15]. Et elle était formée non seulement par les chariots de guerre des Wainriders, mais aussi par un corps de cavalerie bien plus important qu'on ne l'avait prévu au Gondor. Ondoher eut tout juste le temps d'ordonner un demi-tour afin de faire face à l'assaut, son flanc droit adossé à la Morannon, et de mander à Minohtar, Capitaine de l'Aile Droite, d'accourir pour couvrir son flanc gauche, lorsque les chariots et les cavaliers ennemis bousculèrent avec violence ses rangs déjà disloqués. Sur la cohue et le désastre qui s'ensuivirent, aucun rapport un peu clair ne devait jamais parvenir au Gondor.

Ondoher n'était absolument pas préparé à soutenir une charge de cavalerie et de lourds chariots. Avec sa Garde et sa bannière, il s'était en toute hâte posté sur un petit monticule, mais cela ne lui fut d'aucun secours [16]. La charge principale fut lancée contre sa bannière et elle fut capturée, sa Garde quasiment annihilée, et lui-même tué, ainsi que son fils Artamir qui combattait à ses côtés. On ne recouvra jamais leurs dépouilles. L'ennemi leur passa sur le corps et filant de part et d'autre du monticule, s'engouffra dans le Centre de l'armée ; et il enfonça les rangs et refoula les soldats du Gondor, en pleine débandade, les uns sur les autres, les éparpillant au loin et les pourchassant vers l'ouest, jusqu'aux Marais de la Mort.

Minohtar assuma le commandement. C'était un homme tout à la fois vaillant et avisé en matière de guerre. Le premier assaut des Wainriders avait épuisé sa furie avec moins de pertes et un bien plus grand succès qu'ils n'en avaient eux-mêmes escomptés. A présent la cavalerie et les chariots se retiraient, car le gros de l'armée approchait. Dans le court temps qui lui restait, Minohtar, brandissant sa bannière personnelle, rallia les quelques soldats du

Centre rescapés et ceux de son propre corps qui se trouvaient dans les parages. Il envoya immédiatement des messagers à Adrahil de Dol Amroth[17], le Capitaine de l'Aile Gauche, lui enjoignant de se replier en toute hâte avec les hommes sous ses ordres et les soldats de l'Aile Droite qui n'avaient pas encore été engagés dans la bataille ; à la tête de ces forces, il devait aller s'établir en position défensive entre le fort de Cair Andros (où était postée une garnison) et les monts d'Éphel Dúath, où la large boucle que décrit l'Anduin vers l'est ne laisse qu'un étroit passage, et il serait là en position de défendre le plus longtemps possible les abords de Minas Tirith. Pour favoriser ce mouvement de retraite, Minohtar, quant à lui, formerait une arrière-garde et s'efforcerait d'endiguer l'avance ennemie. Adrahil devait en outre envoyer immédiatement des messagers à la recherche d'Éärnil, afin de l'informer du désastre de la Morannon, et de la position de l'armée en retraite.

Lorsque les principales légions des Wainriders montèrent à l'assaut, il était deux heures après midi, et Minohtar s'était replié avec ses troupes jusqu'aux abords de la Grande Route du Nord Ithilien, un demi-mille au-delà du point où elle oblique vers l'est en direction des Tours-de-Guet de la Morannon. Et voici que le triomphe initial des Wainriders devait signer le début de leur perte. Car, ignorants du nombre et de l'ordonnance des forces défensives, ils avaient lancé leur première attaque trop tôt, bien avant que le gros de leur armée se dégageât des étroits passages de l'Ithilien, et la charge de leurs chariots et de leur cavalerie avait rencontré un succès plus rapide et plus foudroyant qu'ils ne s'y attendaient. Et ils tardèrent trop, dès lors, à lancer leur attaque principale, et ils ne surent pas profiter de leur supériorité numérique, fidèles aux tactiques qu'ils avaient mises au point pour la guerre en rase campagne. De plus, on conçoit assez qu'exultant à la chute du Roi et à la déroute d'une importante partie du Centre, ils aient cru avoir vaincu l'armée défensive, et qu'à leur propre armée principale, il ne restait plus guère qu'à procéder à l'invasion et à l'occupation du Gondor. Si ce fut là leur pensée, ils durent bien déchanter.

Les Wainriders marchaient, quasiment à la débandade, toujours enivrés de leur triomphe et chantant des chants de victoire, et ils n'entrevoyaient toujours aucun signe d'opposition, lorsqu'ils découvrirent que le chemin menant au Gondor obliquait vers le sud, à travers un étroit pays boisé que dominaient les cimes ombreuses de l'Ephel Dúath, un pays où une armée pouvait passer à pied ou à cheval en bon ordre seulement à condition d'emprunter la grande route, laquelle se déployait devant eux, s'enfonçant dans un noir défilé.

Ici le texte s'interrompt brusquement, et les notes et commentaires hâtifs qui poursuivent le récit sont en grande partie illisibles. On parvient cependant à démêler que les Hommes de l'Éothéod combattirent aux côtés d'Ondoher ; et aussi que le second fils d'Ondoher, Faramir, reçut l'ordre de demeurer à Minas Tirith comme régent car la loi n'autorisait pas que les deux fils du Roi aillent simultanément au combat (une observation analogue figure dans le corps du récit, p. 39). Mais Faramir n'obéit point ; il partit à la guerre revêtu d'un déguisement, et fut tué. L'écriture devient ici impossible à lire, mais il semble que Faramir ait rejoint les Éothéod, et ait été capturé avec un groupe d'entre eux, comme ils se repliaient vers les Marais de la Mort. Le chef des Éothéod (dont le nom, après un premier élément *Marh-*, est indéchiffrable) vint à leur secours, mais Faramir mourut dans ses bras, et c'est seulement lorsqu'ils fouillèrent sa dépouille qu'ils trouvèrent des signes attestant sa qualité. Alors le chef des Éothéod alla rejoindre Minohtar en Ithilien, à l'embranchement de la Route du Nord, et il le trouva ordonnant qu'un message soit porté à Minas Tirith, adressé au Prince devenu à présent le Roi. Là-dessus, le chef des Éothéod apprend à Minohtar que le Prince est allé, déguisé, au combat et qu'il a péri.

La présence des Éothéod et la part jouée par leur chef explique peut-être l'insertion dans ce récit, censé être l'histoire de l'amitié entre Gondor et les Rohirrim, de cette longue relation de la bataille entre l'armée du Gondor et les Wainriders. D'après la conclusion du texte mis au net, on a l'impression que l'exaltation et l'ivresse triomphale des Wainriders devaient tourner court, dès qu'empruntant la grande route, ils s'engageraient dans le défilé. Mais les notes de la fin montrent que les combats d'arrière-garde menés par Minohtar ne devaient pas longtemps retarder leur avance. « Les Wainriders affluèrent en nombre dans l'Ithilien », lit-on. « Et au soir du treizième jour de Cermië, ils submergèrent Minohtar qui fut tué d'une flèche. » On apprend ici qu'il était parent du roi Ondoher, le fils, en fait, de sa sœur. « Ses hommes le transportèrent hors de la mêlée, et tous les rescapés de l'arrière-garde s'enfuirent vers le sud rejoindre Adrahil. » Le commandant en chef des Wainriders ordonne alors de stopper la marche et décrète un grand festin. On ne peut rien tirer d'autre du manuscrit ; mais dans le bref récit donné en Appendice A au *Seigneur des Anneaux*, on voit Éärnil remonter du sud et semer la panique chez l'ennemi :

En 1944, le Roi Ondoher et ses deux fils, Artemir et Faramir, tombèrent au combat, au nord de la Morannon, et l'ennemi envahit l'Ithilien. Mais Éärnil, Capitaine de l'Armée du Sud, remporta une grande victoire en Ithilien Sud, et détruisit l'armée du Harad qui avait franchi la rivière Poros. Et se hâtant vers le nord, il rallia les débris de l'Armée du Nord qui battait en retraite ; et il tomba sur le camp principal des Wainriders, alors qu'ils banquetaient et festoyaient, croyant le Gondor vaincu, et qu'il ne leur restait plus qu'à s'emparer du butin. Éärnil prit le camp d'assaut et incendia les chariots, et chassa l'ennemi en grande déroute hors de l'Ithilien. Beaucoup de ceux qui fuirent devant lui périrent dans les Marais de la Mort.

Dans les Tables Royales, la victoire d'Éärnil est dite Bataille du Camp. Après la mort d'Ondoher et de ses deux fils à la Morannon, Arvedui, dernier roi du royaume du Nord, revendiqua la couronne du Gondor ; mais ses prétentions au trône furent rejetées et dans l'année qui suivit la Bataille du Camp, Éärnil devint Roi. Son fils était Éärnur qui mourut à Minas Morgul, pour avoir relevé le défi du Seigneur des Nazgûl, et il fut le dernier Roi du Royaume du Sud.

2.

La chevauchée d'Éorl

Lorsque les Éothéod vivaient encore dans leur pays d'antan[18], ils avaient bonne réputation au Gondor où ils étaient considérés comme des gens de confiance dont on tenait toutes les nouvelles de ce qui se passait dans cette région. Ils étaient les survivants de ces Nortmen apparentés, croyait-on, par le passé, au Dúnedain ; et au temps des Grands Rois, ils avaient été leurs alliés et avaient versé leur sang en abondance pour les gens du Gondor. Aussi on fut en grand souci au Gondor, lorsque les Éothéod émigrèrent dans le grand Nord, sous le règne d'Éärdil II, l'avant-dernier Roi du royaume du Sud[19].

Le nouveau pays des Éothéod se déployait au nord de Mirkwood, entre les Monts de Brume à l'ouest, et la Rivière de la Forêt à l'est ; au sud il s'étendait jusqu'au confluent des deux courtes rivières qu'on appelait la Greylin et la Langwell. La Greylin descendait de l'Éred Mithrim, les Montagnes Grises, mais la Langwell jaillissait dans les Monts de Brume, et son nom lui venait de ce qu'elle était source du fleuve Anduin qui à partir de son confluent avec la Greylin, prenait pour nom Langflood[20].

Des messagers allaient et venaient encore entre le Gondor et les Éothéod, même après leur départ ; mais il y avait quelque quatre cent cinquante de nos milles entre le confluent de la Greylin et de la

Langwell (où se trouvait leur unique forteresse) et le point où la Limlight se jette dans l'Anduin, et ce à vol d'oiseau, et la distance était plus grande encore pour qui voyageait par terre ; et pour atteindre Minas Tirith, il fallait bien compter quelque huit cents milles.

La Chronique de Cirion et d'Éorl ne fait état d'aucun événement avant la Bataille du Champ du Celebrant ; mais à partir d'autres matériaux, on peut reconstituer ce qui suit.

Les vastes contrées au sud de Mirkwood, depuis les Terres Brunes jusqu'à la Mer de Rhûn, qui avant qu'on ne rencontrât le fleuve Anduin, n'offraient aucune barrière naturelle aux envahisseurs venant de l'est, étaient une source constante de souci et d'inquiétude pour les souverains du Gondor. Mais durant la Paix Vigilante [21], on avait cessé d'entretenir des garnisons dans les forts le long de l'Anduin, plus particulièrement sur la rive ouest des Méandres, et on avait laissé les forts eux-mêmes à l'abandon [22]. Par la suite, Gondor, assailli à la fois par les Orcs en provenance du Mordor (que depuis longtemps on négligeait de faire garder) et par les Corsaires de l'Umbar, ne disposa ni des hommes ni des possibilités de stationner des soldats sur le front de l'Anduin, au nord de l'Émyn Muil.

Cirion devint Surintendant du Gondor en l'année 2489. La menace au Nord lui était toujours présente à l'esprit, et dans la mesure même où s'amenuisaient les forces du Gondor, il réfléchissait constamment aux moyens de faire face à une invasion de ce côté. Il posta quelques hommes dans les vieux forts pour surveiller les Méandres, et il envoya des éclaircurs et des espions parcourir la région de Mirkwood et du Dagorlad. Et c'est ainsi qu'il eut tôt fait de s'apercevoir que des ennemis nouveaux et redoutables s'infiltraient régulièrement, venant de l'Est, des contrées au-delà de la Mer de Rhûn. Ils tuaient, ou chassaient vers le nord, vers l'amont de la Rivière Vive et au cœur de la Forêt de Mirkwood, les derniers débris des Nortmen, amis de Gondor, qui séjournaient encore à l'est de la Forêt[23]. Mais Cirion ne pouvait rien pour eux, et la quête même de renseignements se faisait toujours plus périlleuse : trop de ses éclaireurs ne revinrent jamais.

Et passa l'hiver de l'année 2509, et c'est seulement alors que Cirion prit conscience du grand mouvement qui se préparait contre Gondor : des foules d'hommes s'amassaient tout le long de la lisière sud de Mirkwood. Ils n'avaient d'armes que rudimentaires, et guère de chevaux à usage de monture, car ils les utilisaient comme animaux de trait, ayant quantité de grands chariots, comme en avaient les Wainriders (dont ils étaient manifestement parents) qui s'étaient rués sur le Gondor au temps des derniers de ses Rois. Mais pour ce qu'on en pouvait juger, ils compensaient par le nombre la pauvreté de leur fourniment.

A bout de ressources, Cirion songea, dans ce péril extrême, aux Éothéod, et il résolut de leur envoyer des messagers. Mais pour atteindre le Val d'Anduin il leur faudrait passer par le Calenardhon et franchir les Méandres et traverser ensuite des contrées déjà surveillées et patrouillées par les Balchoth[24]. Cela signifiait une chevauchée de quelque quatre cent cinquante milles jusqu'aux Méandres, et de là, il y avait encore plus de cinq cents milles jusqu'au pays des Éothéod ; et à partir des Méandres il leur faudrait marcher précautionneusement, et surtout de nuit, tant qu'ils se trouvaient dans l'ombre de Dol Guldur. Cirion avait peu d'espoir qu'aucun n'arrivât au but. Il fit appel à des volontaires, et choisissant six cavaliers braves et endurants, il les envoya deux par deux, à un jour d'intervalle. Chacun d'eux portait un message appris par cœur, et aussi une petite pierre gravée du sceau des Surintendants[25], et il devait la remettre en main propre au Seigneur des Éothéod, si tant est qu'il parvenait à atteindre son pays. Le message était adressé à Éorl, fils de Léod, car Cirion savait qu'il avait succédé à son père quelques années auparavant, lorsqu'il n'était encore qu'un adolescent de seize ans, et bien qu'il n'eût guère dépassé à ce jour vingt-cinq ans, d'après ce qu'on en avait entendu dire à Gondor, c'était un homme de grand courage et d'une sagesse bien au-delà de son âge. Toutefois Cirion n'avait qu'un faible espoir, à supposer même que le message soit remis, qu'on y fasse réponse. Et au surplus il n'avait aucun droit d'exiger des Éothéod, sauf au nom de leur ancienne amitié avec le Gondor, qu'ils viennent d'aussi loin avec des forces en suffisance pour lui porter secours. Si la chose ne leur était pas déjà connue, apprendre que les Balchoth exterminaient les derniers des leurs au sud, pouvait donner du poids à son appel ; encore fallait-il que les Éothéod ne fussent point eux-mêmes en butte à quelque attaque. Cirion ne dit plus rien[26], et s'apprêta à affronter l'orage. Il rassembla une armée aussi forte qu'il le put, et prenant personnellement le commandement, il se disposa à la conduire à marche forcée vers le nord, en pays Calenardhon. Et à Minas Tirith, il remit le pouvoir aux mains de son fils, Hallas.

Le premier couple de messagers partit le dixième jour de Sulimë, et il se trouve que ce fut l'un de ces deux qui, seul de tous les six, devait parvenir jusqu'aux Éothéod. Et celui-là s'appelait Borondir, un illustre cavalier d'une famille qui se disait issue d'un Capitaine des Nortmen au service des Rois d'autrefois[27]. On ne devait jamais rien savoir de ce qu'il advint des autres, hors le compagnon de Borondir qui mourut, fléché dans une embuscade, aux abords de Dol Guldur, dont se tira par chance Borondir, et grâce surtout à la rapidité de son cheval. Il fut pourchassé jusqu'aux Champs d'Iris, et il eut souvent à déjouer les guets-apens que lui dressaient les hommes embusqués dans la Forêt, et contraint, pour ce faire, de se détourner de sa droite route. Mais il atteignit enfin le pays des Éothéod, après quinze jours de chevauchée dont les deux derniers sans nourriture ; et il était si exténué qu'il pouvait à peine prononcer le message devant Éorl.

On était alors au vingt-cinquième jour de Silimë. Éorl délibéra en son for intérieur et silencieusement ; mais il ne délibéra pas longtemps. Bientôt il se leva et dit : « Je viendrai. Si tombe le Mundburg, où fuirons-nous donc les Ténèbres ? » Et il prit la main de Borondir en gage de promesse.

Éorl convoqua sur-le-champ son Conseil d'Anciens, et fit ses préparatifs pour la grande chevauchée. Mais cela prit plusieurs jours, car il fallait lever une armée et la mettre sur pied de guerre, et aviser au gouvernement du peuple et à la défense du pays. A cette époque-là, les Éothéod étaient en paix, et ne craignaient point la guerre : mais les choses pouvaient bien changer dès qu'on saurait que leur Seigneur était parti se battre loin au sud. Néanmoins Éorl appréhenda clairement que rien moins que sa pleine force serait d'une quelconque utilité et qu'il devait tout risquer, ou bien se dérober et rompre sa promesse.

Enfin l'armée fut rassemblée ; on ne laissa que quelques centaines de soldats au pays, pour soutenir les hommes que l'âge — qu'ils fussent trop jeunes ou trop vieux — mettait hors d'état de participer à une entreprise à ce point désespérée. On était au sixième jour du mois de Viressë. Et ce jour-là, en profond silence, la grande *éohere* s'ébranla, et elle laissait la peur derrière elle et n'emportait qu'un espoir ténu ; car tous, ils savaient ce qui les attendait, ou sur la route ou au terme du voyage. On dit qu'Éorl conduisit au combat quelque sept mille cavaliers en grand arroi, et plusieurs centaines d'archers à cheval. A sa main droite chevauchait Borondir, pour servir de guide au mieux de son pouvoir, puisqu'il venait de traverser ces pays. Mais cette puissante armée ne rencontra ni menace ni attaque durant sa longue chevauchée le long du Val d'Anduin. Les gens, bons ou mauvais, qui entrevoyaient son approche, lui cédaient le pas, tout effarouchés par tant de force et de magnificence. Et comme tirant vers le sud, elle passait la lisière sud de Mirkwood (la Brèche Est), une contrée à présent infestée par les Balchoth, elle n'avait toujours pas perçu signe de vie : ni troupes pour lui barrer la route, ni éclaireurs pour espionner sa marche. Cela était dû en partie à des événements qui leur étaient inconnus, survenus depuis le départ de Borondir ; mais d'autres pouvoirs étaient aussi à l'œuvre. Car lorsque l'armée s'approcha enfin de Dol Guldur, Éorl obliqua vers l'ouest, par crainte de l'ombre ténébreuse et du nuage qui s'en dégageait. Et il poursuivit dans cette direction jusqu'à ce qu'ils fussent en vue de l'Anduin. Nombre des cavaliers tournèrent leurs yeux de ce côté, moitié par peur, moitié dans l'espoir d'apercevoir de loin le chatoiement de la Dwimordene, la périlleuse contrée dont on disait, dans les légendes de leur peuple, qu'elle brillait au printemps comme de l'or. Mais pour l'heure, elle apparaissait tout ensevelie dans un lumineux brouillard ; et ils se désolèrent de voir le brouillard gagner la rivière et déferler sur tout le pays devant leurs pas.

Éorl ne s'arrêta pas : « En avant ! ordonna-t-il. Il n'y a point d'autre chemin à prendre. Et après une si longue chevauchée, nous n'allons pas laisser la brume qui monte de la rivière nous détourner du combat ! »

Et s'approchant, ils virent que la blanche nuée repoussait les ténèbres de Dol Guldur, et bientôt ils y pénétrèrent, chevauchant lentement au début, et précautionneusement ; mais sous ces courtines, toutes choses s'éclairaient d'une lumière limpide et sans nulle ombre, tandis que de part et d'autre, il y avait comme de blanches murées qui dissimulaient leur avance furtive.

« La Dame du Bois Doré est avec nous, semble-t-il », dit Borondir.

« Cela se peut, dit Éorl. Mais quant à moi, je me fierais plus volontiers à la sagacité de Felaróf[28]. Il ne hume aucun mal. Son cœur est léger, et sa lassitude dissipée ; il tire pour qu'on lui rende la bride. Et allons ! Car jamais je n'ai tant souhaité mystère et célérité ! »

Alors Felaróf bondit en avant et toute l'armée suivit

en bourrasque, mais dans un étrange silence, comme si les sabots de leurs chevaux ne touchaient pas terre. Et ils galopèrent aussi frais et ardents qu'au matin de leur départ tout le jour durant et le jour suivant; mais à l'aube du troisième jour, comme ayant reposé, ils s'apprêtaient à repartir, le brouillard soudain se leva, et ils virent qu'ils étaient en rase campagne. Et sur la droite coulait l'Anduin tout proche, mais ils avaient presque dépassé la grande boucle que décrit le fleuve vers l'est [29], et les Méandres étaient en vue. C'était le matin du quinzième jour de Viressë, et ils étaient arrivés en ce lieu avec une promptitude inespérée [30].

Ici s'achève le texte, avec une note indiquant que doit suivre une description de la Bataille du Champ du Celebrant. L'Appendice A (II) au *Seigneur des Anneaux* donne un récit sommaire des hostilités :

> Du Nord-Est surgit une horde puissante d'hommes sauvages qui envahit le Rhovanion, et descendant des Hautes Terres Brunes, traversèrent l'Anduin sur des radeaux. Et dans le même temps, par hasard ou à dessein, les Orcs (qui à l'époque — avant leur guerre contre les Nains — étaient en force) dévalèrent les Montagnes. Les envahisseurs déferlèrent sur le Calenardhon et Cirion, Surintendant du Gondor, envoya au Nord, quémander du secours...

Lorsque Éorl et ses Cavaliers atteignirent le Champ du Celebrant.

> L'Armée du Nord était en péril. Vaincue sur les hautes plaines du Wold et coupée du sud, elle avait été repoussée sur l'autre bord de la Limlight, et là soudain avait été assaillie par une bande d'Orcs qui l'avait forcée jusqu'à l'Anduin. Tout espoir était perdu pour le Gondor lorsque survinrent inopinément les Cavaliers du Nord, et ils fondirent sur les arrières de l'ennemi. Et la Fortune des Batailles changea de

camp, et l'ennemi fut refoulé avec de terribles pertes de l'autre côté de la Limlight. Et Éorl, à la tête de ses hommes, leur donna la chasse, et si épouvantable était la peur qu'inspiraient les Cavaliers du Nord, que les envahisseurs du Wold furent pris de panique et les Cavaliers les traquèrent sur toute l'étendue des plaines du Calenardhon.

Un récit analogue, mais plus bref, figure ailleurs dans l'Appendice A. Ni l'un ni l'autre ne nous renseigne clairement sur le déroulement du combat, mais il semble certain que les Cavaliers, ayant passé les Méandres, franchirent alors la Limlight (voir note 27, p. 71) et tombèrent sur l'arrière-garde ennemie, dans le champ du Celebrant ; et « l'ennemi fut refoulé avec de terribles pertes de l'autre côté de la Limlight » signifie que les Balchoth furent refoulés vers le sud, dans le Wold.

3.

Cirion et Éorl

L'histoire est précédée d'une note sur le Halifirien, le plus à l'ouest des Tertres-de-Guet qui défendaient le Gondor, le long des crêtes de l'Ered Nimrais.

Le Halifirien[31] était le plus élevé des Tertres-de-Guet, et venait ensuite l'Eilenach ; et comme lui, il semblait surgir, tout isolé, d'un grand bois ; car se creusait, derrière une faille profonde, la noire Combe Firien dans l'éperon nord de l'Ered Nimraith dont le Halifirien est le point culminant. Et il se dressait, abrupt, hors de la faille, mais ses versants extérieurs, et plus particulièrement ceux du nord, s'abaissaient en pente douce, et s'y pressaient les arbres presque jusqu'au sommet. Et plus on descendait, plus les bois se faisaient touffus, surtout le long de la Rivière Mering (qui jaillissait dans la faille) et au nord, dans la plaine ou elle confluait avec l'Entwash. On avait ménagé une longue percée dans le Bois, où passait la Grande Route de l'Ouest, ceci afin de lui éviter les terres marécageuses sur la lisière nord ; mais cette route avait été tracée dans les jours d'autrefois[32], et après le départ d'Isildur, plus personne n'abattit d'arbres dans le Bois de Firien, sauf les gardiens du Tertre qui avaient à tâche d'entretenir la Grande Route et le sentier qui menait au sommet de la colline. Ce sentier prenait sur la route presque à son entrée dans le Bois, et faisant maints détours, gravissait la pente jusqu'au-delà de la limite des arbres, où un escalier taillé dans le roc conduisait au site du Tertre-de-Guet : une vaste aire circulaire aplanie par ceux qui avaient fait l'escalier. Les gardiens du Tertre étaient les seuls habitants du Bois, hors les bêtes sauvages : ils vivaient dans des cabanes juchées dans les arbres, près du sommet, mais ils n'y séjournaient guère longtemps à moins d'y être retenus par la mauvaise saison, et ils allaient et venaient selon leur tour de garde. Et pour la plupart, ils étaient contents de rentrer chez eux. Non point à cause du danger des bêtes sauvages, car nulle ombre mauvaise, nourrie de ténèbres, ne hantait le Bois ; mais sauf pour le ululement des vents et les cris des oiseaux et des bêtes de la forêt, ou parfois le fracas des cavaliers galopant à bride abattue sur la Route, il s'y épandait un silence tel, qu'un homme se trouvait soudain tenu de parler à ses camarades dans un murmure, comme s'il prêtait l'oreille à l'écho d'une grande voix qui le hélait de loin, ou d'un lointain passé.

Dans la langue des Rohirrim, le nom *Halifirien* signifiait « la Montagne Sacrée »[33]. Avant leur venue, elle était dite en Sindarin, « Amon Anwar », « la Colline de Majesté », un nom dont personne, au Gondor, ne savait la raison d'être, hors (comme il s'avéra par la suite) le Souverain ou le Surintendant en exercice. Pour les quelques hommes qui osaient s'écarter de la Route et errer sous ses frondaisons, le Bois portait en soi la raison de son nom, et dans le Parler Commun, il était dit « Bois des Murmures ».

A la grande époque du Gondor, aucune tour ne fut construite sur le Tertre tant que les *palantiri* maintinrent la communication avec Orgiliath et les trois tours du royaume[34], et qu'il n'y eut point nécessité d'envoyer des messages et des signaux. Plus tard, on n'eut plus grand-chose à attendre des régions nord où le peuple du Calenardhon était à son déclin ; et on n'envoya plus de forces armées dans les parages à mesure que Minas Tirith éprouvait de plus en plus de difficultés à tenir le front de l'Anduin et à garder ses côtes méridionales. Un peuple nombreux vivait encore en Anórien, et ils avaient à charge de surveiller les marches septentrionales, du côté du Calenardhon et sur l'autre rive de l'Anduin, à Cair Andros. C'est pour maintenir la communication avec les gens de l'Anórien que furent construits et entretenus les trois Tertres de guet les plus anciens (Amon Dûn, Eilenach et Min-Rimmon)[35]. Mais bien que la ligne de la Rivière Mering fût fortifiée (et ce entre les marécages impraticables de son confluent avec l'Entwash et le pont qu'empruntait la Route vers l'ouest, hors du Bois de Firien), on ne permit point que fût érigé un fort ou une tour sur l'Amon Anwar.

Du temps de Cirion le Surintendant, des hordes de Balchoth assaillirent le Gondor, et s'alliant aux Orcs, franchirent l'Anduin et pénétrèrent dans le Wold à la conquête du Calenardhon. Et ce péril mortel aurait anéanti le Gondor, n'eût été pour la venue d'Éorl le Jeune et de ses Rohirrim qui sauvèrent le royaume.

La guerre ayant pris fin, on se demanda comment le Surintendant trouverait à honorer Éorl et à reconnaître ses services, et tout le monde s'attendait à ce qu'on donnât un grand festin à Minas Tirith et qu'au cours du festin, on annonçât la chose. Mais Cirion ne livrait guère ses pensées. A la tête de l'armée fort réduite, du Gondor, il chevauchait vers le sud, en compagnie d'Éorl et d'une *éored*[36] de Cavaliers du Nord. Parvenus à la rivière Mering, il se tourna vers Éorl et à la stupeur de tous, dit :

« Adieu pour maintenant, Éorl fils de Léod. Je

m'en retourne chez moi où bien des choses exigent d'être reprises en main. Je commets en ta garde la province du Calenardhon pour un temps, si tu n'es pas trop pressé de revenir dans ton propre royaume. Dans trois mois, je te retrouverai ici même, et nous nous entretiendrons ensemble. »

« Je viendrai », répondit Éorl. Et ainsi ils se séparèrent.

Dès que Cirion fut rentré à Minas Tirith, il convoqua quelques-uns de ses plus fidèles serviteurs et dit : « Rendez-vous maintenant au Bois des Murmures, et là il vous faut rouvrir l'ancien sentier qui mène à Amon Anwar. Il est tout envahi de ronces depuis longtemps. Mais son accès est encore marqué par une pierre levée au bord de la Route, au point où le Bois, en sa partie nord, l'enserre de partout. Le sentier est sinueux mais à chaque détour, il y a une pierre levée. Et en suivant ces pierres, à la longue vous parviendrez à la limite des arbres, et là trouverez des degrés de pierre qui mènent vers le haut. Je vous enjoins de ne pas pousser plus loin. Faites ce travail en toute promptitude et me revenez. N'abattez point d'arbre, dégagez seulement un sentier par où quelques hommes à pied puissent passer aisément pour accéder au sommet. Et laissez embroussaillé l'embranchement avec la Route afin que nul de ceux qui la prennent ne soit tenté de s'aventurer sur le sentier avant que je n'y vienne moi-même. Ne dites à personne où vous allez, ni ce que vous avez fait. Si quelqu'un vous interroge, dites seulement que le Seigneur Surintendant désire qu'un lieu soit aménagé pour sa rencontre avec le Seigneur des Cavaliers. »

Et quand vint le temps, Cirion s'en fut avec Hallas, son fils, et le Seigneur de Dol Amroth et deux autres membres de son Conseil ; et il rencontra Éorl au gué de la rivière Mering. Auprès d'Éorl se tenaient trois de ses principaux capitaines. « Allons donc à présent à l'endroit que j'ai fait apprêter », dit Cirion. Ils postèrent une garde de Cavaliers près du Pont, et s'engagèrent sur la Route ombreuse, et trouvèrent la pierre levée. Ils laissèrent là leurs chevaux, et une autre garde nombreuse de soldats du Gondor. Et Cirion, debout devant la pierre, se tourna vers ses compagnons et dit : « Je m'en vais maintenant gravir le Tertre de Majesté. Suivez-moi si vous le voulez bien. Avec moi viendra un écuyer et un autre avec Éorl, porteurs de nos armes ; tous les autres iront sans armes, comme témoins de nos paroles et de nos actes en ce haut lieu. On a dégagé le sentier, mais personne ne l'a emprunté depuis que je suis venu ici avec mon père. »

Or donc Cirion conduisit Éorl parmi les arbres, et les autres suivirent en bon ordre ; et lorsqu'ils eurent passé la première des pierres intérieures, ils se turent et ils marchèrent furtivement, comme craignant de faire du bruit. Et allant ainsi, ils atteignirent enfin les pentes supérieures de la Colline, et ils franchirent un anneau de bouleaux blancs et aperçurent l'escalier de pierre accédant au sommet. Au sortir de la pénombre du Bois, vif et chaud leur parut le soleil, car on était au mois d'Urimë ; et cependant la Colline verdoyait en son faîte, comme si là-haut l'année s'était attardée en Lótessë.

Au pied de l'escalier, on avait aménagé avec des mottes de gazon une banquette basse, à flanc de coteau, et la compagnie s'y reposa un instant, jusqu'à ce que Cirion se levât et prît des mains de son écuyer la Baguette du pouvoir et la Blanche mante des Surintendants du Gondor ; et debout sur la première marche de l'escalier, il rompit le silence, parlant bas mais distinctement.

« Je vais à présent déclarer ce dont je suis résolu en vertu de l'autorité qui est mienne comme Surintendant des Rois ; à Éorl fils de Léod, en reconnaissance de la vaillance de son peuple et de l'aide inespérée qu'il procura au Gondor en un temps d'âpre nécessité, je fais libre don de toute la vaste contrée du Calenardhon, depuis l'Anduin jusqu'à l'Isen. Là, s'il le désire il sera roi, et ses héritiers après lui, et son peuple vivra libre, tant que l'autorité des Surintendants du Gondor prévaudra, jusqu'au Retour du Grand Roi[37]. Et son peuple n'aura d'autres obligations que celles dictées par ses lois et son vouloir propres, hors celle-ci : « il sera tenu de vivre en bonne amitié avec le Gondor, et cela à perpétuité, et les ennemis du Gondor seront les siens, tant que l'un et l'autre royaume perdurera — mais à même obligation sera soumis le peuple du Gondor ».

Alors Éorl se leva, mais il demeura un temps silencieux, car il était bouleversé par l'extrême générosité du don et la noblesse des propos, et il concevait bien la sagesse de la chose, car Cirion avait parlé à la fois en sa qualité de souverain du Gondor soucieux de protéger les restes de son royaume, et en tant qu'ami des Éothéod dont il connaissait les besoins, car le peuple se faisait trop nombreux pour le pays et languissait de revenir au sud, dans ses demeures de jadis ; mais la crainte de Dol Guldur les retenait. Au Calenardhon, ils auraient de la place en suffisance et même de reste, et ils échapperaient à l'ombre de Mirkwood.

Et cependant, au-delà même de toute question de sagesse et de bonne politique, tant Cirion qu'Éorl étaient mus à l'époque par la grande amitié qui liait leurs deux peuples, et par le sentiment de vive affection qu'ils éprouvaient à l'égard l'un de l'autre en tant qu'hommes véritables. De la part de Cirion, c'était l'amour d'un père avisé, vieilli dans les soucis du monde, pour un fils qui a tout l'espoir et l'énergie de la jeunesse en lui ; tandis que pour Éorl, Cirion détenait la Majesté infuse des Rois des Hommes, aux jours d'autrefois.

Et sans tarder, lorsqu'il eut considéré la chose en son for intérieur, Éorl parla, disant : « Seigneur Surintendant du Grand Roi, le don que tu m'offres, je l'accepte pour moi et pour mon peuple. Il excède considérablement tout ce que nous aurions pu gagner par nos armes, à supposer que notre action n'ait point été en elle-même un libre don de l'amitié ; mais cette amitié, je la scellerai par un serment dont on se remémorera à jamais ! »

« Alors rendons-nous en ce haut lieu, dit Cirion. Et devant ces témoins, prononçons les serments qui se doivent. »

Or donc Cirion gravit les degrés avec Éorl, et les autres suivaient derrière ; et lorsqu'ils atteignirent le sommet, ils se trouvèrent sur une vaste aire gazonnée, de forme ovale, non clôturée, avec à un bout un petit monticule où poussaient les blanches fleurs de l'*alfirin*[38], et le soleil couchant les pailletait d'or. Et voici que le Seigneur d'Amroth, chef de ceux qui escortaient Cirion, se dirigea vers le monticule et dans l'herbe à ses pieds entrevit une pierre noire que ni les vents ni les intempéries n'avait altérée, et sur la pierre trois lettres étaient gravées. Et il dit à Cirion :

« Serait-ce donc là une tombe ? Mais qui gît là ? Quel homme fameux du temps jadis ? »

« N'as-tu pas lu les lettres ? » dit Cirion.

« Je les ai lues, dit le Prince[39]. Et pour cela même je m'étonne. Car ces lettres sont *lembe, ando* et *lambe.* Or il n'y a point de tombe pour Élendil, et il n'est homme depuis lors qui ait osé s'approprier son nom[40]. »

« Et pourtant c'est là sa tombe, dit Cirion. D'elle émane cette aura de majesté qui environne la colline et le Bois en contrebas. Depuis Isildur qui l'a élevée et Meneldir qui lui succéda, et par toute la lignée des Rois et toute la lignée des Surintendants et jusqu'à moi-même, cette tombe fut gardée secrète, et ce fut sur ordre d'Isildur. Car, dit-il, ici est le point d'or du Royaume du Sud, et ici la pierre de mémoire en l'honneur d'Élendil-le-Fidèle sera commise à la garde des Valar, et il en sera ainsi tant que le Royaume perdurera. Cette colline sera sacrée[41], et nul ne viendra en troubler la paix et le silence, hors les héritiers d'Élendil. Et je vous y ai amenés afin que les serments qui vont être prêtés en ce lieu soient emprunts de la plus lourde solennité, liant nos héritiers, aux uns et aux autres. »

Alors tous ceux qui étaient présents firent silence, et ils demeurèrent la tête courbée jusqu'à ce que Cirion dise à Éorl : « Si tu es prêt, prononce maintenant ton serment, conformément aux coutumes de ton peuple. »

Or, donc Éorl s'avança, et prenant sa lance des mains de son écuyer, il la ficha droit en terre. Et il tira son épée et la jeta en l'air et elle flamboya aux rayons du couchant, et il la rattrapa au vol, et fit un pas et posa la lame sur le monticule mais ses mains étreignaient toujours la garde. Et il dit, d'une voix puissante le Serment d'Éorl, dans la langue des Éothéod, qu'on traduit ici dans le parler commun[42].

« Oyez tous ! Oyez ! Vous autres, Peuples qui n'avez point courbé l'échine devant l'Ombre surgie à l'Est ! En vertu du libre don consenti par le Seigneur de Mundburg, nous viendrons faire nos demeures dans la contrée qu'il nomme Calenardhon. C'est pourquoi je fais le serment en mon nom propre et en celui des Éothéod du Nord, qu'entre nous et le Grand Peuple de l'Ouest, il y aura éternelle amitié ; leurs ennemis seront nos ennemis, leurs besoins seront nos besoins, et quelque mal, outrage ou assaut qu'ils subissent, nous les secourrons de tout notre pouvoir. Ce serment liera mes héritiers et tous ceux de ma lignée dans notre nouveau pays ; et qu'ils se gardent de le transgresser, de peur que l'Ombre ne descende sur eux et qu'ils ne soient maudits à jamais ! »

Et Éorl remit son épée au fourreau, s'inclina et se retira auprès de ses capitaines.

Or donc Cirion lui fit réponse. Se dressant de toute sa hauteur, il posa la main sur la tombe, et dans sa main droite, il tenait la Blanche Baguette, insigne du pouvoir des Surintendants, et les paroles qu'il prononça remplirent de révérente terreur ceux qui l'entendirent. Car au moment même où il se leva, à l'ouest sombrait le soleil en flammes, et sa robe en parut tout embrasée ; et il prêta serment, engageant le Gondor par un même lien d'amitié et de secours réciproque en cas de besoin, puis élevant la voix, dit en quenya :

Vanda sina termaruva Élenna nóreo alcar enyalien ar Élendil Vorondo voronwë. Nai tiruvantes i hárar mahalmassen mi Númen ar i Éru i or ilyë mahalmar eä tennoio[43].

Et ces paroles, il les répéta dans le Parler Commun :

> « Que ce serment atteste la gloire du Pays de l'Étoile et la foi d'Élendil le Fidèle ; et qu'il demeure en la sauvegarde de ceux qui siègent sur les trônes de l'Ouest, et de l'Un qui est au-dessus de tous les trônes à jamais. »

Et un tel serment, on n'en avait pas entendu en la Terre du Milieu depuis qu'Élendil lui-même avait juré alliance avec Gilgalad, roi des Eldar[44].

Lorsque tout fut accompli et que montait l'ombre crépusculaire, Cirion et Éorl et leurs compagnons descendirent en silence à travers les bois s'enténébrant, et revinrent au camp près de la rivière Mering, où on leur avait dressé des tentes. Après le repas, Cirion et Éorl, avec le Prince de Dol Amroth et Éomund, un chef d'armée des Éothéod, siégèrent ensemble pour définir les frontières où prévaudrait l'autorité du Roi des Éothéod et celle du Surintendant du Gondor.

Et voici comment fut délimité le royaume d'Éorl : à l'ouest, il aurait pour frontière la rivière Angren depuis son confluent avec l'Adorn, et il s'étendrait au nord jusqu'aux barrières extérieures de l'Agrenost et au nord-ouest jusqu'à l'orée de la Forêt de Fangorn et la rivière Limlight ; et cette rivière marquait ses confins nord car les terres au-delà n'avaient jamais été revendiquées par le Gondor[45]. A l'est, ses frontières étaient l'Anduin et les contreforts occidentaux de l'Émyn Muil jusqu'aux embouchures marécageuses de l'Onodló, et au-delà de cette rivière jusqu'au Glanhir, cours d'eau qui baigne le Bois d'Anwar et se jette dans l'Onodló ; et au sud, ses limites étaient l'Éred Nimrais jusqu'à la pointe de l'éperon nord, mais tous les vallons et les combes qui s'ouvraient vers le nord devaient appartenir à l'Éothéod, y compris la contrée au sud des Monts Hithaeglir qui se déploie entre les rivières Angren et Adorn[46].

Dans toutes ces régions, Gondor ne réserva son autorité que sur la forteresse d'Angrenost, où s'élevait la Troisième Tour du Gondor, Orthanc l'Inexpugnable, qui abritait la quatrième *palantiri* du Royaume du Sud. Au temps de Cirion, Angrenost était encore tenue par une garnison de Gondoriens ; mais si les clefs d'Orthanc demeuraient au Gondor, entre les mains du Surintendant, les soldats de la garnison étaient venus à former une petite communauté bien enracinée, sous le commandement d'un Capitaine héréditaire. Les « barrières extérieures » mentionnées dans la description des frontières du royaume d'Éorl, étaient un mur et une digue qui tiraient sur plus de deux milles au sud des portes d'Angrenost, parmi les collines où venaient mourir les Monts de Brume ; au-delà s'étendaient les terres cultivées des gens de la forteresse.

On décida aussi que la Grande Route qui autrefois traversait l'Anórien, et le Calenardhon pour gagner Athrad Angren (les Gués de l'Isen)[47] et plus au nord, l'Arnor, serait ouverte à tous les voyageurs, de l'un et l'autre peuple, sans restriction aucune en temps de paix, et que son entretien, depuis la Rivière Mering jusqu'aux Gués de l'Isen, serait à la charge de l'Éothéod.

Selon les termes de ce pacte, un petit canton du Bois d'Anwar, à l'ouest de la Rivière Mering, fut inclus dans le royaume d'Éorl : mais Cirion déclara que la Colline d'Anwar serait désormais un Lieu Sacré pour les Peuples Alliés, et que les Éorlings et les Surintendants s'en partageraient désormais l'entretien et la garde. Toutefois, à mesure que les Rohirrim se faisaient toujours plus nombreux et plus puissants, dans le même temps où sous la menace des Orientaux et des pirates de la Mer, Gondor allait déclinant, ce furent les gens de l'Eastfold qui, seuls, assurèrent la garde de l'Anwar, et en droit coutumier, le Bois devint propriété du domaine royal des Rois de la Marche ; et ils nommèrent la Colline le Halifirien, et le Bois, le Firienholt [48].

Par la suite, le jour du Serment fut décompté comme premier jour du nouveau royaume, lorsque Éorl prit le titre de « Roi de la Marche des Cavaliers. » Mais, en fait, il devait se passer encore un certain temps avant que les Rohirrim prissent possession du pays, et durant sa vie, Éorl fut connu sous le nom de Seigneur des Éothéod et de Roi du Calenardhon. Le terme « Mark » désigne les marches frontières et en particulier celles qui servent de rempart aux régions intérieures d'un royaume. C'est Hallas, fils et successeur de Cirion, qui conçut les termes sindarin : Rohan pour la Marche et Rohirrim pour le peuple du Rohan ; mais ces termes devinrent d'usage courant non seulement au Gondor, mais parmi les Éothéod eux-mêmes [49].

Le lendemain de la Prestation du Serment, Cirion et Éorl s'étreignirent et à regret se firent leurs adieux. Car Éorl dit : « Seigneur Surintendant, j'ai beaucoup à faire, et qui presse. Ce pays est délivré à présent de ses ennemis, mais ils n'ont pas été détruits à la racine, et au-delà de l'Anduin, sur les lisières de Mirkwood, nous ignorons quels périls rôdent. J'ai envoyé hier au soir trois messagers vers le nord, des cavaliers braves et habiles, dans l'espoir que l'un, au moins, d'entre eux parvienne à mes foyers avant moi.

Mais il me faut à présent revenir moi-même, et en force ; j'ai laissé un pays presque dégarni d'hommes : seuls sont demeurés les trop jeunes et les trop vieux ; et si nos femmes et nos enfants doivent entreprendre un tel voyage, avec les quelques biens dont nous ne pouvons nous passer, il leur faut une escorte, et ils ne suivront que le Seigneur des Éothéod en personne. Je laisserai sur place toutes les forces dont je puis disposer, soit près de la moitié de l'armée qui est actuellement au Calenardhon ; et entre autres, des compagnies d'archers à cheval, qui peuvent voler où besoin est, si des bandes ennemies écument encore le pays ; mais le gros de mes forces sera posté au nord-est pour surveiller avant tout l'endroit où les Balchoth ont franchi l'Anduin, venant des Terres Brunes ; car là encore est le principal danger, mais par-là aussi ai-je meilleur espoir, si je reviens, de conduire mon peuple jusqu'à leur nouvelle patrie avec le moins de pertes et d'épreuves possibles. Si je reviens, dis-je, mais par la foi de mon serment, sois assuré que je reviendrai, sauf pour un désastre où j'aurais trouvé la mort en route avec mon peuple. Et cette route, il me la faut prendre à l'est de l'Anduin et sous la menace constante de Mirkwood, et sur la fin, il me faut passer la vallée que hantent les ombres de la Colline par vous surnommée Dol Guldur. Car sur la rive ouest, le chemin n'est pas praticable pour des cavaliers, et moins encore pour une foule de gens voyageant sur des chariots, alors même que les montagnes ne seraient pas infestées d'Orcs ! Et l'on ne peut passer, ni seul ni en nombre, par le Dwimordene où demeure la Dame Blanche qui tisse ses rets dont nul mortel ne peut se dépêtrer [50]. Par la route de l'est, viendrai-je, comme lorsque je vins au Celebrant ; et que ceux que nous avons pris à témoin de notre serment nous gardent en leurs bonnes grâces ! Quittons-nous ici dans l'espérance ! Ai-je ton congé ? »

« Tu as mon congé certes, dit Cirion. Car je vois à

présent qu'il ne saurait en être autrement. Et je perçois que dans notre péril, j'ai trop peu songé aux dangers que tu as courus, et au miracle de votre survenue contre tout espoir, depuis les lointains pays du Nord. La récompense que j'ai offerte à nos libérateurs dans la joie et la plénitude de mon cœur, me semble peu de chose maintenant. Mais pense que les paroles de mon serment, que je n'avais point préméditées avant de les prononcer, ne furent pas mises dans ma bouche en vain. Nous nous quittons dans l'espérance. »

Nul doute que selon l'usage des chroniques, une large part de ce qu'on fait dire à Cirion et à Éorl, à l'heure des adieux, fut envisagée et discutée lors de leur entretien de la nuit précédente. Mais quant aux paroles concernant l'inspiration qui lui dicta les termes de son serment, on peut être certain que Cirion les prononça effectivement, car il était homme de peu d'orgueil et d'un grand courage, et de cœur généreux, et le plus noble des Surintendants du Gondor.

4.

La Tradition d'Isildur

On dit que lorsque Isildur revint de la Guerre de la Dernière Alliance, il demeura un temps au Gondor, à rétablir l'ordre dans le royaume et à instruire de ses devoirs Meneldil, son neveu, avant de partir lui-même ceindre la couronne de l'Arnor. Avec Meneldil et une cohorte d'amis fidèles, il parcourut toutes les frontières des pays que revendiquait le Gondor ; et comme ils regagnaient l'Anórien après avoir visité les limites nord, ils se trouvèrent au pied de la haute Colline dite alors Eilenaer et par la suite dénommée Amon Anwar, « Tertre de Majesté »[51], qui se dressait presque au centre du pays Gondor. Ils se frayèrent un chemin à travers les bois touffus du versant nord, et parvinrent ainsi au sommet qui était tout verdoyant mais sans arbres. Et là ils nivelèrent le terrain, ménageant à l'est un petit monticule ; et à l'intérieur de ce monticule, Isildur déposa le coffret qu'il portait toujours avec lui. Et il dit : « Ceci est une tombe, et le tertre funéraire d'Élendil le Fidèle. Il se dressera ici à mi-chemin du Royaume du Sud, sous la garde des Valar tant que perdurera le Royaume ; et que ce lieu soit sacré, et que nul ne le profane ! Que nul homme ne trouble son silence et sa paix, à moins qu'il soit héritier d'Élendil ! »

Ils taillèrent un escalier de pierre, depuis l'orée du bois jusqu'au sommet de la colline, et Isildur dit : « Que nul ne gravisse ces degrés, sauf le Roi et ceux qu'il amène avec lui, s'il les convie à le suivre. Et tous ceux présents prêtèrent serment de garder le secret ; mais à Meneldil, Isildur prodigua ses conseils, disant qu'il conviendrait que le Roi vienne de temps à autre visiter ce sanctuaire, et tout particulièrement en temps de danger ou de détresse, lorsqu'il éprouverait le besoin d'une sage inspiration ; et là également devait-il mener son héritier lorsque celui-ci aurait atteint l'âge d'homme, et il lui expliquerait les circonstances où fut consacré ce lieu, et lui révélerait les secrets du royaume, et toutes autres choses bonnes à savoir pour le Roi.

Meneldir suivit les conseils d'Isildur et les Rois qui lui succédèrent firent de même, jusqu'à Rómendacil I (cinquième souverain après Meneldir). Car sous son règne, le Gondor subit les premiers assauts des Easterlings[52]. Et de peur que la guerre ou la mort subite ou tout autre désastre ne vienne interrompre la Tradition, Rómendacil I la fit consigner par écrit sous le titre de « Tradition d'Isildur », sur un parchemin dûment scellé, avec certaines autres choses qu'un nouveau roi se devait de savoir ; et le Prince Héritier recevait le Parchemin des mains du Surintendant, à la veille du couronnement[53]. Et cela se fit dorénavant ainsi, bien que les Rois du Gondor eussent quasiment tous maintenu la coutume qui voulait que l'Héritier rendît visite à la Colline sacrée d'Amon Anwar.

Lorsque le temps des Rois fut révolu et que le Gondor fut gouverné par un Surintendant, un descendant de Húrin qui avait été Surintendant du Roi Minardil, on reconnut aux Surintendants tous les droits et devoirs des Rois, et ce « jusqu'au Retour du Grand Roi ». Mais quant à la « Tradition d'Isildur », ils furent seuls juges, puisqu'ils étaient seuls à en détenir le secret. Ils jugèrent qu'en évoquant nommément « un héritier d'Élendil », Isildur avait songé à un descendant direct d'Élendil, un prince de sang royal, héritier du trône, et qu'il n'avait pas prévu le gouvernement des Surintendants. Donc si Mardil[54] avait exercé l'autorité du Roi en son absence, aux héritiers de Mardil qui avaient hérité de sa charge devaient être dévolus les mêmes droits et devoirs, et il devait en être ainsi jusqu'au Retour du Roi ; chaque Surintendant avait donc le droit de visiter la Colline Sacrée à sa convenance et d'y admettre qui il voulait. Quant aux mots « tant que perdurera le Royaume », il fut décidé que le Gondor demeurerait « un royaume gouverné par un vice-régent », et que les mots devaient être interprétés comme signifiant : « tant que perdurera l'État du Gondor. »

Cependant les Surintendants, soit par révérente crainte, soit que les soucis du royaume les en empêchassent, allaient fort rarement visiter la Colline Sacrée, sinon pour emmener au sommet leur héritier selon l'ancienne coutume des Rois ; et parfois plusieurs années s'écoulaient sans qu'il ne vienne personne, et le sanctuaire demeurait comme l'avait sollicité Isildur, en la garde des Valar. Et le bois pouvait s'embroussailler alentour au point que les hommes l'évitaient, redoutant son silence ; et le raidillon se perdre, lorsqu'on se frayait un passage le haut lieu apparaissait inaltéré, sans nul dommage ou profanation, toujours verdoyant et serein sous le ciel, et il en fut ainsi tant que perdura le Royaume du Gondor.

Or il advint que Cirion, le douzième Surintendant

souverain, fut confronté à un danger nouveau et des plus redoutables : des envahisseurs avaient entrepris la conquête de tous les pays Gondor au nord de la Montagne Blanche, et s'ils parvenaient à leurs fins, s'ensuivraient sous peu la chute et l'ultime destruction du Royaume tout entier. Mais comme il est relaté dans les chroniques, ce péril fut écarté grâce à la venue des Rohirrim. Et à eux, Cirion dans sa sagesse éminente, octroya toutes les terres du nord, sauf l'Anórien, à gouverner en perpétuité sous leur propre roi, en échange d'une alliance à perpétuité avec le Gondor. Le royaume ne comptait plus d'hommes en suffisance pour peupler ces contrées septentrionales, ni même pour entretenir en état de défense les forts le long de l'Anduin qui protégeaient la frontière orientale. Cirion réfléchit longuement avant de céder le Calenardhon aux Cavaliers du Nord ; et il jugea que sa cession était de nature à modifier profondément la « Tradition d'Isildur » en ce qui concernait le sanctuaire d'Amon Anwar. Il amena en ce lieu le Seigneur des Rohirrim ; et là, devant le monticule d'Élendil, Éorl prêta serment en toute solennité et ce fut le Serment d'Éorl ; et Cirion lui fit réponse avec le Serment de Cirion, scellant à jamais l'alliance des deux royaumes. Mais lorsque cela fut accompli et qu'Éorl fut reparti au nord chercher son peuple pour le ramener à ses nouvelles demeures, Cirion retira la tombe d'Élendil. Car il jugea désormais vide de sens la Tradition d'Isildur. Le haut lieu ne représentait plus le « point d'or » du Royaume du Sud, mais seulement un lieu-dit sur les confins d'un autre royaume ; et de plus « tant que perdurera le royaume » faisait manifestement référence au royaume tel qu'il était au moment où Isildur parlait, après en avoir reconnu et délimité les frontières. Sans doute d'autres parties du royaume avaient été perdues depuis : les Nazgûl occupaient Minas Ithil et l'Ithilien était dévastée ; mais Gondor n'avait pas abandonné ses prétentions à leur égard. Alors qu'à l'égard du Calenardhon, il les avait abandonnées à jamais et sous serment. Et c'est pourquoi Cirion enleva le coffret d'Isildur du monticule où Isildur l'avait placé, pour le déposer dans le Sanctuaire de Minas Tirith. Mais le vert monticule demeura, mémorial d'un mémorial. Et même par la suite, lorsqu'elle devint le site d'une importante Tour-de-Guet, la colline d'Anwar resta un lieu révéré des gens du Gondor, comme des Rohirrim, qui dans leur propre langue la nommèrent *Halifirien*, le Mont Sacré.

NOTES

1. On ne connaît aucun récit sous ce titre, mais très certainement, la relation donnée en troisième partie (« Cirion et Éorl ») en constitue un fragment.

2. Par exemple dans le Livre des Rois [note de l'auteur] — Cette œuvre est mentionnée dans le premier paragraphe de l'Appendice A au *Seigneur des Anneaux,* comme figurant (avec *le Livre des Surintendants* et *l'Akallabêth*) parmi les Chroniques du Gondor dont Frodo et Peregrin purent prendre connaissance, grâce au Roi Élessar ; mais cette mention a été omise dans l'édition définitive.

3. La Brèche-Est, nommée nulle part ailleurs, était la grande échancrure le long de la lisière orientale de la Forêt de Mirkwood, telle qu'elle apparaît sur la carte jointe au *Seigneur des Anneaux*.

4. Les Nortmen semblent avoir été apparentés de près au troisième groupe — et au plus illustre — des Peuples-Amis-des-Elfes, gouverné par la Maison de Hador. [Note de l'auteur.]

5. Si l'armée du Gondor échappa à la destruction totale, ce fut en partie grâce au courage et à la loyauté des cavaliers Nortmen qui, sous le commandement de Marhari (un descendant de Vidugavia « Roi du Rhovanion ») formèrent l'arrière-garde. Mais les troupes du Gondor avaient infligé de telles pertes aux Wainriders, qu'il ne leur restait plus suffisamment de force pour pousser leur avantage, et attendant les renforts en provenance de l'Est, les Wainriders se contentèrent de parachever leur conquête du Rhovanion. [Note de l'auteur.] Dans l'Appendice A (I, IV) au *Seigneur des Anneaux,* il est dit que Vidugavia qui se faisait appeler Roi du Rhovanion, était le plus puissant prince des Nortmen ; il jouissait des faveurs de Rómendacil II, Roi du Gondor (mort en 1366), qu'il avait secouru lors de la guerre contre

les Easterlings ; le mariage de Valacar, fils de Rómendacil, avec Vidumavi, fille de Vidugavia, devait plonger le Gondor, au quinzième siècle, dans la cruelle Guerre-Fratricide.

6. Mon père ne relève nulle part, à ma connaissance, un fait pour le moins curieux, à savoir que les noms des premiers Rois et princes des Nortmen et des Éothéod s'apparentent au gothique, et non au vieil-anglais (à l'anglo-saxon) : c'est le cas de Leod, d'Éorl et plus tard des Rohirrim. *Vidugavia* est une forme latinisée quant à l'orthographe du gothique *Widugauja* (habitant-des-forêts), un nom Goth bien attesté ; et de même pour *Vidumavi,* forme gothique de *Widumawi* (fille des bois). Dans Marwini et Marhari, on retrouve l'ancien mot de la langue gothique *march* « *cheval* », correspondant au vieil anglais *mearh,* pluriel *mearas,* mot utilisé dans *le Seigneur des Anneaux* pour les chevaux du Rohan ; *wini* « ami », correspond au vieil anglais *winë,* que l'on retrouve dans les noms de plusieurs Rois de la Marche. Si, comme il est expliqué dans l'Appendice F (II), la langue du Rohan a été « calquée sur le vieil anglais », en revanche les noms des ancêtres des Rohirrim sont coulés dans les moules des formes les plus archaïques de la langue allemande.

7. Telle fut la forme de ce nom à une époque plus tardive [note de l'auteur] — Il s'agit ici de vieil-anglais : « gens de cheval » ; voir la note 36.

8. Bien que beaucoup plus brève, la relation ci-dessus ne contredit en rien les récits donnés dans l'Appendice A (I, iv et II) au *Seigneur des Anneaux.* Rien n'est dit ici de la guerre menée contre les Easterlings au treizième siècle par Minalcar (qui prit le nom de Rómendacil II), ou de l'intégration par ce roi, de nombreux Nortmen dans les armées du Gondor ou du mariage de son fils Valacar à une princesse Nortmen, et de la Guerre-Fratricide qui s'ensuivit au Gondor. Mais le récit supplée quelques éléments qui ne figurent pas dans *le Seigneur des Anneaux* : à savoir que la décadence des Nortmen fut un effet de la Grande Peste ; que la bataille où trouva la mort le Roi Narmacil II, en l'année 1856, qui d'après l'Appendice A, se serait déroulée « au-delà de l'Anduin », eut lieu, en fait, dans les vastes étendues au sud de Mirkwood, et fut connue sous le nom de Bataille des Plaines ; et que ce fut Marhari, un descendant de Vidugavia, qui en assurant la défense de l'arrière-garde, sauva l'armée tout entière de la destruction aux mains des Wainriders. Il est aussi mieux précisé ici que ce fut après la Bataille des Plaines, que les Éothéod, un fragment des Nortmen, vinrent à former une population distincte, installée dans le Val d'Anduin, entre le Carrock et les Champs d'Iris.

9. Son grand-père Telumehtar avait conquis l'Umbar et brisé le pouvoir des Corsaires, et les peuples du Harad étaient déchirés, à l'époque, par des luttes intestines. [Note de l'auteur.] La prise d'Umbar par Telumehtar Umbardacil se situe en l'année 1810.

10. Les grandes courbes que décrit l'Anduin vers l'ouest, à l'est

de la Forêt de Fangorn ; voir la première citation donnée dans l'Appendice C à « L'Histoire de Galadriel et Celeborn ».

11. Sur le mot *éored,* voir la note 36.

12. Ce récit est beaucoup plus riche que la relation sommaire donnée dans l'Appendice A (I, iv) au *Seigneur des Anneaux* : « Calimehtar, fils de Narmacil II, à la faveur d'une révolte au Rhovanion, vengea son père en remportant une grande victoire sur les Easterlings au Dagorlad, en 1899, et pour un temps, tout péril fut écarté. »

13. Les Goulets de la Forêt doivent désigner le mince « isthme » forestier au sud de Mirkwood, formé par l'échancrure de la « Brèche Est » (cf. note 3).

14. Et à juste titre. Car une attaque provenant du Proche Harad — à moins qu'elle ne fût appuyée par Umbar, ce qui à l'époque ne se concevait guère — pouvait être plus facilement repoussée et contenue. L'ennemi ne pouvait franchir l'Anduin qui, vers le nord, coulait dans un pays resserré entre la rivière et la montagne. [Note de l'auteur.]

15. Une note isolée se rapportant au texte fait observer qu'à cette époque, la Morannon était encore sous le contrôle du Gondor, qui entretenait une garnison dans les deux Tours de Guet, à l'est et à l'ouest (Les Tours de la Dent). La route qui traversait l'Ithilien était encore praticable, au moins jusqu'à la Morannon ; et là elle rejoignait une route qui tirait vers le nord jusqu'au Dagorlad, et une autre qui filant vers l'est, longeait la chaîne de l'Éred Lithui. [Aucune de ces deux routes n'est indiquée sur les cartes jointes au *Seigneur des Anneaux.*] La route vers l'est se poursuivait jusqu'à un point au nord du site de Barad-dûr ; elle n'avait jamais été achevée au-delà, et ce qui avait été fait se trouvait depuis longtemps à l'abandon. Néanmoins les premiers cinquante milles de route carrossable favorisèrent grandement l'assaut des Wainriders.

16. Les historiens ont cru voir dans cette colline celle-là même où se retrancha le Roi Élessar lors de son ultime combat contre Sauron, combat qui marqua la fin du Troisième Âge. Mais même si ce fut le cas, le monticule en question ne devait être à l'époque guère plus qu'une petite élévation de terrain n'offrant pas obstacle aux cavaliers et n'ayant pas encore été surélevée par le labeur des Orcs [Note de l'auteur] — Le passage auquel il est fait ici référence, figure dans *le Retour du Roi* où on lit : « Aragorn déploya l'armée dans le meilleur ordre possible ; et les troupes furent rangées sur deux grandes collines de pierre et de terre explosées que les Orcs avaient entassées au cours d'années de labeur » et « Aragorn et Gandalf se tenaient sur l'une tandis que les bannières du Rohan et de Dol Amroth flottaient sur l'autre ».

17. Sur la présence d'Adrahil à Dol Amroth, voir note 39.

18. Leurs anciennes demeures dans le Val d'Anduin, entre le Carrock et les Champs d'Iris.

19. Les raisons de cette migration des Éothéod vers le nord-est

sont données dans l'Appendice A (II) au *Seigneur des Anneaux* : « Les ancêtres d'Éorl aimaient les grandes plaines par-dessus tout, et s'enchantaient des chevaux et des exploits des cavaliers, mais la moyenne vallée de l'Anduin se faisait populeuse et l'ombre de Dol Guldur allait s'étendant ; aussi lorsqu'ils entendirent parler de la chute du Roi-Sorcier [en l'année 1975], ils cherchèrent un lieu plus spacieux où habiter, dans les plaines du nord, et ils chassèrent les débris des peuples qui vivaient sur le versant est des Montagnes. Mais à l'époque de Léod, père d'Éorl, ils étaient devenus nombreux et commençaient de nouveau à se trouver à l'étroit sur leurs terres. Le chef des Éothéod, à l'époque de leur migration, se prénommait Frumgar ; et dans les Tables Royales sa date est 1971. »

20. Ces rivières non nommées sont données sur la carte du *Seigneur des Anneaux*. La Greylin y figure avec deux tributaires.

21. La Paix Vigilante dura de 2063 à 2460, tant que Sauron demeura absent de Dol Guldur.

22. Pour les forts le long de l'Anduin, voir pp. 10-11, et pour les Méandres, *le Second Âge*, p. 143.

23. D'un passage précédent (pp. 36-38) on pouvait conclure qu'après la victoire de Calimehtar sur les Wainriders au Dagorlad, en l'année 1899, il ne restait plus de Nortmen dans les contrées à l'est de Mirkwood.

24. Ainsi désignait-on ces gens au Gondor, à cette époque : d'un mot composé tiré du langage populaire, formé sur *balc* « horrible » en Westron, et *hoth* « horde » en Sindarin, mot qui s'appliquait à des peuples comme celui des Orcs. [Note de l'auteur] — voir la notice *hoth* dans l'Appendice au *Silmarillion.*

25. Les lettres R. ND. R surmontées de trois étoiles signifiaient *arandur,* « serviteur du roi », « surintendant. » [Note de l'auteur.]

26. Il avait aussi une autre pensée dont il ne dit mot : Les Éothéod, il l'avait appris, s'agitaient, trouvant leurs territoires septentrionaux trop étroits et trop peu fertiles pour nourrir leur peuple qui s'était beaucoup accru. [Note de l'auteur.]

27. Son nom se perpétua longtemps dans la chanson du *Rochon Methestel* (Le Cavalier de la Dernière chance) où il est appelé Borondir Udalraph (Borondir le Sans-étriers), car il s'en retourna avec l'*éoherë,* chevauchant à la droite d'Éorl, et fut le premier à guéer la Limlight, et à se frayer un chemin pour secourir Cirion. Et il trouva la mort sur le Champ du Celebrant, en défendant son Seigneur, et ce au profond chagrin de tout Gondor et des Éothéod, et sa dépouille fut déposée par la suite dans les Sanctuaires de Minas Tirith. [Note de l'auteur.]

28. Le cheval d'Éorl. Dans l'Appendice A (II) au *Seigneur des Anneaux,* il est relaté que Léod, le père d'Éorl, qui était grand dompteur de chevaux sauvages, fut jeté à terre par Felaróf comme il tentait de l'enfourcher, et ainsi mourut. Plus tard, Éorl exigea du cheval qu'il renonçât sa vie durant, à sa liberté comme *Wergild* — prix-du-sang — de son père ; et Felagóf consentit, bien qu'il ne

permît à personne, sinon à Éorl, de le monter. Il comprenait tout ce que les hommes disaient, et il vécut aussi longtemps qu'eux, et il en fut de même pour ses descendants, les *mearas* « qui ne supportaient pas d'être montés par d'autres que les Rois de la Marche ou par les fils de ces Rois, et ainsi jusqu'au temps de Shadowfax ». *Felaróf* est un mot du vocabulaire poétique anglo-saxon, bien qu'on ne le retrouve pas couramment dans les poèmes qui nous sont parvenus, et signifie : « très valeureux », « très vigoureux ».

29. Entre le confluent de la Limlight et de l'Anduin, à la hauteur des Méandres. [Note de l'auteur] — Voici qui paraît en contradiction avec la première citation donnée dans l'Appendice C à « L'Histoire de Galadriel et Celeborn », selon laquelle « Les Méandres nord et sud » sont les « deux boucles ouvertes vers l'ouest » que décrit l'Anduin ; la Limlight se déversait dans le Méandre nord.

30. En neuf jours, ils avaient couvert plus de cinq cents milles à vol d'oiseau, et probablement plus de six cents au galop de leurs chevaux. Bien qu'il n'y ait pas d'importants obstacles naturels sur la rive est de l'Anduin, le pays était quasiment désolé, et les routes ou les pistes cavalières tirant vers le sud étaient perdues ou peu usitées ; aussi ne purent-ils soutenir une allure un tant soit peu rapide, sinon sur de brefs parcours ; de plus, il leur fallait ménager leurs propres forces et celles de leurs montures, car ils s'attendaient à déboucher au fort de la bataille dès qu'ils auraient atteint les Méandres [Note de l'auteur.]

31. Le Halifirien est mentionné à deux reprises dans *le Seigneur des Anneaux*. Dans *le Retour du Roi* (I i), Pippin chevauchant avec Gandalf sur Shadowfax, pour rallier au plus vite Minas Tirith, s'exclame qu'il aperçoit des feux, et Gandalf réplique : « Ce sont les Tertres-de-Guet du Gondor, ils sont éclairés pour appeler à l'aide. Car la guerre est allumée ! Regarde ! Il y a du feu sur Amon Dîn, et des flammes sur Eilenach ; et les voilà qui filent vers l'est et gagnent Nardol, Érelas, Min-Rimmon, Calenhad et le Halifirien, aux confins du Rohan ! » Et dans I, 3, les Cavaliers du Rohan, en route pour Minas Tirith, passent par la contrée du Fenmarch, « où sur leur droite, de puissantes chênaies recouvraient les versants des collines, à l'ombre du noir Halifirien, près des frontières du Gondor ». Voir la carte à grande échelle du Gondor et du Rohan jointe au *Seigneur des Anneaux*.

32. C'était la grande route númenoréenne reliant les Deux Royaumes, qui traversait l'Isen aux Gués de l'Isen, et le Flot-Gris à Tharbad, et se poursuivait vers le nord jusqu'à Fornost ; ailleurs dite « Grande Route Nord-Sud ».

33. C'est l'orthographe moderne du mot anglo-saxon *Halig-firgen* ; de même Firendale pour *firgen-dœl,* et Firien Wood pour *firgen-wudu.* [Note de l'auteur.] Le *g* dans le mot anglo-saxon *firgen* « montagne » est venu à se prononcer comme un *y* moderne.

34. Minas Ithil, Minas Anor et Orthanc.

35. Il est dit ailleurs, dans une note sur la toponymie des Tours de Guet, que « le système d'alarme tout entier, encore en usage à l'époque de la Guerre de l'Anneau, ne devait guère remonter plus loin que l'établissement des Rohirrim au Calenardhon, soit quelque cinq cents ans auparavant ; car sa principale fonction était d'avertir les Rohirrim qu'un danger menaçait Gondor, ou (cas plus rare) inversement.

36. Selon une note sur l'organisation des Rohirrim, l'*éored* « n'avait pas de nombre déterminé avec précision, mais au Rohan, le terme ne s'appliquait qu'aux Cavaliers rompus au métier des armes : des hommes servant un terme, ou dans certains cas de manière permanente, dans l'Armée du Roi. Tout corps de quelque importance, chevauchant de concert soit à l'exercice, soit en service commandé, constituait une *éored.* Toutefois après la renaissance des Rohirrim et la réorganisation de leurs forces armées sous le règne du Roi Folcwine, une centaine d'années avant la Guerre de l'Anneau, une « *éored* complète » en ordre de bataille, devait compter non moins de 120 hommes (le Capitaine compris) et représenter la centième partie du Ban et de l'Arrière-Ban des Cavaliers de la Marche, compte non tenu de ceux qui appartenaient à la Maison du Roi [L'*éored* avec laquelle Éomer poursuit les Orcs (*les deux Tours* III 2) était forte de 120 cavaliers ; Legolas en compte 105 vus de loin dans le feu du combat, et Éomer dit avoir perdu quinze hommes dans la mêlée avec les Orcs.] Bien entendu, une telle armée ne s'était jamais vue, chevauchant de concert à la bataille hors des confins de la Marche ; mais lorsque Théoden prétend qu'en ce péril majeur, il aurait pu prendre la tête d'une expédition de dix mille Cavaliers (*le Retour du Roi* V 3), il dit vrai. Les Rohirrim s'étaient considérablement multipliés depuis le temps de Folcwine, et avant l'attaque de Saruman, un Grand Rassemblement des Cavaliers aurait probablement réuni beaucoup plus que douze mille Cavaliers, d'où on voit que le Rohan n'était pas démuni de défenseurs aguerris. En l'occurrence, étant donné les pertes subies sur le front ouest, la précipitation de la Convocation au Grand Rassemblement et la menace en provenance du nord et de l'est, Théoden ne devait conduire à la bataille que quelque six mille lances seulement, bien que cela fût encore la plus puissante chevauchée entreprise par les Rohirrim, depuis celle, à jamais fameuse, d'Éorl. »

Le rassemblement complet de la cavalerie se disait *éoherë* (voir note 49). Ces mots, comme aussi *Éothéod* sont bien entendu de forme anglo-saxonne, la langue véritable du Rohan étant partout traduite en vieil anglais (voir plus haut note 6) ; ces mots ont pour premier élément le vocable *eoh* « cheval ». *Éored, éorod* est un mot anglo-saxon bien attesté, dont le second élément *rád* a donné « riding » ; dans *éoherë,* le second élément est *herë,* « milice, armée », *Éothéod* renvoie à *théod* « peuple » ou « pays », et il désigne aussi bien les Cavaliers eux-mêmes que leur pays. Le mot à consonance anglo-saxonne *eorl* que l'on retrouve dans le nom d'Éorl le Jeune, a une tout autre origine.

37. Cela se disait toujours sous le règne des Surintendants, lors de toute déclaration solennelle, bien que du temps de Cirion (deuxième Surintendant souverain), ce fût devenu une formule dont peu croyaient qu'elle viendrait jamais à se réaliser. [Note de l'auteur.]

38. *Alfirin ;* c'est la *simbelmynë* qui poussait sur les tertres des Rois, sous Édoras, et l'*uilos* que Tuor entrevit dans le ravin aux abords de Gondolin, dans l'Ancien Temps, voir *le Premier Âge,* p. 89, note 27. L'*alfirin* figure (mais désignant apparemment une fleur différente), dans les vers que chante Legolas, à Minas Tirith (Le Retour du Roi V 9) : « et du *mallos* et de l'*alfirin* sont secouées les clochettes d'or dans les vertes prairies de Lebennin ».

39. Le Seigneur de Dol Amroth portait ce titre. Ses ancêtres le tenaient d'Élendil avec qui ils étaient en parenté. C'était une famille de Fidèles qui avait fui Númenor avant la Submersion et était venue s'installer dans la contrée de Belfalas, entre l'embouchure du Ringló et celle de la Gilrain, et leur place forte se dressait sur le haut promontoire de Dol Amroth (ainsi nommé par le dernier Roi de Lórien). [Note de l'auteur.] Ailleurs il est dit (*le Second Âge,* p. 124) que d'après la tradition de leur maison, le premier Seigneur de Dol Amroth était Galador (vers les années 2004-2006 du troisième Âge), fils d'Imrazôr le Númenoréen, qui vécut au Belfalas, et de la Dame-Elfe Mithrellas, l'une des compagnes de Nimrodel. La note citée à l'instant semble suggérer que cette famille de Fidèles était venue s'établir au Belfalas et en leur citadelle de Dol Amroth, avant la Submersion de Númenor ; et si tel fut le cas, on ne peut accorder les deux propositions qu'en supposant que la lignée des Princes et leur établissement en ces lieux remontaient à plus de deux mille ans, et que Galdor est dit premier Seigneur de Dol Amroth parce que ce fut seulement de son temps (et après la noyade d'Amroth en l'année 1981) que Dol Amroth reçut ce nom. Le personnage d'Adrahil de Dol Amroth soulève une difficulté supplémentaire, car manifestement un ancêtre d'Adrahil, père d'Imrahil, Seigneur de Dol Amroth au temps de la Guerre de l'Anneau, il commanda les forces du Gondor dans la bataille contre les Wainriders en l'année 1944 (p. 44). Mais on peut admettre que ce premier Adrahil n'était pas dit « de Dol Amroth » à l'époque.

Bien qu'admissibles, ces explications qui tendent à assurer à tout prix la cohérence, me paraissent moins vraisemblables que l'existence de deux « traditions » parfaitement distinctes et indépendantes quant aux origines des Seigneurs de Dol Amroth.

40. Les lettres étaient : (L. ND. L.) : soit le nom d'Élendil sans indication de voyelles, nom qu'il utilisait comme de son chiffre, et comme cachet sur son sceau. [Note de l'auteur.]

41. Amon Anwar était, en fait, le haut lieu le plus proche du centre, selon une ligne tirée depuis le confluent de la Limlight et

de l'Anduin au nord jusqu'à l'extrême pointe du Cap de Tol Falas au sud ; et il se trouvait à égale distance des Gués de l'Isen et de Minas Tirith. [Note de l'auteur.]

42. Approximativement ; car c'était dit en termes anciens et formulés en vers ou dans la langue noble en usage parmi les Rohirrim, et dont Éorl était grandement féru. [Note de l'auteur] — Il ne semble pas qu'il y ait d'autres versions du Serment d'Éorl, hors celle donnée en Langue Commune, dans le texte.

43. *Vanda* : un serment, un engagement, une promesse solennelle. *Ier-maruva : ter* « à travers », *mar-* « séjourner, s'établir, se fixer » ; au futur. *Élenna-nóreo* : génitif commandé par *alcar,* de *Élenna nórë* « le pays nommé vers-l'Étoile ». *Alcar* : « la gloire ». *Enyalien* : *en-* « de nouveau », *yal-* « donner ordre, enjoindre », à l'infinitif (ou au gérondif) *en-yalië,* ici au datif, « pour le rappel » ou « la commémoration », mais avec *alcar* pour objet direct ce qui donne : « afin de rappeler ou de commémorer la gloire ». *Vorondo* : génitif de *voronda* « d'allégeance ferme, fidèle à son serment ou à sa promesse, constant » ; les adjectifs utilisés en tant que « titre » ou comme attributs courants d'un nom propre sont placés après le nom, comme c'est le cas habituellement en Quenya avec deux noms déclinables placés en apposition, et dont on décline seulement le dernier. [Selon une autre lecture, l'adjectif serait *vórimo,* génitif de *vorima* « fidélité »; qui aurait même sens que *voronda.*] *Voronwë* : « constance, loyauté, fidélité », ici objet direct de *enyalien.*

Nai : « fasse que soit, que puisse être ». *Nai tiruvantes* « fasse qu'ils en prennent bonne garde », c'est-à-dire « qu'ils le tiennent en leur garde » (*-nte* inflexion de trois pluriels en l'absence d'un sujet mentionné précédemment) ; *i hárar* : « ceux qui y siègent » ; *ma halmassen* : pluriel locatif de *mahalma* « *trône* » ; *mi* : « dans le ». *Númen* : « l'Ouest » ; *i Eru i :* « celui qui » ; *eä* : « est » ; *tennoio* : *tenna* « jusqu'à, aussi loin que » ; *oio* « une période infinie » ; *tennoio* « à jamais ». [Note de l'auteur.]

44. Et il n'en fut plus prononcé jusqu'à ce que le Roi Élessar revînt et renouvelât, en ce même lieu, l'alliance avec le Roi des Rohirrim, Éomer le dix-huitième descendant de Éorl. Seul le Roi de Númenor avait été autorisé par la Loi de prendre Éru à témoin, et seulement en les occasions les plus graves et solennelles. La lignée des Rois s'était éteinte avec Ar-Pharazôn qui périt lors de la Submersion ; mais Élendil Voronda descendait de Tar-Élendil, le quatrième Roi, et on le tenait pour le légitime Seigneur des Fidèles, car il n'avait pris aucune part à la rébellion des Rois, et avait été épargné par le désastre. Cirion fut Surintendant des Rois issus d'Élendil, et en tant que régent, il détenait tous leurs pouvoirs au Gondor jusqu'au Retour du Roi. Mais son serment n'en frappa pas moins de stupeur ceux qui l'entendirent, et de révérente terreur, car il suffisait en lui-même (et en dehors de la vénérable tombe présente) pour consacrer le lieu où il avait été prononcé. [Note de l'auteur] — Le surnom d'Élendil Voronda,

« Le Fidèle », qui figure également dans le serment de Cirion, se trouvait d'abord dans cette note sous la forme « Voronwë » qui, dans le Serment, est un substantif, signifiant « la fidélité, la constance ». Mais dans l'Appendice A (I ii) au *Seigneur des Anneaux,* Mardil, le premier Surintendant du Gondor, est appelé « Mardil Voronwë », « Mardil le Fidèle » ; et au Premier Âge, l'Elfe de Gondolin qui sert de guide à Tuor, depuis Vinyamar, se prénommait Voronwë, traduit dans l'index du *Silmarillion* par « L'Inébranlable ».

45. Voir la première citation dans l'Appendice C à « L'histoire de Galadriel et Celeborn ».

46. Ces noms sont données en Sindarin, selon l'usage du Gondor ; mais les Éothéod rebaptisèrent quantité de lieux, modifiant les noms anciens pour les adapter à leur langue ; et pour certains lieux il s'agissait d'une traduction et pour d'autres de noms nouveaux inventés par eux. Dans le récit donné dans *le Seigneur des Anneaux,* ce sont les noms en langue rohirrim que l'on retrouve le plus souvent : Ainsi Angren = Isen ; Angrenost = Isengard ; Fangorn (utilisé concurremment) = Entwood ; Onodló = Entwash ; Glanhir = Rivière Mering (tous deux signifiant « rivière des confins »). [Note de l'auteur.] Le nom de la rivière Limlight fait problème. Sur ce point il y a deux versions du texte et de la note ; selon l'une, le nom sindarin aurait été *Limlicht,* qui en Rohan donne *Limliht* (modernisé en *Limlight*). Dans l'autre version (plus tardive), *Limlich* est donné pour la forme sindarine. Ailleurs (p. 24), le nom sindarin de cette rivière est *Limlaith.* Vu ces incertitudes, j'ai laissé *Limlight* dans le texte. Quel qu'ait pu être le nom sindarin original, il est du moins clair que la forme usitée au Rohan en était une altération, et non une traduction, et que son sens demeurait inconnu (encore que dans une note antérieure à tout ce qui précède, le mot *Limlight* est donné pour une traduction partielle du mot elfe *Limlint* (« lumière filante »). Les noms sindarins de l'Entwash et de la Rivière Mering ne se retrouvent qu'ici ; comparer Onodló avec *Onodrim, Eynd,* les *Ents* (*le Seigneur des Anneaux,* Appendice F, « Sur d'autres races »).

47. *Athrad Angren* : voir *le Second Âge,* p. 145 où le nom sindarin pour les Gués de l'Isen est *Éthraid Engrin.* Le nom des Gués existait, semble-t-il, sous une double forme : au singulier et au pluriel.

48. Ailleurs, ce bois est toujours nommé le Firien Wood (forme abrégée de Halifirien Wood). Firienholt — un mot attesté dans la poésie anglo-saxonne (*firgenholt*) — signifie la même chose : « bois de montagne », voir la note 33.

49. Les formes correctes étaient *Rochand* et *Rochir-rim,* que les chroniques du Gondor orthographient *Rochand, Rochan,* ou *Rochirrim.* Ces mots contiennent la racine *roch* « cheval », qui traduit le *éo-* dans Éothéod et dans de nombreux noms propres en usage chez les Rohirrim (voir note 36). *Rochand* comporte une terminaison sindarine en *-nd* (-and -end -ond) ; c'était la terminai-

son courante des noms de régions ou de pays, mais dans le langage parlé, on omettait généralement le *-d* final, surtout dans les noms un peu longs, tels Calenardhon, Ithilien, Lamedon, etc. *Rochirrim* avait été formé sur *éo-herë*, le terme appliqué par les Éothéod au Grand Rassemblement de leur cavalerie en temp de guerre ; et cela à partir de la racine *roch* à laquelle on avait adjoint *hîr* (le sindarin pour « seigneur », « maître »), mot sans rapport avec le terme [anglo-saxon] *herë*. Dans les noms de peuples, on retrouve souvent l'élément sindarin *rim* « grand nombre », « multitude » (*rimbë* en Quenya) qui sert à former les noms collectifs au pluriel, tels : *Éledhrim* (*Edhelrim*) « Tous les Elfes », *Onodrim* « le peuple Ent », *Nogothrim* « Tous les Nains », « le Peuple des Nains ». La langue des Rohirrim contenait le son représenté par *ch* (une spirante inversée comme dans Welsh) et bien que ce son ait été peu fréquent, placé au milieu des mots et entre des voyelles, il ne présentait pour eux aucune difficulté de prononciation. Mais il ne figurait pas dans le Parler Commun, c'est pourquoi hors quelques érudits, les gens du Gondor donnaient à ce son la valeur d'un *h* lorsqu'il se trouvait au milieu des mots, et d'un *k* lorsqu'il se rencontrait à la fin (où dans le parler sindarin correct, il était prononcé avec netteté). D'où les noms de *Rohan* et de *Rohirrim* tels qu'ils figurent dans *le Seigneur des Anneaux*. [Note de l'auteur.]

50. Éorl ne semble pas convaincu de la bienvaillance de la Dame Blanche.

51. *Eilenaer* était un nom d'origine pré-númenoréenne, manifestement apparenté à *Eilenach*. [Note de l'auteur] — D'après une note sur les Tours de Guet, « Eilenach était probablement un nom d'origine étrangère, sans rapport ni avec le Sindarin, ni avec le Númenoréen ni avec le Parler Commun... Eilenach et Eilenar étaient d'importants points de repère. Eilenach était le site culminant de la Forêt de Drúadan. On pouvait l'apercevoir de très loin, à l'ouest, et son rôle, aux temps où fonctionnait le système des Tours de Guet, était de transmettre l'alerte reçue depuis Amon Dîn ; mais le lieu n'était pas propice pour y allumer un grand feu d'alarme, le sommet pointu offrant peu de place. D'où le nom Nardol « Cime à feu », du prochain Tertre de Guet à l'ouest ; celui-là se trouvait tout au bout d'une haute crête qui avait dû faire partie de la forêt de Drúadan, mais qui avait été depuis longtemps essartée par les maçons et les carriers qui remontaient la Vallée des Stonewain ; s'y trouvait entreposée une bonne provision de bois, et au besoin on y pouvait allumer une puissante flambée, visible par nuit claire, jusqu'au dernier Tertre de Guet (le Halifirien) à quelque cent vingt milles à l'ouest. »

La même note précise que « Amon Dîn », la « colline silencieuse », était sans doute la plus ancienne de toutes les Tours, et que sa fonction première avait pu être celle d'un avant-poste fortifié de Minas Tirith, d'où on pouvait d'ailleurs apercevoir sa Tour de Guet surveillant le passage en Ithilien Nord depuis le Dagorlad et toute tentative ennemie de franchir l'Anduin à Cair

Andros ou à ses abords. D'où lui venait ce nom, on l'ignore. Peut-être de son caractère particulier, colline rocailleuse et dénudée se dressant là toute seule, à l'écart des mamelons boisés de la Forêt de Drúadan (Tawar-in Drúedain), que ne hantait ni homme ni bête et pas même les oiseaux.

52. D'après l'Appendice A (I, iv) au *Seigneur des Anneaux*, c'est sous le règne d'Ostoher, le quatrième roi après Meneldil, que le Gondor fut, pour la première fois, assailli par des hordes sauvages accourues de l'Est : « Mais Tarostar, son fils les mit en déroute, et les chassa au loin, et il prit le nom de Rómendacil, « Le Vainqueur de l'Est ».

53. Ce fut ce même Rómendacil I qui institua la fonction de Surintendant (*Arandur* « serviteur du roi »), mais il était choisi par le Roi lui-même, pour sa sagesse et sa haute conscience ; et il s'agissait d'ordinaire d'un homme avancé en âge puisqu'il n'avait pas permission de partir en guerre, ni de quitter le royaume. Il n'était jamais membre de la Maison Royale. [Note de l'auteur.]

54. Mardil fut le premier des Surintendants à exercer effectivement le pouvoir au Gondor. Il était le Surintendant d'Éärmur, le dernier Roi, qui disparut à Minas Morgul, en l'année 2050. « Au Gondor, on crut que le roi avait été traitreusement piégé par l'ennemi, et qu'il était mort dans les tourments à Minas Morgul ; mais comme il n'y avait personne pour témoigner de sa mort, Madril le Bon Surintendant gouverna Gondor en son nom durant de nombreuses années. » (*Le Seigneur des Anneaux*, Appendice A, iv).

3

L'EXPÉDITION D'ÉREBOR

Pour une claire compréhension de l'histoire, on se rapportera au récit donné dans l'Appendice A (III : les Gens de Durin), au *Seigneur des Anneaux,* dont voici les grandes lignes :

Les Nains Thrór et Thráin, son fils (ainsi que le fils de Thráin, Thorin, surnommé par la suite Oakenshield), cherchaient à s'évader du Mont Solitaire (l'Érebor) par une porte dérobée, lorsqu'ils furent surpris par Smaug le Dragon. Thrór put remettre à Thráin le dernier des Sept Anneaux des Nains, puis il retourna à la Moria, et là fut tué par l'Orc Azog qui lui imprima son nom sur le front. Telle fut l'origine de la Guerre des Nains et des Orcs qui s'acheva par la Grande Bataille d'Azanulbizar (Nanduhirion) devant la Porte-Est de la Moria, en l'année 2799. Thráin et Thorin Oakenshield vécurent par la suite dans l'Éred Luin, mais en l'année 2841. Thráin quitta ce lieu pour revenir au Mont Solitaire. Errant dans les contrées à l'est de l'Anduin, il fut fait prisonnier et emprisonné à Dol Guldur où l'Anneau lui fut volé. En 2850, Gandalf s'introduisit dans Dol Guldur et découvrit que son maître n'était autre que Sauron, et là trouva également Thráin, peu avant sa mort.

Il existe plusieurs versions de « l'Expédition d'Érebor », comme l'explique l'Appendice qui fait suite au texte, où figurent aussi d'importants extraits d'une première version.

Je n'ai trouvé aucun écrit précédent les premiers mots du texte actuel (« Il ne voulut point en dire plus long ce jour-là »). Le « Il » de la première phrase est Gandalf ; le « nous » renvoie à Frodo, Peregrin, Meriadoc et Gimli ; et le « Je » est Frodo, le narrateur. La scène se passe dans une maison de Minas Tirith, après le couronnement du Roi Élessar (voir p. 62).

Il ne voulut pas en dire plus long ce jour-là. Mais plus tard, nous reprîmes le sujet et il nous conta toute l'étrange histoire ; comment il vint à arranger l'expédition d'Érebor, pourquoi il pensa à Bilbo, et comment il persuada l'orgueilleux Thorin Oakenshield, de le prendre avec lui. Je ne puis me ressouvenir de toute l'affaire à présent, mais nous comprîmes que, au départ, Gandalf ne songeait qu'à la défense de l'Ouest contre l'Ombre.

« J'étais très inquiet à cette époque, dit-il. Car Saruman contrait tous mes projets. Je savais que Sauron avait resurgi à nouveau, et qu'il allait bientôt se déclarer, et je savais qu'il s'apprêtait pour une guerre terrible. Par où commencerait-il ? Tenterait-il d'abord de réoccuper le Mordor ? Ou d'investir les principales places fortes de ses ennemis ? Je pensais alors, et à présent j'en suis certain, que son plan primitif était d'attaquer Lórien et Rivendell, dès qu'il en aurait les moyens. Et ç'aurait été un bien meilleur plan pour lui, et bien plus redoutable pour nous.

« Vous pouvez penser que Rivendell était hors d'atteinte ; mais, quant à moi, je ne le pensais point. Ça allait très mal dans le Nord. Le Royaume sous la Montagne et les puissants Hommes de Dale étaient anéantis. Pour résister aux forces que Sauron aurait pu envoyer reconquérir les cols et les anciennes terres de l'Angmar, il n'y avait guère que les Nains des Collines de Fer, et derrière eux, la désolation ; et derrière eux, un Dragon. Et ce dragon, Sauron en pouvait faire terrible usage ! Souvent, je m'étais dit :

il faut que je trouve moyen de régler son compte à Smaug. Mais il y a plus urgent encore, et c'est de frapper directement Dol Guldur. Il nous faut brouiller les plans de Sauron. Je dois convaincre le Conseil de cette nécessité.

« Telles étaient mes sombres ruminations, comme j'allais mon chemin. J'étais fatigué et me rendais à la Comté pour prendre un bref repos, et cela après une longue absence de plus de vingt ans. Je pensais que si je pouvais, un temps, ne plus songer à tous mes soucis, il me viendrait peut-être à l'esprit un moyen de les résoudre. Et c'est ce qui arriva en effet, bien qu'il ne me fût guère loisible de n'y plus penser.

« Car comme j'approchais de Bree, je fus rattrapé par Thorin Oakenshield[1] qui vivait alors en exil au-delà des frontières nord-ouest de la Comté. A ma grande surprise, il m'adressa la parole ; et c'est à partir de ce moment-là que tout vint à changer.

« Il était aussi en souci, en si grand souci qu'il alla jusqu'à me demander de le conseiller. De sorte que je l'accompagnais jusqu'à ses demeures, dans les Montagnes Bleues, et là écoutais sa longue histoire. Et je compris bientôt que son cœur saignait des outrages qu'il avait subis, et de la perte du trésor de ses pères ; et que lui pesait également le devoir de vengeance contre Smaug, devoir dont il avait hérité. Car les Nains prennent très au sérieux ce genre d'obligation.

« Je promis de l'aider si je le pouvais. J'étais aussi désireux que lui d'en finir avec Smaug, mais Thorin n'avait que guerres et batailles en tête, tout comme s'il était réellement le roi Thorin II, et cela ne me disait rien qui vaille ! Et c'est pourquoi je le laissais, et m'en allais en la Comté ; et là je rassemblais les fils de l'écheveau. Et c'était une étrange affaire. Je ne fis guère que suivre les données de la " Chance ", et je commis bien des erreurs en cours de route.

« En fait, j'avais été attiré par Bilbo longtemps auparavant, dans son enfance et comme jeune Hobbit, la dernière fois que je l'avais vu, et à ce moment-là il n'était pas encore majeur. Mais je le gardais toujours en mémoire, son ardeur, ses yeux brillants, sa passion des contes et des histoires, et ses questions sur le vaste monde hors de la Comté. Et dès que j'entrais dans la Comté, voilà que j'entendis parler de lui. On parlait beaucoup de lui, me sembla-t-il. L'un et l'autre de ses parents étaient morts jeunes — vers l'âge de quatre-vingts ans — pour des gens de la Comté. Et il ne s'était jamais marié. Et il devenait déjà un peu " bizarre ", disait-on, et s'en allait tout seul, des jours durant. On pouvait le voir converser avec des étrangers — et même avec des Nains.

« Même avec des Nains ! Dans mon esprit, soudain, les trois faits se conjuguèrent : le puissant Dragon avec sa convoitise, son ouïe acérée et son odorat subtil ; les Nains trapus avec leurs solides bottines et leurs vieilles rancœurs inassouvies ; et le vif Hobbit au pied léger, le cœur plein (je le devinais), d'un languir du vaste monde au-delà. Et je ris de moi ; et m'en allai sur-le-champ voir un peu ce Bilbo, et découvrir ce que vingt années avaient fait de lui, et s'il était aussi pétri de vertus que le disait la rumeur publique. Mais il n'était pas chez lui. Et à Hobbiton, on hocha la tête quand je m'enquis de lui. « Parti de nouveau ! » dit un Hobbit ; et c'était Holman, le jardinier, je crois[2]. « Il a de nouveau filé. Un de ces jours, il s'en ira pour de bon s'il n'y prend garde, et moi qui lui demandais où il s'en allait comme ça et quand il comptait revenir, *Eh, je n'en sais trop rien,* me fit-il, et il m'a jeté un drôle de regard en coin. *Cela dépend si j'en rencontre, Holman* me dit-il. *Demain, c'est le Nouvel An du peuple des Elfes*[3] ! Dommage, un si bon gars ! Vous n'en trouverez pas de meilleur depuis les Brandes jusqu'à la Rivière ! »

« De mieux en mieux ! pensais-je. Je crois bien que je vais risquer le coup ! Le temps pressait. Je devais me rendre au Conseil Blanc en août, au plus tard, ou alors Saruman ferait la loi, et on n'aboutirait à rien. Et même en dehors des choses véritablement graves, cela pouvait avoir des conséquences fatales pour l'expédition ; le pouvoir qui régnait à Dol Guldur ne tolérerait aucune tentative du côté d'Érebor — à moins qu'il ne fût occupé ailleurs.

« Et me voilà qui retourne au galop retrouver Thorin pour affronter le plus difficile : le persuader de mettre en veilleuse ses grandes ambitions, et de partir secrètement — et de prendre Bilbo avec lui ! Et cela sans même avoir vu Bilbo au préalable. Et c'était une erreur ; et une erreur qui devait se révéler quasi désastreuse ! Car Bilbo, comme il va de soi, n'était plus le même. Disons qu'il était devenu goulu et pansu, et que de ses vieux rêves, il ne lui restait plus guère qu'une secrète nostalgie. Et rien ne lui aurait été plus désagréable que de voir ses rêves, soudain, se réaliser. Il était tout ahuri, et il se rendit complètement ridicule ! Thorin serait parti en fureur, si ce n'avait été pour un autre hasard, pour le moins étrange, dont je vais parler présentement.

« Mais vous savez comment étaient les choses, ou du moins comment Bilbo les considéraient. Si je l'avais, moi, écrite, l'histoire aurait été tout autre. Et d'abord parce qu'il ne se faisait aucune idée à quel point les Nains le trouvaient faraud, ni à quel point ils étaient fâchés contre moi. Thorin était bien plus indigné et méprisant qu'il ne s'en rendait compte. Méprisant, en vérité, il l'était, d'emblée, et il pensait, en fait, que j'avais manigancé toute l'affaire, simplement pour faire rire à ses dépens. Ce fut seulement la carte et la clef qui sauvèrent la situation.

« Mais elles m'étaient sorties de l'esprit depuis des années. Et ce ne fut pas avant d'arriver à la Comté, et d'avoir eu le loisir de réfléchir au récit de Thorin, que je me ressouvins soudain du hasard singulier qui me les avait mises entre les mains. Et voici que cela prenait moins couleur de hasard. Je me rappelais un périlleux voyage que j'avais accompli, quatre-vingt-dix-neuf ans auparavant, lorsque je m'étais introduit dans Dol Guldur à la faveur d'un déguisement, et avais trouvé gisant là un malheureux Nain à l'agonie, dans un cul-de-basse-fosse. Je n'avais aucune idée qui il était. Il possédait une carte qui avait appartenu au peuple de Durin dans la Moria, et d'une clef qui semblait aller avec la carte, mais il était bien trop près d'expirer pour me fournir une explication. Et il disait qu'il avait possédé un puissant Anneau.

« Et cela revenait constamment dans son délire. *Le dernier des Sept,* répétait-il. Mais ces choses, il avait pu se les approprier de diverses manières. Il pouvait être un messager intercepté dans sa course ; ou même un voleur, victime d'un autre voleur plus fort que lui. Mais il me donna la carte et la clef. *Pour mon fils,* dit-il. Et il expira, et peu après, moi-même je m'évadais. Je serrais soigneusement les choses qu'il m'avait remises, et obéissant à un quelconque avertissement de mon cœur, je les gardais toujours avec moi, et en sécurité, encore que bientôt presque oubliées. J'avais d'autres affaires à régler à Dol Guldur, et des affaires autrement importantes et périlleuses que tous les trésors de l'Érebor.

« Et voilà que je me ressouvins de tout cela — et qu'il m'apparut clairement que j'avais recueilli les dernières paroles de Thráin II [4], bien qu'il ne se soit pas nommé, ni n'ait nommé son fils ; et quant à Thorin, il ignorait, bien entendu, ce qu'il était advenu de son père, ni ne mentionna-t-il jamais « le dernier des Sept Anneaux ». J'avais le plan et la clef de la porte dérobée, par où, à en croire les dires de Thorin, Thrór et Thráin se seraient échappés d'Érebor. Et je les avais conservés par-devers moi, bien que sans intention définie, sinon que le temps viendrait où ils se révéleraient fort utiles.

« Heureusement, je ne commis aucune erreur en l'usage que j'en fis. Je les gardais « au cas où » comme vous dites dans la Comté, et cela jusqu'à ce que tout espoir semblât révolu. Dès que Thorin les vit, il se résolut fermement à suivre mon plan, du moins en ce qui concernait l'expédition secrète. Quoi qu'il pût penser de Bilbo, il serait parti tout seul. L'existence d'une porte secrète que seuls les Nains pouvaient trouver, laissait au moins espérer qu'on découvrirait quelque chose des agissements du Dragon ; et, qui sait, peut-être pourrait-on récupérer de l'or, ou les bijoux de famille dont la possession apaiserait le languir de son cœur.

« Mais, à moi, cela ne me suffisait pas. Je savais en mon cœur, qu'il fallait que Bilbo l'accompagnât, faute de quoi toute l'expédition échouerait — ou, comme je l'exprimerais maintenant, les événements de bien plus hautes conséquences qui devaient s'accomplir incidemment n'auraient pas lieu. De sorte qu'il me restait encore à persuader Thorin de l'emmener. Et s'il y eut maintes difficultés sur la route par la suite, pour moi, le plus dur de toute l'affaire ce fut cela ! Bien que nous en discutâmes tard dans la nuit, après que Bilbo fut allé se coucher, l'accord ne se fit, en fin de compte, que le lendemain matin.

« Thorin était méprisant et soupçonneux. « C'est un mou, maugréa-t-il. Aussi mou que la boue de sa Comté, et un nigaud par-dessus le marché ! Sa mère est morte trop tôt ! Et tu joues ton propre jeu là-dedans, Messire Gandalf ! Je suis sûr et certain que tu as d'autres visées que celles de m'aider ! »

« Et là, tu as parfaitement raison, répondis-je. Si je n'avais pas d'autres visées, je ne t'aiderais guère. Aussi importantes qu'elles puissent te paraître à toi, tes affaires ne sont qu'un fil ténu dans une vaste trame. Et moi je tiens plusieurs de ces fils ; et cela même devrait donner non pas moins, mais plus, de poids à mes dires. » Et je me pris soudain à parler avec feu et dis : « Écoute-moi bien, Thorin Oakenshield. Si ce Hobbit t'accompagne, tu réussiras. Sinon, tu échoueras ! Et j'en ai la prescience, et je t'en avertis. »

« Je connais ta réputation, répondit Thorin. Et j'espère qu'elle est méritée. Mais la sotte histoire de ton Hobbit m'en fait un peu douter. Est-ce bien un don de clairvoyance que tu possèdes, ou bien un petit grain de démence ? De si graves soucis pourraient bien t'avoir dérangé l'esprit ? »

« Il y aurait bien de quoi ! m'exclamais-je. Et le plus exaspérant de mes soucis est ce Nain orgueilleux qui vient me demander mon avis (sans que je sache au nom de quoi je le lui dois !), et qui m'en récompense par de l'insolence ! Va ton chemin, Thorin Oakenshield, où ça te chante. Mais si tu fais fi de mes conseils, tu vas tout droit à la catastrophe. Et dorénavant n'attends de moi ni conseils ni secours, jusqu'à ce que l'Ombre se saisisse de ta personne. Et rabats de ton orgueil et de ton avidité, sinon, quel que soit ton chemin, tu chuteras au bout, quand bien même tes mains seraient pleines d'or ! »

« Il blêmit un peu à ces mots : mais son regard fulgura. « Ne me fais pas de menaces ! dit-il. J'userai de mon propre jugement en la matière, comme dans tout ce qui me concerne ! »

« Libre à toi, dis-je. Je ne puis en dire plus — sinon ceci : je ne suis pas prodigue d'amour et de confiance, Thorin ; mais j'ai de l'amitié pour ce Hobbit, et je lui veux du bien. Traite-le noblement, et tu auras mon amitié jusqu'à la fin de tes jours. »

« Je dis cela sans guère d'espoir de le persuader ; mais je n'aurais pu tomber mieux ! Les Nains comprennent le dévouement entre amis et la gratitude envers ceux qui les ont secourus. »

Très bien, dit Thorin, enfin, après un silence. Il se mettra en route en ma compagnie, si tant est qu'il l'ose (ce dont je doute). Mais si tu es résolu de me l'imposer, il te faut venir avec, et t'occuper de ton chéri. »

« A la bonne heure ! répondis-je. Je viendrai et je resterai avec vous aussi longtemps que je le pourrai ; au moins le temps qu'il faudra pour que tu découvres ce qu'il vaut. » Au bout du compte, ce fut une heureuse idée, mais dans l'instant, cela me causa grand souci, car j'avais le Conseil Blanc, une affaire bien plus urgente, sur les bras.

« Ainsi fut entreprise l'expédition d'Érebor. Je doute fort que se mettant en route, Thorin ait eu le moindre espoir véritable de tuer Smaug. Et tout espoir était vain. Et pourtant cela arriva ! Mais, Hélas ! Thorin ne survécut point pour jouir de son triomphe ni pour contempler son trésor. L'orgueil et l'avidité eurent raison de lui, malgré tous mes avertissements. »

« Mais à coup sûr, dis-je, même si Thorin avait prodigué son trésor, il aurait pu quand même mourir au combat ! Il aurait pu être assailli par les Orcs ! »

« C'est vrai, dit Gandalf. Pauvre Thorin ! c'était un noble Nain, issu d'une illustre Maison, quels qu'aient pu être ses défauts ; et bien qu'il ait succombé au terme de sa route, ce fut, pour une large part, grâce à lui que le Royaume sous la Montagne fut rétabli, comme je le désirai. Mais en Dain Ironfoot, il eut un valeureux successeur. Et voilà qu'on nous dit qu'il est tombé, lui aussi, au combat, devant l'Érebor, et cela alors même que nous combattions, nous, ici ! Je dirais que c'est une lourde perte, si ce n'avait été grande merveille qu'à son âge[5] il ait pu encore manier la hache, à ce qu'on dit, aussi redoutablement, se tenant là debout, au-dessus du corps du Roi Brand, devant la Porte d'Érebor, jusqu'à la montée de la nuit.

« Sans doute, tout celà aurait pu être bien différent. L'attaque principale, il est vrai, fut déviée vers le sud. Mais même avec sa droite trop étirée, Sauron aurait pu faire de terribles ravages au nord, tandis que nous défendions le Gondor, si le Roi Brand et le Roi Dain ne lui avaient pas barré la route. Lorsque vous penserez à la grande Bataille de Pelennor, n'oubliez pas la Bataille de Dale. Pensez à ce qui aurait pu se passer ! Au feu du Dragon et aux féroces corps à corps en Ériador ! Et pas de Reine au Gondor ! Et nous autres revenant victorieux et pleins d'espoir, à un champ de ruines et de cendres. Mais cela fut évité — parce qu'un soir je rencontrai Thorin Oakenshield, au seuil du printemps, non loin de Bree. Une pure rencontre de hasard, comme nous disons en Terre du Milieu. »

NOTES

1. La rencontre de Gandalf et de Thorin est aussi rapportée dans l'Appendice A (III) au *Seigneur des Anneaux,* et la date est précisée : le 15 mars 2941. La légère différence entre les deux récits tient à ce que dans l'Appendice A, la rencontre a lieu dans l'auberge de Bree, et non sur la route. La dernière visite de Gandalf à la Comté datait de vingt ans auparavant, donc de 2921, et Bilbo était alors âgé de trente et un ans ; Gandalf dit plus loin qu'il n'avait pas atteint sa majorité [à trente-trois ans] lorsqu'il l'avait vu pour la dernière fois.

2. Holman le jardinier : Holman-La-Main-Verte, dont Hamfast Gamgee (dit le Gaffer, père de Sam) fut l'apprenti. Cf. *la Fraternité de l'Anneau* I, i, et l'Appendice C.

3. L'Année Solaire (*loa*) du peuple Elfe s'ouvrait sur le jour appelé *vestarë,* le jour qui précédait le premier jour du printemps (*tuilë*) ; et dans le Calendrier d'Imladris *vestarë* « correspondait approximativement au 6 avril de la Comté » (*le Seigneur des Anneaux,* Appendice D).

4. Thráin II ; Thráin Premier, le lointain ancêtre de Thorin, s'échappa de la Moria en l'année 1981, et devint le premier des Rois sous la Montagne (*le Seigneur des Anneaux,* Appendice A (III)).

5. Dain II Ironfoot naquit en l'année 2767 ; à la Bataille d'Azanulbizar (Nanduhirien) en 2799, il tua devant la Porte-Est de la Moria le fameux Orc Azog, et ce faisant vengea Thrór, grand-père de Thorin. Il périt à la Bataille de Dale, en 3019. (*Le Seigneur des Anneaux,* Appendice A (III) et B.) A Rivendell, Frodo apprit de Glóin que « Dain était encore Roi sous la Montagne, et qu'il était à présent fort vieux (ayant ses deux cent cinquante ans révolus), et vénérable et fabuleusement riche » (*la Fraternité de l'Anneau II i*).

APPENDICE

Notes sur les textes de « l'Expédition d'Érebor »

L'établissement du texte pose ici des problèmes complexes, difficiles à résoudre. La première version est un manuscrit complet, mais de tout premier jet et abondamment corrigé, que j'appellerai version A ; le titre en est « Histoire des rapports de Gandalf avec Thráin et Thorin Oakenshield ». Une copie dactylographiée de ce manuscrit, la version B, devait subir un grand nombre de remaniements ultérieurs, bien que d'ordre mineur. Cette version s'intitule « l'Expédition d'Érebor », et aussi « où Gandalf raconte comment il vint à mettre sur pied l'Expédition d'Érebor et à envoyer Bilbo avec les Nains ». On lira ci-dessous de larges extraits de la version dactylographiée.

Outre A et B (la « première version »), il existe un autre manuscrit, le manuscrit C, dépourvu de titre, qui relate l'histoire sous une forme plus concentrée et de construction plus serrée, omettant une part considérable de ce qui se trouve dans la première version et introduisant de nouveaux éléments, mais reprenant aussi (surtout vers la fin) de larges fragments de la version originale. Il me paraît certain que la version C est postérieure à B, et c'est celle que j'ai donnée ci-dessus, bien que manquent apparemment des fragments du début, situant à Minas Tirith la scène où Gandalf évoque ses souvenirs.

Les premiers paragraphes de la version B (donnée ci-dessous) sont presque identiques à un passage qui figure dans l'Appendice III (*le Peuple de Durin*) au *Seigneur des Anneaux,* et renvoient manifestement au récit qui les précède dans l'Appendice A, où il est question de Thrór et de Thráin ; quant à la fin de « l'Expédition d'Érebor », elle se retrouve presque mot pour mot dans l'Appendice A (III), et là aussi dans la bouche de Gandalf s'entretenant avec Frodo et Gimli, à Minas Tirith. D'après la lettre citée dans l'Introduction, il est clair que mon père écrivit « l'Expédition d'Érebor », avec l'intention de l'insérer dans le récit intitulé *le Peuple de Durin,* dans l'Appendice A.

Extraits de la première version

La dactylographie B de la première version commence comme suit :

> Et c'est ainsi que Thorin Oakenshield devint l'Héritier de Durin, mais un héritier sans espoir d'héritage. Lors du sac d'Érebor, il était trop jeune pour porter les armes, mais à Azanulbizar, il s'était battu aux premiers rangs des assaillants ; et quand disparut Thráin, il avait quatre-vingt-quinze ans, et c'était un Nain illustre et de fière allure. Il ne possédait pas d'Anneau et (peut-être pour cette raison), il paraissait satisfait de demeurer en Ériador. Et là il travailla dur et s'enrichit tant qu'il put, et son peuple s'accrut des débris du Peuple de Durin, qui avaient entendu parler de son établissement, et dans leurs errances vinrent à lui. Et voilà qu'ils avaient de nouveau des belles demeures dans les montagnes et abondance de biens dans leurs magasins, et leur séjour ne semblait pas si déplaisant, et malgré cela ils ne cessaient d'évoquer, dans leurs chants, leur languir du Mont Solitaire au

loin, et du trésor, et les merveilles de la Grande Salle sous les feux de l'Arkenstone.

Et les années s'accumulèrent. Et dans le cœur de Thorin, les braises s'attisaient lorsqu'il ruminait l'injure faite à sa Maison et le devoir de vengeance dont il avait hérité à l'encontre du Dragon. Et tandis que résonnait la forge sous son puissant marteau, il songeait armes, armées, alliances ; mais les armées étaient dispersées, et les alliances rompues, et peu nombreuses les haches de son peuple ; et la rage au cœur il frappait le fer rougi sur l'enclume.

Gandalf n'avait pris jusqu'alors aucune part dans les fortunes de la Maison de Durin. Il n'avait pas eu beaucoup affaire aux Nains, bien qu'il fût ami de ceux qui avaient bon vouloir, et estimât bien les exilés du peuple de Durin qui vivaient à l'ouest. Mais il se trouva que passant un jour par l'Ériador (en se rendant dans la Comté où il n'avait pas mis les pieds depuis de longues années), il fit un bout de chemin avec Thorin Oakenshield et ils conversèrent ensemble et s'arrêtèrent pour la nuit à Bree.

Le matin, Thorin dit à Gandalf : « J'ai de gros soucis, et on dit que tu es sage et que tu en sais plus long que la plupart des gens sur ce qui se passe dans le monde. Viendrais-tu chez moi et m'écouterais-tu, et me prodiguerais-tu tes conseils ? »

A cela, Gandalf acquiesça, et lorsqu'ils eurent atteint la haute demeure de Thorin, il s'attarda en sa compagnie et écouta tout le récit des torts qu'il avait subis.

De cette rencontre devaient s'ensuivre maints actions et événements de la plus haute conséquence : telles la découverte de l'Anneau Unique et son introduction dans la Comté, et la désignation du Porteur de l'Anneau. Et ils furent nombreux à supposer que Gandalf avait prévu toutes ces choses, et qu'il avait choisi son moment pour sa rencontre avec Thorin. Mais nous pensons qu'il n'en fut rien. Car dans son récit de la Guerre de l'Anneau, Frodo, le Porteur de l'Anneau, transcrit les paroles de Gandalf sur ce point précis. Et voilà ce qu'il écrit :

A la place des mots, « Et voilà ce qu'il écrit », le manuscrit A, la première version, porte : « Ce passage fut omis du récit car il paraissait un peu long ; mais nous en donnons l'essentiel ici. »

Après le couronnement, nous séjournâmes dans une belle maison, à Minas Tirith, en compagnie de Gandalf, et il était tout joyeux, et bien que nous ne cessions de le questionner sur tout ce qui nous passait par l'esprit, sa patience semblait aussi inépuisable que son savoir. Je ne puis, à ce jour, me rappeler la plupart des choses qu'il nous dit ; souvent nous ne les comprenions pas. Mais de cette conversation, je me souviens très clairement. Gimli était là avec nous, et il dit à Peregrin :

« Il y a une chose qu'il me faut faire un de ces jours : je dois aller visiter votre fameuse Comté *. Pas pour voir plus de Hobbits ! Je doute que je puisse apprendre plus à leur sujet que je n'en sais déjà. Mais tout Nain de la Maison de Durin doit considérer ce pays avec émerveillement. N'est-ce pas là que furent ourdies la reconquête du Royaume sous la Montagne, et la chute de Smaug ? Sans parler de la fin de Barad-dûr ! Mais étrangement imbriqués se sont trouvés ces événements. Étrangement, très étrangement », dit-il, et il s'interrompit.

Puis les yeux fixés sur Gandalf, il reprit : « Mais qui tissa la trame ? Je crois bien n'y avoir jamais songé auparavant. Est-ce donc toi qui as concerté toutes ces choses, Gandalf ? Et si ce n'est pas toi, pourquoi as-tu conduit Thorin Oakenshield à une porte si insolite ? Pour trouver l'Anneau et l'emporter loin à l'Ouest et l'y cacher, et ensuite choisir le Porteur de l'Anneau — et pour rétablir le Royaume sous la Montagne, comme ça, en passant : n'était-ce point là ton dessein ? »

Gandalf ne répondit pas tout de suite. Il se leva et regarda par la croisée vers l'Ouest, à l'horizon de la mer ; et à cet instant se couchait le soleil, et son visage rayonnait. Et il demeura longtemps silencieux. Mais enfin il se tourna vers Gimli et dit : « Je ne sais pas la réponse. Car j'ai changé depuis ces jours , et je ne suis

* Gimli pourtant n'a pu manquer de traverser la Comté, venant de son propre pays d'origine dans les Montagnes Bleues.

plus empêtré dans les soucis de la Terre du Milieu, comme je l'étais alors. A cette époque-là je vous aurais seulement répondu avec des mots comme ceux que j'adressais à Frodo, pas plus tard qu'au printemps dernier. Et dire que c'était seulement l'année dernière ! Mais cela n'a pas grand sens de mesurer le temps comme ça ! Donc à cette lointaine époque je dis à un petit Hobbit tout effaré : on a *voulu* que ce soit Bilbo qui trouve l'Anneau et non celui qui le forgea, et de même on a *voulu* que ce soit toi, le Porteur de l'Anneau. Et j'aurais pu ajouter : on a *voulu* que ce soit moi qui vous guide, tous les deux, dans ces aventures.

« Pour ce faire, j'ai usé en mon esprit conscient uniquement des moyens qui m'étaient octroyés, faisant ce que j'avais à faire d'après les raisons qui étaient les miennes. Mais quant à ce que je savais en mon cœur, ou ce que je savais avant de mettre le pied sur ces sombres rives : ça, c'est tout autre chose. Olórin, je fus, dans les pays de l'Ouest dont la mémoire s'est perdue, et seulement à ceux qui sont là-bas, parlerais-je plus ouvertement. »

Dans la version A, on lit ici : « et seulement à ceux qui sont là-bas (ou qui peuvent, peut-être, y retourner avec moi) parlerais-je plus ouvertement. »

Je dis alors : « Je te comprends un peu mieux maintenant, Gandalf, que je ne le faisais auparavant. Je pense cependant que Bilbo aurait pu refuser de quitter ses foyers, qu'on l'ait *voulu* ou pas, et moi de même. Et tu ne pouvais nous y contraindre. Tu n'avais même pas le droit d'essayer. Mais je suis encore curieux de savoir pourquoi tu as fait ce que tu as fait, tel que tu paraissais alors, un vieil homme tout gris. »

Là-dessus Gandalf leur explique ses incertitudes, à l'époque, quant aux intentions de Sauron, et ses craintes pour la Lórien et pour Rivendell (voir p. 80). Dans cette version, après avoir déclaré que de porter un coup direct à Sauron était plus urgent encore que de régler son compte à Smaug, il poursuit :

« Voilà pourquoi, afin de précipiter les événements, je m'en allais dès que l'expédition contre Smaug fut décidée, et je persuadais le Conseil d'attaquer d'abord Dol Guldur, pour prendre de vitesse Sauron avant qu'il n'attaquât la Lórien. Et c'est ce que nous fîmes, et Sauron se déroba. Mais il nous précédait toujours, dans ses noirs desseins. Je dois avouer que je pensais qu'il s'était vraiment rembuché, et que nous aurions de nouveau un répit : un intervalle de paix vigilante. Mais le répit ne dura pas longtemps. Sauron décida de jouer le prochain coup. Il retourna immédiatement au Mordor, et à peine dix ans et il se révélait.

« Alors tout s'obscurcit. Et cependant, ce n'était pas là son plan initial ; et au bout du compte, ce fut une erreur. La résistance avait encore où se concerter librement, loin de l'ombre. Comment le Porteur de l'Anneau s'en serait-il tiré s'il n'y avait pas eu Lórien et Rivendell ? Et ces contrées auraient pu tomber aux mains de Sauron, s'il était d'emblée acharné contre elles au lieu d'épuiser la moitié de ses forces dans l'assaut sur Gondor.

« Et voilà, je vous ai tout dit. Ce fut ma raison principale. Mais une chose est de voir ce qu'il y a à faire, et une tout autre de trouver les moyens. Je commençais à sérieusement m'inquiéter de la situation dans le Nord, lorsque je rencontrais, un beau jour, Thorin Oakenshield : vers le milieu de mars 2941, me semble-t-il. J'écoutais toute son histoire, et je me pris à penser : « Eh bien, voici au moins un ennemi de Smaug ! Et qui mérite qu'on l'aide ! Je dois faire ce que je peux pour lui ; j'aurais dû songer aux Nains avant ! »

« Et puis, il y avait les gens de la Comté. Ce fut lors du Rude Hiver dont aucun d'entre vous ne peut se rappeler *, que je commençais, dans mon cœur, à leur vouloir du bien. Ils se trouvaient vraiment aux abois ; soumis à une terrible épreuve, l'une des pires qui jamais leur fut échue, mourant de froid et de faim

* Dans l'Appendice A (II) au *Seigneur des Anneaux,* il est question du Rude Hiver de 2768-9, et de ses effets au Rohan. Et dans les Tables Royales, on trouve la mention : « Gandalf vient en aide aux gens de la Comté ».

durant l'épouvantable famine qui s'ensuivit. Mais c'est alors qu'on put mesurer leur courage et leur pitié secourable. Et s'ils survécurent, ce fut grâce à leur endurance et leur force d'âme, mais aussi à cette compassion. Et je voulais qu'ils survivent encore. Et d'autres malheurs, je le sus, guettaient tôt ou tard les pays de l'Ouest, mais d'un genre tout différent : la guerre sans merci. Et pour surmonter cette épreuve, il allait falloir aux gens de la Comté quelque chose de plus que ce qu'ils avaient alors. Et il n'était pas facile de savoir à quoi ça tenait. Eh bien, il leur faudrait en savoir un peu plus long, comprendre un peu mieux l'enjeu, ce qui se passait dans le monde, et quelle était leur position à eux dans tout cela.

« Ils avaient commencé à oublier : à oublier leurs propres origines et leurs légendes, à oublier le peu qu'ils avaient jamais su du monde en sa magnificence. Tout cela n'était pas encore disparu, mais cela s'enfouissait peu à peu : la mémoire des choses grandes et des choses périlleuses. Mais tu ne peux pas enseigner cela à tout un peuple, hâtivement. Et le temps manquait. Et de toute manière, il faut bien commencer quelque part, et par quelqu'un. Disons qu'il fut « choisi », et que je fus seulement choisi pour le choisir, lui ; toujours est-il que je jetais mon dévolu sur Bilbo. »

« C'est justement ce que je voulais savoir, dit Peregrin. Pourquoi lui ? »

« Et comment choisir un Hobbit parmi tous les autres Hobbits dans ce dessein précis ? dit Gandalf. Je n'avais pas le temps de faire mon tri parmi eux ; mais j'en étais venu à connaître ma Comté sur le bout des doigts ; même si à l'époque où je rencontrais Thorin, je n'y avais pas mis les pieds depuis vingt ans, retenu au loin par de plus sombres affaires. De sorte que tout naturellement, passant en revue les Hobbits de ma connaissance, je me suis dit : « Il me faut une bouffée de Took (mais pas trop, Maître Peregrin), et pour base quelque chose de solide, d'un genre plus flegmatique, un Baggins peut-être ». Et voilà mon Bilbo tout désigné ! Je l'avais bien connu autrefois, presque tout enfant et jusqu'à ce qu'il atteigne sa majorité, mieux qu'il ne me connaissait, lui. A cette époque, j'avais de l'affection pour lui ; et voilà que je le retrouvais

« libre » — disponible pour ce que j'en voulais faire, car bien entendu, je ne sus rien de tout cela avant de retourner dans la Comté. J'appris qu'il ne s'était jamais marié. Je trouvais ça curieux, bien que je crusse comprendre pourquoi ; et la raison que je soupçonnais n'était pas celle que me fournirent la plupart des Hobbits : qu'il s'était trouvé tout jeune à la tête d'une grande fortune, et son propre maître. Non, je devinais qu'il avait voulu demeurer « libre » pour une autre raison, bien plus profonde et qui lui était propre, une raison qu'il ne comprenait pas lui-même — ou se refusait à reconnaître, car elle l'effrayait. Il voulait cependant être libre de partir lorsque surviendrait la chance, ou lorsqu'il aurait rassemblé son courage. Je me souvenais comme il me harcelait de questions lorsqu'il était gamin, sur les Hobbits qui un beau jour « s'en étaient allés », comme on disait dans la Comté. Deux, au moins, de ses oncles du côté Took, l'avaient fait. »

Ces oncles étaient Hildifons Took, qui « s'en alla en voyage et ne revint jamais », et Isengar Took (le plus jeune des douze enfants du Vieux Took), dont on disait qu'il « était parti en mer » dans sa jeunesse (*le Seigneur des Anneaux,* Appendice C, Arbre généalogique des Took de Great Smials).

Lorsque Gandalf accepta l'invitation de Thorin, de l'accompagner chez lui, dans les Montagnes Bleues :

« Nous passâmes en fait par la Comté, bien que Thorin ne voulût pas s'arrêter assez longtemps pour que cela me soit de quelque utilité. Et d'ailleurs, je crois volontiers que ce fut mon exaspération de voir le mépris hautain avec lequel il traitait les Hobbits, qui me mit tout d'abord dans la tête l'idée de les fourrer ensemble. Pour lui, ce n'était guère que des culs-terreux qui se trouvaient travailler les champs, des deux côtés de la route ancestrale des Nains, menant aux Montagnes. »

Dans cette première version, Gandalf relate longuement comment, après sa visite à la Comté, il revint chez Thorin, et le persuada « d'abandonner ses desseins grandioses, et de partir secrètement — et de prendre Bilbo avec lui ». Et dans la dernière version (pp. 81-82), on n'en dit pas plus.

> Enfin je me décidais et je revins chez Thorin. Je le trouvais en grand conclave avec des parents à lui. Il y avait là Balin et Glóin, et d'autres encore.
>
> « Eh bien, qu'est-ce que tu as à nous raconter ? » me demanda Thorin dès que j'entrais.
>
> « Ceci tout d'abord, répondis-je. Tes propres idées sont celles d'un roi, Thorin Oakenshield, mais ton royaume n'est plus. S'il y a espoir de le rétablir un jour, ce dont je doute, il te faut commencer petitement. Ici, loin de tout danger, je me demande si tu te rends vraiment compte de la puissance d'un grand Dragon ! Et ce n'est pas tout : il y a une ombre qui envahit rapidement le monde, une Ombre bien plus terrible. Et ils s'entraideront, tous deux. » Et ils n'auraient pas manqué de le faire, si je n'avais pas attaqué au même moment Dol Guldur. « Totalement inutile serait une guerre ouverte ; et d'ailleurs, il te serait impossible de mettre ça sur pied. Il va te falloir tenter quelque chose de plus simple, et cependant de plus audacieux, quelque chose, en fait, de quasi désespéré. »
>
> « Tu es à la fois vague et inquiétant, dit Thorin. Parle plus clairement ! »
>
> « Eh bien d'abord, dis-je, cette expédition, il va te falloir l'entreprendre toi-même, et il te faudra procéder *secrètement.* Pas question de messagers, de hérauts ou de provocation en duel, Thorin Oakenshield ! Tout au plus, peux-tu emmener avec toi quelques parents ou fidèles serviteurs. Mais il te faudra quelque chose d'autre, quelque chose d'imprévu. »
>
> « Nomme-le ! » dit Thorin.
>
> « Attends un peu ! dis-je. Tu espères en finir avec ce Dragon mais il est non seulement très puissant. C'est un vieux Dragon maintenant et très rusé ! Dès le début de ton entreprise, il va te falloir compter avec cela : sa mémoire et son odorat. »
>
> « Naturellement, dit Thorin. Les Nains ont plus

souvent affaire aux Dragons que le commun des mortels, et tu ne fais pas la leçon à un ignorant. »

« Très bien, répondis-je. Mais il me semblait que dans tes propres plans, tu ne tenais pas grand compte de ce point. Mon plan est une ruse de guerre, un *stratagème* *. Smaug ne repose pas sur sa couche somptueuse sans faire de rêve, Thorin Oakenshield. Et il rêve de Nains ! Tu peux être sûr qu'il explore ses demeures jour après jour et nuit après nuit pour s'assurer qu'il n'y a pas la moindre bouffée de Nains dans les parages ; et il fait ça tous les soirs avant d'aller dormir — et dormir d'un demi-sommeil, l'oreille tendue, guettant la frappe des pieds de Nains ! »

« Tu fais de ton *stratagème* quelque chose d'aussi difficile et d'aussi hasardeux qu'une vulgaire attaque de front, dit Bálin. Difficile au point d'être impossible ! »

« Oui, c'est difficile, répondis-je. Mais ce n'est pas difficile au point d'être *impossible,* ou je ne perdrais pas mon temps ici. Je dirais que c'est difficile au point d'être *absurde ;* de sorte que je vais vous suggérer une solution au problème, tout aussi absurde. Prenez un Hobbit avec vous. Smaug n'a probablement jamais entendu de Hobbit, et certainement, il n'en a jamais senti un. »

« Quoi ! s'écria Glóin. Un de ces nigauds, là-bas dans la Comté ! Et à quoi diable pourrait-il servir sur terre, ou sous… Il peut bien avoir l'odeur qu'il veut, il n'oserait même pas s'approcher assez près d'un dragonneau tout frais éclos pour qu'on la sente, son odeur ! »

« Allons, allons, dis-je. Voilà qui est tout à fait injuste. Tu ne sais pas grand-chose sur les gens de la Comté, Glóin. Je pense que tu les crois un peu simples, parce qu'ils sont généreux et ne marchandent pas, et que tu les crois timorés parce que tu ne leur vends jamais des armes. Tu as tort. De toute manière, il y en a un que je t'ai choisi pour compagnon, Thorin.

* A ce point du manuscrit A figure une phrase omise sans doute par mégarde dans la dactylographie, car elle semble se rapporter à la remarque ultérieure de Gandalf, selon laquelle Smaug-le-Dragon n'avait jamais humé l'odeur d'un Hobbit : « Et donc une odeur impossible à situer, du moins par Smaug, l'ennemi des Nains. »

Il est adroit et intelligent, bien que rusé, et loin d'être téméraire. Mais je crois qu'il a du courage, du grand courage selon les critères de son peuple. Ils sont, comme vous diriez « braves à la rigueur ». Il faut mettre les Hobbits en mauvaise passe, pour vraiment se rendre compte de ce qu'ils valent. »

« C'est une expérience qui ne se peut faire, répondit Thorin. Car pour ce que j'ai pu en voir, ils se débrouillent pour éviter justement d'être en mauvaise passe. »

« C'est vrai, dis-je. C'est un peuple très raisonnable. Mais ce Hobbit-là est un peu différent des autres. Je crois qu'on pourrait le persuader de courir des risques. Je crois que dans son cœur, il désire vraiment avoir — avoir, comme il dirait, une aventure. »

« Pas à mes frais ! » dit Thorin se levant et arpentant la pièce, furieux. « Ça, ce n'est pas des conseils, mais des sottises ! Je ne vois pas ce qu'un Hobbit, bon ou mauvais, pourrait faire qui vaudrait l'entretien qu'il me coûterait pour une seule de ses journées ! Quand bien même on pourrait le convaincre de se mettre en route ! »

« Tu ne vois pas ! Mais plus probablement, tu n'entendras pas, répondis-je. Les Hobbits se déplacent sans efforts plus silencieusement que tous les Nains du monde, alors même qu'il en irait de leur vie ! Ils ont, je crois bien, la démarche la plus légère de tous les mortels. Ça, tu ne sembles pas l'avoir remarqué, Thorin Oakenshield, lorsque tu as foulé les routes de la Comté en faisant un vacarme (je peux te le dire !) que les habitants pouvaient entendre à un mille à la ronde ! Lorsque je dis qu'il te faudra plus de ruse, je veux dire de ruse professionnelle. »

« De ruse professionnelle s'écria Balin, donnant à mes mots un sens assez différent de ce que j'avais voulu dire. Tu songes à un chercheur de trésor expérimenté ? On en trouve encore ? »

J'hésitais. Ça prenait nouvelle tournure et je n'étais pas très sûr comment m'en tirer. « Je crois, dis-je à la fin, que ce sont des gens qui, pour le prix, vont où vous n'osez aller, ou du moins ne le pouvez et s'emparent de ce que vous désirez. »

Les yeux de Thorin s'allumèrent au souvenir des trésors perdus. « Mais un voleur patenté, tu veux dire », grogna-t-il avec mépris. « On pourrait envisager la chose, si la récompense n'était pas trop élevée. Mais en quoi tout ça concerne ces culs-terreux ? Ils boivent dans des pots de terre, et ils ne savent pas la différence entre une pierre précieuse et une perle de verre ! »

« Je voudrais bien que tu ne parles pas toujours avec tant d'assurance de ce que tu ne sais pas, dis-je sévèrement. Ces villageois ont vécu dans la Comté quelque quatorze cents ans, et ils ont appris beaucoup de choses en ce temps. Ils ont été en rapport avec les Elfes et les Nains un millier d'années avant que Smaug ne vienne en Érebor. Aucun d'eux n'est riche au sens où vos ancêtres l'entendaient, mais vous découvrirez qu'il y a dans certaines de leurs demeures, de plus belles choses que tu n'en as ici, Thorin. Le Hobbit auquel je pense possède des joyaux en or, et il mange avec des ustensiles d'argent, et boit du vin dans des verres de cristal taillé. »

« Je vois enfin où tu veux en venir, dit Balin. C'est un voleur. Et voilà pourquoi tu nous le recommandes ! »

Là-dessus je crois que je perdis patience et prudence. Les Nains ont l'orgueilleuse conviction que personne ne peut posséder ou fabriquer une chose de valeur, sauf eux, et que toutes les autres belles choses se trouvant en d'autres mains, ont dû être ou bien obtenues des Nains, ou bien volées un jour ou l'autre ; et cette suffisance était plus que je n'en pouvais supporter sur le moment. « Un voleur ? dis-je en riant. Eh bien oui. Un voleur professionnel bien sûr ! Comment diable un Hobbit se trouverait-il autrement en possession d'une cuiller d'argent ! Je mettrai la marque du voleur sur sa porte, et comme ça vous la trouverez ! » Et de fureur, je me levais, et dis avec une chaleur dont je fus moi-même surpris : « Tu dois chercher cette porte, Thorin Oakenshield. *Je parle sérieusement.* » Et soudain, je sentis que j'étais en effet aussi sérieux que possible. Cette curieuse idée que j'avais eue n'était pas une blague. C'était *la bonne !* Il importait au plus haut point qu'elle soit réalisée. Il fallait que les Nains rabattent de leur superbe.

« Écoutez-moi bien, Gens de Durin, m'écriais-je. Si

vous persuadez un Hobbit de venir avec vous, vous réussirez. Sinon, vous échouerez. Et si vous vous refusez même à tenter la chose, alors j'en ai fini avec vous. Je ne vous prodiguerai plus ni conseils ni secours, jusqu'à ce que l'Ombre se saisisse de vous ! »

Thorin se tourna et me regarda avec étonnement, et il y avait de quoi. « De grands mots ! dit-il. Très bien, je viendrai. Tu dois avoir la prescience de quelque chose, à moins que tu ne sois tout simplement fou ! »

« Bon, dis-je. Mais tu dois venir de plein gré, et non seulement dans l'espoir de démontrer que je suis un sot. Tu dois être patient et tu ne dois pas te laisser facilement décourager, si ni la bravoure ni le désir d'aventure dont je te parle n'apparaissent au premier abord. Il les niera. Il essayera de reculer, mais tu ne *dois pas* le laisser. »

« Ça ne lui servira à rien de marchander, si c'est ça dont tu parles ! dit Thorin. Je lui offrirai une bonne récompense pour tout ce qu'il récupère, et rien de plus. »

Ce n'était pas ça que je voulais dire, mais il semblait inutile de continuer. « Il y a encore une chose, repris-je. Tu dois faire tous tes plans et tes préparatifs à l'avance. Il faut que tout soit fin prêt. Une fois convaincu, il ne doit pas avoir le temps d'y repenser à deux fois. Vous devez quitter la Comté sur-le-champ, et partir tout droit vers l'est, à la conquête du trésor. »

« Il a l'air d'une bien bizarre créature, ton voleur, dit un jeune Nain appelé Fili (le neveu de Thorin, comme je devais l'apprendre par la suite). Quel est son nom, ou le nom qu'il utilise ? »

« Les Hobbits utilisent leur vrai nom ; et il n'en a qu'un, Bilbo Baggins. »

« En voilà un nom ! » dit-il, et il se mit à rire.

« Bilbo trouve son nom parfaitement respectable, dis-je. Et il lui convient. Car c'est un célibataire d'âge mûr, et qui se fait un peu gras et avachi. Actuellement il ne pense qu'à la nourriture. Il a toujours un garde-manger bien garni, me suis-je laissé dire, et peut-être plus d'un. En tout cas, vous ferez bonne chère. »

« Ça suffit, dit Thorin. Si je n'avais pas donné ma parole, à présent je ne viendrais pas. Je ne suis nullement d'humeur à ce qu'on se moque de moi. Car je suis sérieux, moi aussi. Du plus grand sérieux, et j'ai la rage au cœur ! »

Je ne fis pas attention à cela. « Écoute un peu, Thorin, dis-je. Voici avril bien avancé, et le printemps est là. Prends tes dispositions au plus vite. J'ai à faire, mais je serai de retour dans une semaine. Lorsque je reviendrai, si tout est prêt, je chevaucherai en avant pour préparer le terrain. Et ensuite, nous lui rendrons tous visite ensemble, le jour suivant. »

Et là-dessus, je pris congé, ne souhaitant pas donner à Thorin plus de chance de se dédire que Bilbo n'en aurait. Le reste de l'histoire vous est bien connu — du point de vue de Bilbo. Si j'en avais écrit la relation, cela aurait été un peu différent. Il ne savait pas tout ce qui se passait ; le soin, par exemple, que je pris pour que l'arrivée d'un large groupe de Nains à Bywater, à l'écart de la grande route et hors de leurs chemins battus, ne parvienne pas trop tôt à ses oreilles.

C'était le matin du mardi 25 avril 2941, que je rendis visite à Bilbo, et bien que sachant plus ou moins à quoi m'attendre, je dois dire que ma confiance fut ébranlée. Je vis que les choses seraient beaucoup plus difficiles que je ne le pensais. Mais je m'obstinais. Le jour suivant, mercredi 26 avril, j'amenais Thorin et ses compagnons à Bag End ; péniblement, en ce qui concerne Thorin — car au dernier moment, il ne voulait plus venir ; et bien entendu, Bilbo était complètement ahuri et se comporta ridiculement. En fait, tout alla au plus mal pour moi, dès le début ; et cette misérable affaire du « voleur professionnel », que les Nains s'étaient mise solidement dans la tête, ne fit qu'aggraver les choses. Je fus soulagé d'avoir dit à Thorin que nous aurions à passer la nuit à Bag End, car il nous fallait du temps pour discuter des moyens et mesures à prendre. Cela me donna une dernière chance. Si Thorin avait quitté Bag End sans que je puisse le voir seul, mon plan aurait échoué.

On verra que certains éléments de cette conversation se retrouvent dans la version plus tardive, insérée dans la discussion entre Gandalf et Thorin, à Bag End.

A partir de là, le récit de la dernière version suit de près la première, et nous n'en citerons plus rien ici, hors un passage de la fin. Dans la première version, lorsque Gandalf cesse de parler, Frodo note que Gimli se mit à rire.

> « Cela paraît toujours aussi absurde, dit-il. Même maintenant que tout a tourné mieux que bien. Je connaissais Thorin, bien entendu ; et j'aurais bien voulu être là, mais à l'époque de ta première visite chez nous, j'étais parti. Et on ne m'autorisa pas à participer à l'Expédition. Trop jeune, dirent-ils, bien qu'à soixante-deux ans, je me croyais dans la force de l'âge. Eh bien, je suis content d'avoir entendu toute l'histoire. Si c'est bien toute l'histoire ! J'ai idée que même à présent, tu ne nous dis pas tout ce que tu sais ? »
>
> « Bien sûr que non ! » dit Gandalf.

Et après cela, Meriadec questionne encore Gandalf à propos de la carte et de la clef trouvées en la possession de Thráin ; et au cours de sa réponse (dont l'essentiel figure dans la dernière version, à un autre point du récit), Gandalf dit :

> « Il y avait neuf ans que Thráin avait quitté son peuple, lorsque je le trouvais gisant là, dans une basse fosse de Dol Guldur, depuis au moins cinq ans. Je ne sais comment il a pu tenir si longtemps, ni comment il est parvenu à garder ces choses dissimulées durant toutes ces épreuves. Je pense que le Pouvoir-Ténébreux, ne voulant rien de lui sinon l'Anneau et le lui ayant dérobé, l'a abandonné à son sort, se contentant de le jeter aux oubliettes, prisonnier rompu par les tourments et de le laisser là à son délire, jusqu'à ce que mort s'ensuive. Un léger oubli ; mais qui devait se révéler fatal. C'est souvent le cas des légers oublis.

4

LA QUÊTE DE L'ANNEAU

1.

Où Gandalf raconte à Frodo le périple des Noirs Cavaliers

GOLLUM fut fait prisonnier au Mordor, en l'année 3117, et traîné à Barad-dûr, et là questionné et supplicié. Lorsqu'il eut tiré de lui ce qu'il put, Sauron le relâcha et le laissa prendre le large. Il se méfiait de Gollum, pressentant en lui quelque chose d'indomptable, qu'il ne pourrait vaincre, même par l'Ombre de la Peur, sauf à le détruire en son corps. Mais Sauron perçut combien profonde était la rancœur de Gollum envers ceux qui l'avaient « détroussé » ; et devinant qu'il irait à leur recherche pour se venger, il espéra qu'il conduirait ainsi ses espions jusqu'à l'Anneau.

Cependant Gollum tomba rapidement aux mains d'Aragorn qui l'emmena au nord de la Forêt de Mirkwood, et bien qu'on l'ait suivi à la trace, on ne put le délivrer avant qu'il ne fût mis en lieu sûr. Or Sauron avait bien entendu parler des « Halflings », mais il ne s'était jamais soucié d'eux, et il ne savait même pas où se trouvait leur pays. De Gollum, même sous la torture il n'avait pu obtenir d'indications claires, Gollum n'ayant lui-même qu'une idée assez imprécise et, au surplus, déformant ce qu'il en savait. Hors la mort, rien ne le pouvait vaincre, comme l'avait en effet deviné Sauron, à la fois parce qu'il était un halfling de nature, et pour une autre raison que Sauron ne comprenait pas pleinement, étant lui-même consumé de désir pour l'Anneau. Et Gollum se prit alors d'une haine pour Sauron plus grande encore que sa terreur, voyant en lui son ennemi le plus redoutable et son rival. Et c'est ainsi qu'il osa faire semblant de croire que le pays des Halflings s'étendait près des lieux où il avait autrefois séjourné, sur les berges de la Rivière des Iris.

Or Sauron apprenant la capture de Gollum par les chefs de ses ennemis, en conçut grande hâte et effroi. Mais aucun de ses espions et émissaires ordinaires ne lui pouvait fournir la moindre indication. Et cela pour une large part, en raison de la vigilance des Dúnedain, mais aussi de la perfidie de Saruman, dont les propres serviteurs prenaient en embuscade les envoyés de Sauron, ou les détournaient de leur chemin. Et Sauron vint à s'en apercevoir, mais il n'avait pas encore le bras assez long pour atteindre Saruman à Isengard. C'est pourquoi il dissimula ce qu'il savait de la traîtrise de Saruman et ravala sa colère, attendant son heure, et se prépara à une guerre terrible, où il projetait de balayer ses ennemis et de les rejeter en mer d'Occident. Au bout du compte, il décida qu'en cette heure, il lui fallait recourir à ses serviteurs les plus puissants, les Spectres de l'Anneau, ces créatures qui dépouillées de tout vouloir propre, hors le sien, étaient chacune entièrement soumises à l'Anneau qui les avait asservies, et que détenait Sauron.

Et rares étaient ceux qui pouvaient résister à une seule de ces créatures d'effroi et (pensait Sauron), pour peu qu'elles soient toutes réunies sous le commandement de leur terrible capitaine, le Seigneur de Morgul, il n'y avait point de résistance possible. Et cependant, pour les présents desseins de Sauron, leur intervention présentait des inconvénients : car même invisibles et sans armes, elles inspiraient une terreur telle que leur survenue serait promptement ébruitée, et leur mission percée à jour par les Sages.

Ainsi Sauron se prépara-t-il à frapper un coup double — et par la suite, nombre de gens devaient y voir le commencement de la Guerre de l'Anneau. Les deux coups furent assénés simultanément. Les Orcs assaillirent le royaume de Thranduil, avec ordre de se ressaisir de Gollum ; et le Seigneur de Morgul fut dépêché pour combattre ouvertement le Gondor. Cela se passait vers la fin de juin 3118. Pour Sauron, il s'agissait de mettre à l'épreuve la résistance de Denethor et sa capacité de riposte, et elles se révélèrent plus grandes qu'il ne l'avait escompté. Mais cela ne l'inquiéta guère car il n'avait jeté dans l'assaut qu'une minime partie de ses forces, et son but principal avait été de faire passer la venue des Nazgûl pour une simple manœuvre politique dans sa guerre avec le Gondor.

C'est pourquoi lorsque Osgiliath fut prise et le pont rompu, Sauron rappela ses troupes et ordre fut donné aux Nazgûl de se mettre en quête de l'Anneau. Mais Sauron ne sous-estimait pas les pouvoirs et la vigilance des Sages, et il fut enjoint aux Nazgûl d'agir aussi secrètement que possible. A cette époque, le Chef des Spectres de l'Anneau habitait Minas Morgul avec six compagnons, tandis que son Second, Kahmûl, l'Ombre de l'Orient, résidait à Dol Guldur, en tant que lieutenant de Sauron, avec un autre qui lui servait de messager[1].

Et le Seigneur de Morgul fit franchir l'Anduin à ses compagnons sans armes et sans montures et invisibles à tous yeux, mais émanait d'eux une épouvante obscure qui frappait tout être vivant qu'ils croisaient. Ils se mirent en route, croit-on, le 14 juillet. Lentement et furtivement, ils passèrent à travers l'Anórien, et par les Gués de l'Entwash, atteignirent le Wold ; et les précédait une sombre rumeur d'effroi, on ne savait de quoi. Ils parvinrent sur la rive ouest de l'Anduin, un peu au nord de Sarn Gebir, où ils avaient rendez-vous ; et là ils reçurent armes et armures, et des chevaux, et on les fit secrètement passer de l'autre côté du fleuve. C'était (croit-on) aux environs du 17 juillet. Et ils gagnèrent le nord, à la recherche de la Comté, la terre des Halflings.

Vers le 22 juillet, ils retrouvèrent leurs compagnons, les Nazgûl de Dol Guldur, dans le Champ du Celebrant. Et ils apprirent que Gollum avait échappé aux Orcs qui l'avaient repris, et aux Elfes qui le poursuivaient, et qu'il avait disparu. Et Khamûl leur dit également qu'aucune habitation des Halflings ne se pouvait découvrir dans le Val d'Anduin, et que le village des Stoors, près de la Rivière des Iris, avait été depuis longtemps abandonné. Mais le Seigneur de Morgul, ne voyant meilleur parti à prendre, se résolut de poursuivre ses recherches vers le nord, espérant que le hasard lui livrerait Gollum ou le ferait trouver la Comté. Qu'elle soit à proximité de la contrée tant haïe de Lórien lui semblait vraisemblable, à moins qu'elle ne fût située dans les confins de Galadriel. Mais il ne voulait pas défier les pouvoirs de l'Anneau Blanc, ni pénétrer pour l'instant en Lórien. Et c'est ainsi que passant entre la Lórien et les Montagnes, les Neuf chevauchèrent droit au nord, semant devant eux une terreur qui s'attardait dans leur sillage ; mais ils ne trouvèrent rien de ce qu'ils cherchaient, ni aucune nouvelle qui pût leur servir.

Et au bout du compte, ils s'en retournèrent, mais l'été tirait à sa fin, et croissaient la fureur et l'inquiétude de Sauron. Lorsqu'ils se retrouvèrent dans le Wold, on était déjà en septembre ; et vinrent à leur rencontre des messagers de Barad-dûr, porteurs de menaces si effroyables de la part de leur maître, qu'elles épouvantèrent jusqu'au Seigneur Morgul lui-même. Car Sauron venait d'apprendre les termes d'une prophétie qui se disait au Gondor, et aussi que Boromir était parti en guerre, et les méfaits de Saruman, et la capture de Gandalf. De tout cela, il avait conclu que ni Saruman ni aucun des autres

Mages n'était pour l'instant en possession de l'Anneau, mais que Saruman savait à tout le moins où il pouvait être dissimulé. Il fallait maintenant faire vite et abandonner tout secret.

C'est pourquoi les Spectres de l'Anneau reçurent l'ordre de se rendre à Isengard incontinent. A bride abattue, ils chevauchèrent à travers le Rohan, et telle fut la terreur sur leur passage que bien des gens fuirent la contrée et s'en allèrent tout éperdus vers le nord ou vers l'ouest, croyant que la guerre accourait de l'Orient sur les traces des noirs coursiers.

Deux jours après que Gandalf eut quitté Orthanc, le Seigneur de Morgul s'arrêta devant la Porte d'Isengard. C'est alors que Saruman, déjà furieux et terrifié de l'évasion de Gandalf, mesura l'étendue du péril où il s'était mis, dans l'entre-deux de ses ennemis, et connu pour traître des uns et des autres. Et grand peur fut la sienne, car son espoir de tromper Sauron ou du moins de jouir de ses faveurs au jour de la victoire, était anéanti. Et il n'avait d'autre alternative que de trouver lui-même l'Anneau ou d'être livré à la ruine et aux tourments. Mais il avait encore prudence et ruse ; il avait fortifié Isengard en vue précisément de cette sombre éventualité, et le Cercle d'Isengard ne se pouvait forcer même par le Seigneur de Morgul et ses compagnons, hors un siège en règle. Aussi à ses défis et exigences, le Seigneur de Morgul ne reçut en réponse que la voix de Saruman, laquelle par un quelconque stratagème, semblait s'élever de la Porte même.

« Ce n'est pas un pays que vous cherchez, dit la voix. Je sais ce que vous cherchez, bien que vous ne le nommiez point. Je ne l'ai pas, comme doivent le savoir assurément ses serviteurs, sans même qu'on le leur dise ; car si je l'avais, vous plieriez le genou devant moi et m'appelleriez « Seigneur » ! Et si je savais où était cachée la chose, je ne serais pas ici, mais parti bien avant que vous ne veniez m'en déposséder. Un seul, je le devine, est détenteur de ce secret ; un nommé Mithrandir, ennemi de Sauron. Et comme il a quitté Isengard, il y a à peine deux jours, cherchez-le donc dans les environs ! »

Et la voix de Saruman avait encore pouvoir tel que même le Seigneur des Nazgûl ne mit pas en doute ce qu'elle avait proféré : vérité ou approximation de la vérité ; mais promptement, il tourna bride et quittant la Porte, se mit immédiatement à la recherche de Gandalf à travers le Rohan. Ainsi advint-il qu'au lendemain soir, les Noirs Cavaliers tombèrent sur Gríma Wormtongue qui courait prévenir Saruman que Gandalf était venu à Edoras, et avait averti le Roi Théoden des perfidies qui se tramaient en Isengard. En cette heure, le Wormtongue se vit tout près de mourir de peur : mais endurci par l'habitude de la traîtrise, il aurait dit tout ce qu'il savait sous de bien moindres menaces.

« Oui, oui, je peux vous l'affirmer assurément, Seigneur, dit-il. Je les ai entendus s'entretenir ensemble à Isengard. Le pays des Halflings : c'est de là que vint Gandalf, et c'est là qu'il voulait retourner. Là maintenant il cherche un cheval.

« Pitié, épargnez-moi ! Je parle aussi vite que je peux. Il faut prendre à l'ouest, par la Trouée de Rohan là-bas, et puis au nord, et ensuite un peu à l'ouest, jusqu'au prochain grand fleuve qui barre la route : Flot-Gris est son nom ; et de là, franchis les Gués de Tharbad, la vieille route vous conduit aux frontières. Ils appellent ça « La Comté ».

« Oui, en vérité, Saruman connaît bien ce pays. Il en recevait des provisions par la route. Épargnez-moi, Seigneur ! En vérité je ne soufflerai mot à quiconque de notre rencontre ! »

Le Seigneur des Nazgûl concéda la vie au Wormtongue, non par pitié, mais parce qu'il jugea sa terreur telle qu'il n'oserait jamais parler de leur rencontre à âme qui vive (et ce fut le cas effectivement), et il vit que c'était un être vil, susceptible de faire grand mal encore à Saruman, s'il avait la vie sauve. Aussi le laissa-t-il gisant à terre, et s'en fut-il, sans prendre la peine de retourner à Isengard. La vengeance de Sauron pouvait attendre.

Or donc, il scinda sa compagnie en quatre paires, et ils allèrent séparément, mais lui-même prit la tête avec la plus rapide des paires. Cheminant ainsi, ils passèrent à l'ouest, hors du Rohan, et explorèrent les solitudes désolées de l'Enedwaith, pour parvenir enfin à Tharbad. De là, ils chevauchèrent à travers le Minhiriath, et ils ne s'étaient même pas encore regroupés qu'une rumeur d'effroi se répandait autour d'eux, et les bêtes sauvages se terraient, et les hommes solitaires se sauvaient au loin. Mais ils firent prisonniers quelques fugitifs sur la route ; et à la joie du Capitaine, il apparut que deux d'entre eux étaient des espions au service de Saruman. Et de l'un d'eux, Saruman avait fait actif usage entre Isengard et la Comté, et bien qu'il n'ait jamais été lui-même au-delà de Southfarthing, il était en possession de cartes dessinées par Saruman, qui représentaient en détail la Comté. Les Nazgûl s'emparèrent des cartes, et envoyèrent l'espion à Bree, poursuivre ses activités, l'avertissant toutefois qu'il était désormais au service du Mordor, et que s'il essayait jamais de revenir à Isengard, ils l'exécuteraient dans les tortures.

La nuit blanchissait en ce vingt-deuxième jour de septembre lorsque chevauchant à nouveau de concert, ils atteignirent les Gués de Sarn, et les confins sud de la Comté. Ils les trouvèrent gardés, car les gardes-frontières leur barrèrent la route. Mais c'était là une tâche au-delà des forces des Dúnedain ; et peut-être auraient-ils échoué quand bien même leur capitaine Aragorn eût été parmi eux. Mais il était loin au nord, sur la Route Est, près de Bree ; et même aux Dúnedain, le cœur faillit. Certains fuirent vers le nord, espérant porter la nouvelle à Aragorn, mais ils furent poursuivis et tués, ou chassés dans les solitudes. D'autres eurent le courage de défendre le gué, et ils tinrent bon tant qu'il fit jour, mais à la nuit, le Seigneur de Morgul les balaya, et les Noirs

Cavaliers pénétrèrent dans la Comté ; et avant que ne chantent les coqs, au petit matin de ce vingt-troisième jour de septembre, certains d'entre eux parcouraient le pays, se dirigeant vers le Nord, dans le même temps où Gandalf, monté sur Shadowfax, chevauchait loin derrière, à travers le Rohan.

2.

Autres versions de l'histoire

J'ai choisi de donner la version imprimée ci-dessus, comme étant la plus complète du point de vue de l'élément narratif ; mais il y a bien d'autres écrits qui portent sur ces événements, ajoutant ou modifiant le récit sur des points importants. Ces manuscrits posent divers problèmes, et leurs relations sont obscures, bien qu'ils proviennent tous indubitablement de la même période ; il suffira donc de noter l'expérience de deux autres récits primaires, outre celui qu'on vient de lire (appelé par commodité, 'A'). Une seconde version ('B') est quasiment conforme à 'A' quant à la structure narrative, mais une troisième ('C'), qui se présente sous forme d'un schéma dramatique se situant à un moment plus tardif de l'histoire, introduit des différences notables, et j'ai tendance à penser que pour ce qui est de l'ordre de la composition, ce récit est le dernier en date. En outre, il y a des matériaux ('D') qui intéressent plus particulièrement le rôle de Gollum dans les événements ; et enfin d'autres notes portant sur cette partie de l'histoire.

En 'D', il est dit que les révélations que fait Gollum à Sauron, au sujet de l'Anneau et du lieu où il fut trouvé, suffisent pour prouver à celui-ci, qu'il s'agit effectivement de l'Anneau Unique ; mais quant au sort actuel dudit Anneau, Sauron peut seulement découvrir qu'il a été volé par une créature du nom de *Baggins* dans les Monts de Brume, et que *Baggins* est originaire d'un pays appelé *la Comté.* Les craintes de Sauron sont considérablement apaisées lorsqu'il comprend d'après le récit de Gollum, que *Baggins* doit être une créature de même espèce.

Gollum ne pouvait connaître le terme « Hobbit », qui était une appellation locale, et non d'usage universel en Westron. Il n'aurait probablement pas utilisé « Halfling », en étant un lui-même ; et les Hobbits n'aimaient pas ce nom. C'est pourquoi les Noirs Cavaliers semblent n'avoir eu que deux principaux éléments d'information : la *Comté* et *Baggins*.

Selon tous les récits, il semble clair que Gollum savait au moins dans quelle direction se trouvait la Comté ; mais bien que par la torture, on aurait certainement pu lui en arracher plus long, Sauron n'avait manifestement pas idée que *Baggins* venait d'une région fort éloignée des Monts de Brume, ni que Gollum savait où était cette région et pensait pouvoir trouver Baggins dans le Val d'Anduin, la même contrée où Gollum lui-même avait autrefois vécu.

Une erreur minime, et très naturelle — mais probablement une erreur fatale, la plus grave qu'ait faite Sauron dans toute l'affaire. Si ce n'avait été cette erreur, les Noirs Cavaliers auraient atteint la Comté des semaines plus tôt.

Dans le texte B, on en apprend plus sur le voyage d'Aragorn avec son prisonnier Gollum, vers le royaume de Thranduil au nord ; et on considère plus longuement les motifs qui font hésiter Sauron à employer les Spectres-de-l'Anneau dans la Quête de l'Anneau.

[Après sa mise en liberté] Gollum disparut bientôt dans les Marais de la Mort[2], où les émissaires de Sauron ne pouvaient ou ne voulaient pas le suivre. Et aucun autre de ses espions ne pouvait le renseigner. (Sauron n'avait probablement, à l'époque, qu'un pouvoir restreint sur l'Ériador, et fort peu d'agents dans les parages ; et ceux qu'il envoyait par là, étaient souvent entravés dans leur action ou détournés de leur chemin par les serviteurs de Saruman.) C'est pourquoi il se décida enfin d'utiliser les Spectres-de-l'Anneau. Il avait longtemps hésité à le faire tant qu'il ne sut pas exactement où se trouvait l'Anneau, et ce pour plusieurs raisons. Ils étaient de beaucoup les plus puissants de ses serviteurs, et les plus aptes à une telle mission, étant entièrement asservis aux Neuf Anneaux, qu'il détenait à présent lui-même ; et ils étaient parfaitement incapables d'agir contre sa volonté, et si l'un d'eux, même le Roi-Sorcier, leur capitaine, avait trouvé l'Anneau Unique, il l'aurait rapporté à son Maître. Mais leur utilisation comportait des désavantages, au moins jusqu'à l'ouverture des hostilités (et Sauron n'était pas encore prêt pour une guerre ouverte). Tous, hors le Roi-Sorcier, avaient tendance à s'égarer lorsqu'ils étaient lâchés seuls, de jour ; et tous, toujours à l'exception du Roi-Sorcier, craignaient l'eau, et répugnaient, sauf besoin urgent, à guéer ou à traverser une rivière, sauf à pied sec, sur un pont [3]. De plus, leur arme principale était la terreur. Et cette terreur était plus forte encore lorsqu'ils étaient non revêtus de leur armure et invisibles ; et plus forte lorsqu'ils allaient de compagnie. De sorte qu'il n'y avait guère moyen de les envoyer en une mission recquérant le secret ; et le passage de l'Anduin et d'autres rivières formait obstacle. Pour toutes ces raisons, Sauron hésita longtemps, peu désireux que la mission confiée à ses serviteurs vienne aux oreilles de ses principaux ennemis. On doit supposer qu'au début, Sauron ne savait pas que hors Gollum et « ce voleur de Baggins », d'autres avaient eu connaissance de l'Anneau. Jusqu'à ce que Gandalf vînt et le questionnât [4], Gollum, lui, ignorait que Gandalf avait eu le moindre rapport avec Bilbo, et l'existence même de Gandalf lui était inconnue.

Mais lorsque Sauron apprit que Gollum avait été fait prisonnier par ses ennemis, la situation se trouva radicalement modifiée. Quand il sut la chose, et comment, nous ne pouvons, bien entendu, le déterminer avec certitude. Probablement longtemps après l'événement lui-même. Selon Aragorn, Gollum fut pris à la tombée de la nuit, le 14 février. Espérant échapper aux espions de Sauron, il prit son prisonnier, le chemin du nord, contournant les contreforts de l'Émyn Muil, et traversant l'Anduin juste au-dessus de Sar Gebir. En cet endroit, les bois de flottage s'échouaient souvent sur les hauts-fonds de la rive est, et ligotant Gollum à un tronc, Aragorn traversa le fleuve à la nage, avec son prisonnier ; il continua son voyage vers le nord, en prenant des pistes aussi à l'ouest que possible, longeant la lisière des bois de Fangorn, et franchissant la Limlight, puis la Nimrodel et le Silverlode, et ainsi jusqu'aux confins de la Lórien[5] ; de là, il poursuivit toujours au nord, évitant la Moria et le Dimrill Dale, et il passa la rivière des Iris et gagna les abords du Carrock. Là, il retraversa l'Anduin, avec l'aide des Beornings, et s'enfonça dans la Forêt. Un voyage à pied long, en tout, de près de neuf cents milles, et qu'Aragorn accomplit d'une traite mais fourbu, en cinquante jours, atteignant Thranduil le 21 mars[6].

Ainsi il est fort probable que les premières nouvelles de Gollum parvinrent aux serviteurs de Dol Guldur après qu'Aragorn eut pénétré dans la Forêt ; car bien que l'autorité de Dol Guldur cessât, en principe, de s'exercer au-delà de la Vieille Route Forestière, ses espions couraient nombreux les bois. Manifestement, il se passa un certain temps avant que le commandant Nazgûl de Dol Guldur apprît la chose et sans doute n'en informa-t-il Barad-dûr qu'après avoir recueilli plus de précisions sur l'endroit où se trouvait Gollum. C'est donc seulement vers la fin avril que Sauron sut qu'on avait vu Gollum captif apparemment d'un Homme. Une nouvelle qui put lui sembler sans importance. Ni Sauron, ni ses serviteurs n'avaient encore entendu parler d'Aragorn, ou ne savait qui il était. Mais plus tard (car les terres de Thranduil devaient être à présent surveillées de près) peut-être un mois plus tard, Sauron reçut la nouvelle, autrement inquiétante, que les Mages étaient au courant de la présence de Gollum, et que Gandalf s'était rendu dans le royaume de Thranduil.

Et c'est alors que Sauron dut être furieux et inquiet. Et il se résolut d'utiliser les Spectres-de-l'Anneau dès que possible, car dès lors seule comptait la rapidité d'action, et non plus le secret. Espérant jeter le désarroi parmi ses ennemis et troubler leurs Conseils par la peur de la guerre (qu'il ne comptait faire que bien plus tard), Sauron attaqua Thranduil et Gondor presque simultanément[7]. Il avait deux objectifs supplémentaires : capturer ou tuer Gollum, ou du moins en priver ses ennemis ; et forcer le passage du pont d'Osgiliath, afin que les Nazgûl puissent traverser, tout en mettant à l'épreuve la résistance de Gondor.

Il se trouve que Gollum échappa. Mais le passage du pont s'effectua. Les forces mises en œuvre furent sans doute bien moins considérables que ne le crut Gondor. Dans la panique créée par le premier assaut, lorsque le Roi-Sorcier fut autorisé à se révéler brièvement comme roi des épouvantements[8], les Nazgûl franchirent le pont de nuit et se dispersèrent vers le nord. Sans déprécier la valeur de Gondor, que Sauron trouva d'ailleurs bien plus grande qu'il ne l'avait espérée, il est clair que si Boromir et Faramir purent repousser l'ennemi et détruire le pont, c'est seulement parce que le principal objectif de l'attaque avait été atteint.

Mon père n'explique nulle part cette peur de l'eau qu'il attribue aux Spectres-de-l'Anneau. Dans le récit cité à l'instant, cette peur est donnée comme principal motif de l'assaut lancé par Sauron contre Osgiliath, et elle réapparaît dans diverses notes détaillées sur les mouvements des Noirs Cavaliers dans la Comté : ainsi il est dit du Cavalier (Khamvil de Dol Guldur, voir note I) qu'on voit sur l'autre appontement de Bucklebury Ferry, juste après la traversée des Hobbits (*la Fraternité de l'Anneau* I, 5), « qu'il savait bien que l'Anneau avait traversé la rivière ; mais qu'une rivière faisait barrière à la perception qu'il pouvait avoir de ses mouvements », et que les Nazgûl se refusaient à toucher les eaux « elfiques » du Baranduin. Mais on ne voit pas trop comment ils s'y prenaient pour traverser les autres rivières qui se trouvaient sur leur chemin, tel le Flot-Gris, où « il n'y avait qu'un gué hasardeux formé par les pierres ruinées du pont (*le Second Age,* p. 150). Mon père a d'ailleurs noté que l'idée était difficile à soutenir.

Le récit de la vaine expédition des Nazgûl le long du Val d'Anduin est sensiblement identique dans la version B, à celui publié en entier ci-dessus (A), à la différence près que dans la version B, les habitations des Stoors ne sont pas, à l'époque, entièrement abandonnées ; les quelques Stoors qui y vivent encore sont tués ou chassés par les Nazgûl[9]. Dans tous les textes, les dates précises varient légèrement de celles données dans les Tables ; mais nous n'avons pas tenu compte de ces minimes divergences.

Dans la version D, on trouve le récit de ce qui arrive à Gollum après qu'il a échappé aux Orcs de Dol Guldur, et avant que la Fraternité ne pénètre dans la Moria, par la Porte Ouest. Il s'agit d'un tout premier jet qui a requis quelques remaniements en vue de sa publication.

Il semble clair que, poursuivi et par les Elfes et par les Orcs, Gollum traversa l'Anduin, probablement à la nage, et ainsi esquiva la traque de Sauron, mais toujours pourchassé par les Elfes, et n'osant pas encore passer près de la Lórien (une audace qu'il ne devait acquérir que plus tard, mû par la convoitise de l'Anneau), il se cacha dans la Moria[10]. Cela se passait probablement à l'automne de la même année ; après quoi on perd toute trace de lui.

Bien entendu, on ne peut déterminer avec certitude quel fut alors son sort. Il était tout particulièrement apte à survivre en de si dures circonstances, bien qu'au prix d'une extrême misère ; mais il risquait fort d'être découvert par les serviteurs de Sauron qui hantaient la Moria[11], d'autant plus qu'il ne pouvait se procurer de quoi subsister qu'en volant, et donc au prix de graves dangers. Dans la Moria, il n'avait certainement vu qu'un passage secret vers l'ouest, son but étant de découvrir lui-même « la Comté », dès qu'il le pourrait ; mais il s'égara, et fut longtemps sans retrouver son chemin. Et il venait à peine, semble-t-il, d'atteindre la Porte Ouest, lorsque survinrent les Neuf Marcheurs. Et il ignorait tout, bien entendu, du mécanisme des Portes. Elles ne pouvaient que lui paraître énormes et inébranlables ; et bien qu'il n'y eût ni loquet ni barre, et qu'elles s'ouvrissent vers l'extérieur d'une simple poussée, il ne s'en était pas avisé. De toute manière, il se trouvait à présent fort loin de toute source de nourriture, car les Orcs gîtaient principalement du côté est de la Moria, et Gollum était affaibli et abattu, de sorte que même s'il avait su comment manipuler les portes, il aurait été incapable de les ouvrir [12]. La survenue des Neufs Marcheurs fut donc pour lui une chance inespérée.

L'arrivée des Noirs Cavaliers à Isengard en septembre 3018 et leur capture ultérieure de Grima Wormtongue, relatées dans les versions A et B, se retrouvent, mais très modifiées, dans la version C, qui reprend le fil du récit seulement au retour des Cavaliers vers le sud, et à leur passage de la Limlight. Dans les versions A et B, les Nazgûl surviennent à Isengard deux jours après que Gandalf s'est évadé d'Orthanc. Saruman leur dit que Gandalf est parti et nie toute connaissance de la Comté [13] ; mais il est trahi par Grima que les Cavaliers capturent le lendemain sur le chemin qui mène à Isengard, où celui-ci se rendait en toute hâte porter à Saruman la nouvelle de la venue de Gandalf à Édoras. Mais dans la version C, lorsque les Noirs Cavaliers arrivent à la Porte d'Isengard, Gandalf est encore prisonnier dans la tour. Dans ce dernier récit, Saruman, pris de terreur et de désespoir, et percevant toute l'horreur des services rendus au Mordor, se résout soudain à faire sa soumission et à solliciter de Gandalf son pardon et son aide. Temporisant à la Porte, il admet qu'il tient Gandalf en son pouvoir à l'intérieur, et dit qu'il va s'efforcer de lui tirer ses secrets ; et que s'il n'y parvient pas, il leur livrera le prisonnier. Sur ce

Saruman monte en toute hâte au sommet d'Orthanc — et trouve Gandalf parti ! et au loin vers le sud, contre la lune à son déclin, il aperçoit un grand aigle qui vole vers Édoras.

Et voilà que la situation de Saruman s'aggrave. Si Gandalf s'est échappé, c'est qu'il y a encore une chance réelle d'empêcher Sauron de s'emparer de l'Anneau, et de le vaincre. Dans son cœur, Saruman reconnaît les grands pouvoirs et la singulière « heureuse chance » que détient Gandalf. Mais à présent il reste tout seul face aux Neuf. Et son humeur change brusquement, et son orgueil reprend le dessus, attisé par le fait que Gandalf se soit évadé de l'expugnable Isengard, et par un accès de jalousie furieuse. Il retourne à la Porte et il ment, affirmant qu'il a fait avouer Gandalf. Il n'admet pas que ces dires sont de son propre cru, ignorant ce que Sauron peut pénétrer de son esprit et de son cœur[14]. « Je ferai moi-même rapport de cela au Seigneur de Barad-dûr, dit-il avec hauteur. Car je m'entretiens avec lui, à distance, des choses graves qui nous concernent l'un l'autre. Mais tout ce qu'il vous importe de savoir touchant la mission qu'il vous a confiée, est la situation de « la Comté ». Et, dit Mithrandir, la Comté se trouve au nord-ouest, à environ six cents milles d'ici, sur le versant maritime du pays Elfe. » A son grand plaisir, Saruman note que même le Roi-Sorcier goûte peu cette perpective. « Vous devez passer les Gués de l'isen, et ensuite contourner les Montagnes pour franchir le Flot-Gris à Tharbad. Faites diligence, et je rendrai compte à votre Maître de votre départ. »

Sur l'instant, ce discours habile convainc même le Roi-Sorcier que Saruman est un allié fidèle, et fort dans la confidence de Sauron. Les Cavaliers tournent bride et partent au galop dans la direction des Gués d'Isen. A leur suite, Saruman envoie des loups et des Orcs, en vain espoir de rattraper Gandalf ; et aussi aux fins de manifester ses pouvoirs aux yeux des Nazgûl, et peut-être de les empêcher de traîner dans les parages ; et souhaitant, dans sa colère, nuire au Rohan, et accroître la peur qu'il inspirait, et que son agent Wormtongue avait à charge de développer dans le cœur de Théoden. Wormtongue avait visité Isengard peu auparavant, et en ce moment même, se trouvait sur le chemin d'Édoras ; et parmi les créatures de la traque, il y en avait qui portaient des messages à lui destinés.

Une fois débarrassé des Cavaliers, Saruman se retire dans Orthanc, et se livre à une sombre méditation. Il décide, semble-t-il, de temporiser encore, et de persister dans sa propre quête de l'Anneau. Envoyer les Cavaliers en direction de la Comté est de nature à entraver, songe-t-il, plutôt que de favoriser leur entreprise ; car Saruman savait que les gardes-frontières étaient en alerte, et il croyait également (car il était au courant de paroles oraculaires proférées en rêve et de la mission de Boromir) que l'Anneau était parti, et qu'il était déjà sur le chemin de Rivendell. Et incontinent, il rassembla ses gens, et envoya en Ériador tous les espions, oiseaux-espions et agents qu'il put rallier.

Dans cette version, manque donc l'épisode de la capture de Grima par les Spectres-de-l'Anneau, et de sa trahison de Saruman ; car bien évidemment il n'y a pas ici temps suffisant pour permettre à Gandalf d'atteindre Édoras afin de tenter d'avertir le Roi Théoden, et à Grima de repartir à son tour pour Isengard afin d'avertir Saruman, tout cela avant que les Noirs Cavaliers aient passé hors du Rohan [15]. Le mensonge de Saruman leur est révélé ici par le truchement de l'homme qu'ils capturent en chemin, et qu'ils trouvent porteur de cartes de la Comté (p. 110) ; et on en apprend un peu plus long sur cet homme et sur les relations de Saruman avec la Comté.

Lorsque les Noirs Cavaliers sont presque aux confins de l'Enedwaith et qu'ils approchent enfin de Tharbad, survient pour eux cet heureux hasard, qui devait être désastreux pour Saruman [16] et mortellement dangereux pour Frodo.

Saruman s'intéressait depuis longtemps à la Comté — parce que Gandalf s'y intéressait, et qu'il était soupçonneux de tous ses gestes ; et parce que (de nouveau en secrète imitation de Gandalf), il avait contracté l'habitude de la « feuille des Halflings », et avait besoin de s'en procurer, mais par orgueil (s'étant une fois moqué de Gandalf pour son goût de fumer), il s'efforçait de s'en cacher. Et d'autres motifs étaient venus plus récemment s'ajouter. Il aimait étendre ses pouvoirs, et tout particulièrement aux dépens de Gandalf, et il trouva que l'argent qu'il prodiguait pour l'achat de la « feuille » lui était source de pouvoir, et corrompait certains Hobbits, et tout particulièrement les Bracegirdle, qui possédaient de nombreuses plantations, et par la même occasion les Sackville-Bassings[17]. Mais il avait acquis par ailleurs la certitude que d'une manière ou d'une autre, la Comté était liée à l'Anneau dans l'esprit de Gandalf. Sinon pourquoi cette forte garde alentour ? C'est ainsi qu'il se mit à recueillir des informations détaillées sur la Comté, ses notabilités et ses principales familles, ses routes et autres aspects. Pour ce faire, il avait recours à des Hobbits à l'intérieur de la Comté, aux gages des Bracegirdle et des Sackville-Baggins, mais ses agents étaient des Hommes, et toujours d'origine Dunlendish. Lorsque Gandalf refusa de traiter avec lui, Saruman redoubla ses efforts. Les Rangers étaient méfiants, mais ils ne s'opposèrent pas à l'entrée de ses serviteurs — car Gandalf n'était pas libre de les avertir, et lorsqu'il partit pour Isengard, Saruman avait encore statut d'allié.

Peu de temps auparavant, un des serviteurs les plus fidèles de Saruman (et pourtant une vile brute, un hors-la-loi chassé du Dunland, où beaucoup disaient qu'il avait du sang d'Orc) était revenu des frontières de la Comté où il négociait l'achat de « feuille » et autres fournitures. Saruman en effet, commençait à approvisionner Isengard dans l'éventualité d'une guerre. Cet homme retournait donc à la Comté poursuivre les affaires, et arranger pour le transport de nombreuses marchandises avant la fin de l'automne[18]. Il avait ordre d'apprendre s'il y avait eu des départs récents de gens de quelque notoriété. Il était bien fourni en cartes, listes de noms et notes concernant la Comté.

Plusieurs Noirs Cavaliers rattrapèrent ce Dunlending comme ils approchaient du Gué de Tharbad. Ils le traînèrent, pantelant de terreur, devant le Roi-Sorcier et le questionnèrent. Il sauva sa vie en trahissant Saruman. Le Roi-Sorcier apprit ainsi que Saruman en savait fort long sur la Comté, ce qu'il aurait pu et aurait dû dire aux serviteurs de Sauron, s'il avait été un allié véritable. Et il obtint également quantité d'informations, et entre autres, au sujet du seul nom qui l'intéressait : *Baggins*. C'est pour cette raison que le pays hobbit fut désigné comme un des lieux à immédiatement visiter, et le centre même de l'enquête. A présent le Roi-Sorcier concevait mieux la situation. Il avait appris à connaître quelque chose de ce pays longtemps auparavant, lors de ses guerres contre les Dúnedain, et plus particulièrement sur le Tyrn Gorthad de Cardolan, appelé aujourd'hui les Hautes Brandes, où il avait lui-même posté des esprits maléfiques[19]. Comprenant que son Maître soupçonnait quelque tractation entre la Comté et Rivendell, il vit également que Bree (dont la localisation lui était connue) serait un point important, au moins comme centre d'information[20]. Il plaça le Dunlending sous l'Ombre de la Peur, et l'envoya à Bree comme agent. C'est lui, « l'homme du sud aux yeux qui louchaient », à l'Auberge[21].

Dans la version B, il est précisé que le Noir Capitaine ignorait si l'Anneau se trouvait encore dans la Comté ; de cela il devait s'assurer. La Comté était trop vaste pour être prise d'assaut, comme il avait fait avec les Stoors ; il lui fallait recourir à la ruse, user aussi peu de la terreur qu'il le pouvait, et veiller également à la garde des frontières orientales. C'est pourquoi il envoya un groupe de Cavaliers dans la Comté avec ordre de se disperser lors de la traversée du pays ; et l'un d'eux, Khamûl, était chargé de repérer Hobbiton (voir note 1) où vivait

« Baggins », d'après les papiers de Saruman. Mais le Noir Capitaine établit un camp à Andrath, où la rivière Greenway s'engage dans un défilé entre les Hautes Brandes et les Brandes du Sud[22] ; et de là il envoya d'autres Cavaliers surveiller et patrouiller les frontières orientales, tandis que lui-même fouillait les Hautes Brandes. Dans les notes sur les mouvements des Noirs Cavaliers à cette époque, il est dit que le Noir Capitaine demeura là-haut plusieurs jours ; et s'éveillèrent les Créatures de la Lande et tous les esprits malfaisants, hostiles aux Elfes et aux Hommes, et ils étaient toute malignité, aux aguets dans la Forêt Vieille et les Hautes Brandes.

3.

A propos de Gandalf, de Saruman et de la Comté

Une autre série d'écrits de la même période consiste en un grand nombre de récits inachevés portant sur les relations plus anciennes entre Saruman et la Comté, et plus particulièrement en ce qui concerne la « feuille des Halflings », un point traité en rapport avec « l'homme du sud aux yeux qui louchaient » (voir ci-dessus). Le texte suivant est une version parmi nombre d'autres, mais quoique plus brève que certaines, c'est la plus achevée.

Bientôt Saruman conçut de la jalousie à l'égard de Gandalf, et cette rivalité devait se muer en haine, et d'autant plus profonde qu'elle était dissimulée, et d'autant plus amère que Saruman savait en son cœur que les pouvoirs du Gris Voyageur étaient plus forts que les siens, et plus forte son influence sur les habitants de la Terre du Milieu, même s'il les minimisait et ne souhaitait inspirer ni peur ni respect. Saruman ne le respectait pas, mais il en vint à le craindre, toujours incertain si Gandalf ne perçait pas à jour ses moindres pensées, et troublé plus encore par ses silences que par ses paroles. C'est pourquoi il traitait Gandalf ouvertement avec moins de respect que ne lui en accordaient d'autres, parmi les Sages ; et il était toujours prêt à le contredire ou à faire fi en apparence de ses conseils ; alors que secrètement il notait et méditait tout ce que Gandalf disait, surveillant, dans la mesure du possible, tous ses mouvements.

Et c'est ainsi que Saruman se prit à songer aux Halflings et à la Comté, qu'il aurait jugés autrement indignes de considération. Au commencement il ne lui vint pas à l'esprit que l'intérêt de son rival pour ce peuple, avait le moindre rapport avec les graves soucis du Conseil, et encore moins avec les Anneaux du Pouvoir. Et de fait, ce rapport n'existait pas au début, et l'intérêt de Gandalf n'était dû qu'à sa vive affection pour le Petit Peuple, à moins qu'au-delà de son conscient, il ait nourri en son cœur une profonde prémonition. Durant plusieurs années, il visita la Comté ouvertement, et il parlait volontiers de son peuple à qui voulait l'écouter ; et Saruman souriait comme aux propos oiseux d'un vieux chemineau ; mais il y prenait garde néanmoins.

Voyant alors que Gandalf jugeait la Comté digne d'être visitée, Saruman lui-même s'y rendit, mais déguisé et dans le plus grand secret, et il l'explora dans ses coins et recoins, et nota toutes ses coutumes et ses lieux, jusqu'à ce qu'il pensât avoir appris tout ce qu'il y avait à savoir. Et même lorsqu'il lui sembla désormais peu sage et d'aucun profit de retourner, il ne cessa d'y envoyer des espions et des serviteurs qui allaient et venaient, ou surveillaient les frontières. Car il était toujours soupçonneux. Il était lui-même tombé si bas qu'il croyait que tous les autres membres du Conseil poursuivaient une secrète politique du chacun-pour-soi, et que tout ce qu'ils faisaient se rapportait à leurs ambitions personnelles. De sorte que lorsqu'il entendit dire, longtemps après, que l'Anneau de Gollum avait été trouvé par un Halfling, il ne douta point que Gandalf eût toujours su à quoi s'en tenir là-dessus ; et ce fut là son grief principal, car il considérait tout ce qui touchait aux Anneaux comme relevant de son domaine propre. Et que la méfiance de Gandalf à son égard soit méritée et justifiée n'atténuait en rien sa colère.

Et pourtant, au début, il n'y avait pas d'intention mauvaise dans sa manie de l'espionnage et de la dissimulation : ce n'était guère plus qu'une folle émanation de son orgueil. De petites choses, indignes, semble-t-il, d'être rapportées, peuvent se révéler en fin de compte d'importance considérable. Or notant la passion de Gandalf pour « l'herbe », qu'il appelait « l'herbe à pipe » (« et rien que pour ça, disait Gandalf, le Petit Peuple mérite qu'on l'honore »), Saruman avait fait mine de la tourner en dérision, mais en privé, il essaya, et bientôt contracta l'habitude. Toutefois il redoutait d'être surpris, et que sa moquerie fût retournée contre lui, et qu'on le raillât d'avoir imité Gandalf, et qu'on le jugeât un pauvre sire de faire ça en cachette ! Telle était donc la raison du grand secret dont il voilait tous ses rapports avec la Comté, même avant que l'ombre d'un doute l'ait effleuré, lorsque c'était encore un pays peu surveillé, ouvert à qui souhaitait s'y rendre. Pour cette raison également Saruman cessa d'y aller en personne ; car il apprit qu'il n'était pas passé entièrement inaperçu des Halflings qui étaient gens d'esprit éveillé, et certains voyant la silhouette furtive d'un vieillard vêtu de gris ou de brun se glissant dans les bois ou s'esquivant au crépuscule, l'avaient pris pour Gandalf.

Dès lors Saruman ne visita plus la Comté, craignant que ce genre d'histoire ne se répandît et ne vienne aux oreilles de Gandalf. Mais Gandalf était au courant de ses visites, et il devinait leur objet, et il ne fit qu'en rire, pensant que c'était le plus innocent des secrets de Saruman ; mais il n'en dit mot à personne car il n'était pas de ceux qui cherchent à humilier. Cependant il ne fut pas mécontent lorsque les visites de Saruman cessèrent, car il éprouvait déjà des doutes à son égard, bien qu'il ne pût encore prévoir qu'un temps viendrait où la connaissance de la Comté qu'avait acquise Saruman se révélerait dangereuse et fort utile à l'Ennemi, mettant la victoire presque à portée de sa main.

Une autre version comporte une description de la scène où Saruman se moque ouvertement de Gandalf et de sa passion pour « l'herbe à pipe » :

Or Saruman n'aimait pas Gandalf et il le craignait, et vint un temps où il l'évita, et ils se rencontraient rarement, sauf aux assemblées du Conseil Blanc. Ce fut lors du Grand Conseil tenu en 2851, qu'il fut pour la première fois question de la « feuille des Halflings », et on nota la chose avec amusement à l'époque, bien plus tard on devait s'en souvenir dans une tout autre lumière. Le Conseil s'était réuni à Rivendell et Gandalf siégeait à l'écart, silencieux mais fumant sans discontinuer (une chose qu'il n'avait jamais faite avant, en telle occasion), tandis que Saruman parlait contre lui et (contrairement à son avis) demandait qu'on s'abstienne pour l'instant d'inquiéter Dol Guldur. Le silence et la fumée semblèrent irriter prodigieusement Saruman, et avant que le Conseil ne se dispersât, il dit à Gandalf : « Lorsqu'il est question de choses graves, Mithrandir, je m'étonne vraiment que tu t'amuses avec tes jouets de feu et de fumée, tandis que d'autres discourent avec ferveur. »

Gandalf rit et répliqua : « Tu ne t'en étonnerais pas si tu avais toi-même pris goût à cette herbe. Tu t'apercevrais que la fumée que l'on exhale vous éclaircit l'esprit et en chasse les ombres. De toute manière, cela donne de la patience, et permet d'écouter sans colère les choses fausses. Mais ce n'est pas un de mes jouets. C'est l'art du Petit Peuple, là-bas à l'ouest : un petit peuple joyeux et valeureux, même s'il ne pèse pas lourd dans votre haute politique. » Une telle réponse n'apaisa guère Saruman (car il détestait la moquerie, même légère), et il dit froidement : « Tu ironises Seigneur Mithrandir, comme à l'accoutumée. Je sais bien que tu es devenu l'explorateur de l'infiniment petit : les mauvaises herbes, les choses sauvages et les gens enfantins. Tu es libre d'user de ton temps à ta guise, si tu n'as rien de mieux à faire ; et tu peux te donner les amis que tu veux. Mais pour moi, les jours sont trop sombres pour des histoires de vagabonds, et je n'ai pas de temps à perdre avec les herbes et les simples de la gent paysanne. »

Gandalf ne rit plus ; et il ne répondit pas, mais considérant attentivement Saruman, il tira sur sa pipe et envoya en l'air un grand anneau de fumée suivi de plusieurs petits anneaux. Et il tendit la main comme pour les attraper, et les anneaux s'évanouirent. Là-dessus, il se leva et quitta Saruman sans un mot de plus ; mais Saruman resta quelque temps silencieux, le visage assombri par le doute et le déplaisir.

L'histoire figure dans une demi-douzaine de manuscrits et dans l'un d'eux, il est dit que Saruman demeurait soupçonneux,

doutant toujours s'il avait interprété correctement le geste de Gandalf, jouant avec les anneaux de fumée (et surtout si ce geste manifestait un quelconque rapport entre les Halflings et la grande affaire des Anneaux de Pouvoir, aussi peu vraisemblable que cela puisse paraître) ; et doutant que quelqu'un d'aussi illustre puisse s'intéresser à un peuple tel que les Halflings uniquement pour eux-mêmes.

Dans un autre manuscrit, barré de part en part, les intentions de Gandalf sont explicitées :

Il y avait quelque chose d'étrange à ce que, furieux de son insolence, Gandalf ait choisi cette manière de montrer à Saruman qu'il soupçonnait que le désir de posséder les Anneaux avait commencé à s'insinuer dans ses vues politiques et dans ses recherches sur leurs usages ; et de l'avertir qu'ils lui échapperaient. Car on ne saurait douter que Gandalf ne s'était pas encore avisé que les Halflings (et encore moins leur passion de fumer), pouvaient avoir le moindre rapport avec les Anneaux[23]. S'il avait eu des idées de la sorte, il n'aurait certes pas agi ainsi. Et cependant par la suite, lorsque les Halflings vinrent à être mêlés à cette grande affaire, Saruman crut, à l'évidence, que Gandalf avait su ou prévu la chose, et avait dissimulé son savoir et de lui, Saruman, et du Conseil — et dans précisément l'intention qui aurait été celle de Saruman à sa place : pour s'en assurer la possession, et remporter une victoire sur lui. Dans les Tables Royales, la notice pour l'année 2851 évoque la réunion du Conseil Blanc, cette année-là, au cours de laquelle Gandalf insista pour qu'on livre bataille à Dol Guldur, mais fut contré par Saruman qui emporta la décision ; et une note appendue à cette notice précise : « Par la suite, il devint clair que Saruman avait déjà commencé à convoiter la possession de l'Anneau Unique pour lui-même, et espérait que cherchant son maître, il se révélerait au grand jour, si on laissait Sauron tranquille encore quelque temps. » Le récit précédent montre qu'à l'époque du Conseil de 2851, Gandalf lui-même soupçonnait Saruman de la chose ; pourtant mon père devait noter plus tard, que d'après son récit au Conseil d'Elrond sur sa rencontre avec Radagast, Gandalf semblerait n'avoir pas sérieusement suspecté Saruman de traîtrise (ou du désir de s'approprier l'Anneau) jusqu'à ce qu'il se soit retrouvé lui-même prisonnier à Orthanc.

NOTES

1. D'après la notice dans les Tables Royales pour 2951, Sauron aurait envoyé non pas deux, mais trois Nazgûl pour occuper Guldur. On peut concilier les deux propositions si l'on admet que l'un des Spectres de l'Anneau posté à Dol Guldur retourna ensuite à Minas Morgul, mais je pense qu'il est plus probable que la notice des Tables Royales ait supplanté le texte ci-dessus ; et on notera que dans une version abandonnée du présent passage, il n'y avait qu'un seul Nazgûl à Dol Guldur (non pas nommé Khazûl, mais désigné comme le Chef en Second, le Noir Easterlings), et auprès de Sauron, un autre qui lui servait de premier messager — D'après les fragments relatant en détail les mouvements des Noirs Cavaliers dans la Comté, il apparaît que c'est Khamûl qui vint à Hobitton et parla avec Gaffer Gangee, qui suivit les Hobbits sur la route de Stock, et qui les manqua de peu au Bucklebury Ferry (voir p. 115). Le Cavalier qu'il hèle sur la crête de Woodhall, et qui l'accompagne chez le Fermier Maggot, était « son compagnon de Dol Guldur ». De Khamûl, on apprend ici qu'hormis le Noir Capitaine lui-même, il est le plus apte parmi les Nazgûl, à percevoir la présence de l'Anneau, mais aussi celui dont les pouvoirs se trouvaient particulièrement brouillés et réduits à la lumière du jour.

2. Car sa terreur des Nazgûl lui avait donné l'audace de se cacher dans la Moria. [Note de l'auteur.]

3. Au Gué de la Bruinen, seuls le Roi-Sorcier et deux de ses compagnons avaient osé entrer dans l'eau, mus par l'attrait de l'Anneau. Les autres avaient été poussés à l'eau par Glorfindel et Aragorn. [Note de l'auteur.]

4. Gandalf, comme il le relate au Conseil d'Elrond, questionna Gollum lorsque celui-ci était prisonnier des Elfes de Thranduil.

5. Gandalf dit au Conseil d'Elrond, qu'ayant quitté Minas Tirith, « des messages me parvinrent de Lórien, selon lesquels Aragorn avait passé par là, et qu'il avait trouvé la créature nommée Gollum. »

6. Gandalf arriva deux jours plus tard, et repartit le 29 mars, tôt le matin. Après le passage du Carrock, il avait un cheval, mais il lui fallait franchir le Haut Col dans les Montagnes. A Rivendell, il obtint un cheval frais et courant bride abattue, il atteignit Hobbiton en fin d'après-midi, le 12 avril, après un voyage de près de huit cents milles. [Note de l'auteur.]

7. Ici, comme dans les Tables Royales, l'attaque d'Osgiliath est datée du 20 juin.

8. Cette déclaration renvoie certainement au récit de la bataille d'Osgiliath, que fait Boromir devant le Conseil d'Elrond : « Il y

avait là un pouvoir dont nous n'avions jamais encore ressenti les effets. Certains disaient qu'on l'entrevoyait à la semblance d'un grand cavalier noir, une ombre ténébreuse sous la lune. »

9. Dans une lettre datant de 1959, mon père écrit : « Entre 2463 [date à laquelle, selon les Tables Royales, Déagol le Stoor trouva l'Anneau Unique] et le début des enquêtes spéciales menées par Gandalf concernant l'Anneau (près de cinq cents ans plus tard), ils [les Stoors] semblent en effet s'être quasiment éteints (à l'exception, bien entendu, de Sméagol) ou bien avoir fui au loin de l'ombre portée par Dol Guldur. »

10. D'après ce que dit l'auteur (voir, ci-dessus la note 2), Gollum s'était engouffré dans la Moria par terreur des Nazgûl ; voir aussi la suggestion, page 107, selon laquelle l'un des objectifs du Seigneur Nazgûl, lors de sa chevauchée vers le nord au-delà de la Rivière des Iris, était de mettre la main sur Gollum.

11. Ils n'étaient pas, en fait, très nombreux mais néanmoins suffisants, semble-t-il, pour défendre l'entrée aux intrus, lorsqu'ils n'étaient pas mieux armés ou préparés que la compagnie de Balin, et ne survenaient pas en force. [Note de l'auteur.]

12. D'après les Nains, les Portes exigeaient d'ordinaire qu'on s'y mette à deux ; il fallait un Nain particulièrement vigoureux pour les ouvrir tout seul. Avant l'abandon de la Moria, des gardes étaient postés à l'intérieur de la Porte Ouest, et il y en avait toujours au moins un présent sur les lieux. De sorte qu'une personne seule (et donc tout intrus ou prisonnier cherchant à s'évader) ne pouvait sortir sans autorisation. [Note de l'auteur.]

13. Dans la version A, Saruman nie savoir où se trouve caché l'Anneau ; en B, « il nie toute connaissance du pays qu'ils cherchaient ». Il s'agit sans doute d'une simple différence de formulation.

14. Plus haut, dans cette même version, on lit que par le truchement des *palantiri,* Sauron avait enfin commencé à défier Saruman, et qu'en tout cas, il pouvait souvent percer à jour ses pensées, même lorsque Saruman dissimulait quelque information. Ainsi Sauron n'ignorait pas que Saruman avait une idée de l'endroit où se trouvait l'Anneau ; et Saruman alla d'ailleurs jusqu'à révéler qu'il tenait Gandalf prisonnier, et que c'était lui qui en savait le plus long.

15. La notice pour le 18 septembre 3118 dans les Tables Royales porte : « Gandalf s'évade d'Orthanc au petit jour. Les Noirs Cavaliers au Gué de l'Isen. » Aussi laconique soit-elle sans aucune allusion à la visite des Noirs Cavaliers à Isengard, cette notice est conforme au récit tel qu'il est donné dans la version C.

16. Aucun de ces textes n'apporte d'indication sur ce qui se passa entre Sauron et Saruman lorsque ce dernier jeta bas le masque.

17. Lobelia Bracegirdle épousa Otho Sackville-Baggins ; leur fils était Lotho qui s'empara du pouvoir dans la Comté à l'époque de la Guerre de l'Anneau, et fut dénommé par la suite « le Chef ».

Dans sa conversation avec Frodo, le Fermier Cotton évoque les propriétés de Lotho : des plantations d'herbe à pipe dans le Southfarthing (*le Retour du Roi* VI 8).

18. Le chemin usuel ne filait pas directement sur Isengard mais passait par les Gués de Tharbad et le Dunland d'où les marchandises étaient convoyées plus secrètement à Saruman. [Note de l'auteur.]

19. Cf. *le Seigneur des Anneaux,* Appendice A (I, iii, le Royaume du Nord et les Dúnedain) : « Ce fut à cette époque [lors de la Grande Peste qui atteignit le Gondor en 1636] que furent décimés les Dúnedain de Cardolan, et de l'Angmar et du Rhudaur vinrent des esprits malfaisants qui s'embusquèrent dans les tumulus abandonnés des Hautes Brandes, et y gîtèrent.

20. Le Noir Capitaine sait tant de choses qu'on est un peu étonné de le voir à ce point ignorant de la situation de la Comté, le pays des Halflings ; d'après les Tables Royales, il y avait des Hobbits installés à Bree déjà au Troisième Âge, au début du quatorzième siècle, lorsque le Roi-Sorcier remonta vers le Nord, pour gagner l'Angmar.

21. Voir *la Fraternité de l'Anneau* I, 9. Lorsque Strider et les Hobbits quittèrent Bree (*ibid* I ii) Frodo entraperçut le Dunlending (« un type à face blême avec de petits yeux malins et tout bridés ») chez Bill Ferny, dans la banlieue de Bree, et pensa : « il a tout l'air d'un troll ».

22. Voir les paroles de Gandalf, au Conseil d'Elrond : « Leur Capitaine demeura secrètement là-bas, au sud de Bree. »

23. Comme le montre clairement la phrase de conclusion de cette citation, le sens en est : « Gandalf ne se doutait encore nullement que les Halflings seraient mêlés dans l'avenir, à la quête de l'Anneau. » La réunion du Conseil Blanc, en 2851, eut lieu quatre-vingt-dix-neuf ans avant que Bilbo ne découvrit l'Anneau.

ENTRACTE

AU PROGRAMME

- LA VIE DEVIENT UN ROMAN

- À LA DÉCOUVERTE D'UN NOUVEAU MONDE
  - Terra incognita III : histoire et géographie du Troisième Âge
  - Les créatures de Tolkien
  - Langages de Terre du Milieu

- CLÉ DES SONGES
  - Trois couleurs : noir
  - Monts et tours

- SOURCES ET CONFLUENTS
  - La lutte éternelle du bien et du mal
  - Mages blancs et magie noire

LA VIE DEVIENT UN ROMAN

Un hobbit vivait dans un trou

Un jour d'été, Tolkien, en corrigeant des copies, tombe sur une copie blanche avec une satisfaction qu'on devine et y griffonne « Un hobbit vivait dans la terre ». Le nom, selon le processus habituel à l'imagination de Tolkien, suggère une histoire, et d'abord un portrait : à quoi peut bien ressembler un hobbit sinon à son créateur ? « En fait, je suis un hobbit en tout sauf en taille. J'aime les jardins et les arbres, je fume la pipe, j'adore les champignons. J'ai un sens de l'humour très simple (qui lasse mes critiques les mieux disposés). Je ne voyage guère. » Le hobbit ressemble donc à un campagnard anglais, doté d'une imagination limitée mais capable d'un courage indomptable, à l'image des Anglais pendant la Seconde Guerre mondiale.

Au début des années 30, il improvise les aventures du Hobbit pour ses enfants et les rédige jusqu'à l'épisode de la mort du dragon. Puis, comme souvent, il abandonne le manuscrit dans un tiroir ; les enfants ont grandi, ils ne réclament pas la fin, à quoi bon continuer ? Heureusement, une de ses étudiantes découvre l'histoire avec enthousiasme ; Tolkien achève alors le récit et l'envoie à un éditeur londonien, Allen, qui confie astucieusement le rapport de lecture à son fils Rayner, 10 ans, en échange d'un shilling. Le jeune critique conclut : « Ce livre, avec ses cartes, n'a pas besoin d'illustrations, il est bon et devrait plaire à tous les enfants entre 5 et 9 ans. »

Tolkien se heurte pour la première fois (ce ne sera pas la dernière) aux exigences pratiques des éditeurs, qu'il attribue volontiers à leur sottise ou à leur esprit de contradiction : pas de délicates nuances pour ses cartes, pas d'écriture invisible à déchiffrer en filigrane ! Le livre sort fin 1937 ; au soulagement de Tolkien, un peu inquiet des réactions de ses collègues, l'Université l'ignore mais le public le plébiscite ; la première édition est épuisée à Noël et Allen, ravi, réclame d'autres histoires de hobbits.

La quête de l'Anneau

Le comité de lecture n'apprécie guère *Le Silmarillion*, envoyé par Tolkien, dont la complexité et les noms « celtiques » (*sic*) le rebutent. Et puis il n'y a pas de hobbit là-dedans ! Tolkien entame donc une nouvelle histoire de hobbit sur le thème du « retour de l'anneau » mais, à mesure qu'il écrit, l'aventure s'assombrit, prend des dimensions héroïques… et du temps. Les personnages s'insèrent dans les pays et la mythologie inventés pour *Le Silmarillion* dont le récit devient la suite. Le romancier attaque le deuxième tome fin 1938, date où « les événements réels se mettent affreusement à se conformer » au récit ! Le danger vient de l'Est pour Endor comme pour l'Europe : Allemagne d'Hitler, idéologie stalinienne.

Début 1940, Tolkien atteint le milieu du tome II puis s'interrompt un an. En décembre 1942, il commence le chapitre 31, fin du livre III. À l'été 1943, il se sent « complètement coincé ». En effet, il ne cesse de revenir en arrière pour corriger, vérifier la parfaite cohérence de tous les détails géographiques et historiques. Il calcule jusqu'aux phases de la lune : « Je voulais que les gens pénètrent dans l'histoire et la prennent en un sens pour l'histoire réelle. »

Arrivera-t-il à mener à terme sa mythologie ? Six ans déjà se sont écoulés, il a 51 ans et s'inquiète. Une voisine acariâtre qui fait élaguer un peuplier de la rue lui inspire une parabole, le joli conte *Leaf by Niggle* qui exorcise ses peurs. Le peintre Niggle (« le pinailleur » !) « passait un temps infini sur une seule feuille, essayant d'en rendre le luisant, les reflets de rosée, alors qu'il voulait peindre un très grand arbre. […] L'arbre grandissait, il lui poussait des branches innombrables, des racines fantastiques. D'étranges oiseaux venaient s'y poser puis, derrière l'arbre, un pays se mit à apparaître ». Niggle finit par découvrir que son arbre est devenu réel.

Tolkien fait lire en 1947 *Le Seigneur des Anneaux* à Rayner Unwin, le jeune « critique » du *Hobbit*, étudiant à Oxford. Il aime « l'allégorie du combat entre ombre et lumière », compare la quête de l'Anneau au Ring des Nibelungen (voir tome I) et conclut : « C'est un livre étrange et prenant ; les enfants ne comprendront pas tout mais beaucoup d'adultes l'aimeront. » Son admiration réconforte Tolkien qu'agace en revanche le parallèle avec Wagner. Enfin l'histoire est achevée et, après encore des mois de correction minutieuse, Tolkien met un point final au *Seigneur des Anneaux* à l'automne 1949.

Son ami Lewis, si volontiers critique, lui adresse ce sincère éloge : « *Ubi plura nitent in carmine, non ego paucis offendi maculis* (Quand le chant brille de tant d'éclat, quelques taches ne me gênent pas). Toutes les années que tu y as passées sont justifiées ! »

Douze ans pour écrire *Le Seigneur des Anneaux* et cinq autres pour le publier ! Tolkien, qui aimerait faire paraître en même temps *Le Silmarillion*, se fâche avec Allen & Unwin, recourt à un autre éditeur, Collins, mais refuse énergiquement toute coupe, tout compromis. Colères, ultimatums, rupture ! Le manuscrit revient à Unwin, Rayner ravi le récupère en 1952. Certes Tolkien doit renoncer, la mort dans l'âme, aux lettres rouges qui feraient flamboyer l'inscription de l'Anneau, au fac-similé du manuscrit runique de la Moria, consentir à une division en trois livres, mais les tomes I et II peuvent sortir en 1954. De rares critiques situent le roman « entre le préraphaélisme et le style boy-scout », la plupart reconnaissent la puissance du récit, sa force de fascination. Le modeste tirage (3 500 exemplaires) prévu par Unwin est épuisé, les livres sont publiés avec succès aux États-Unis.

Encore quelques péripéties : cartes à refaire, appendices à peaufiner pour le tome III que les lecteurs attendent avec fébrilité. De nombreuses lettres réclament des éclaircissements sur les personnages, les civilisations. Nouveau concert d'éloges et de critiques à la sortie du tome III en 1955. « Il est rassurant, dit l'un, en cette époque troublée de voir que les humbles hériteront de la terre » ; « une prose biblique et archaïque », « des adolescents attardés », raillent les autres.

Années dorées et tolkienomania

Le premier chèque de droits d'auteur envoyé par Allen en 1956, 3 500 livres, dépasse le montant de son salaire annuel à Oxford ! Tolkien restera toujours surpris de cette fortune tardive après tant d'années d'économies ; il ne vivra pas pour autant dans le luxe et ne s'offrira que quelques petits plaisirs, comme des gilets de couleur. Il se montrera fort généreux envers sa famille, sa paroisse… et paiera ses impôts avec résignation mis à part quelques éclats anti-français : « pas un sou pour Concorde », précise-t-il sur un chèque.

Les traductions se multiplient ; *Le Seigneur des Anneaux* devient « une affaire internationale ». Une édition pirate aux États-Unis (A.C.E.) lui fait plus de publicité que de tort, ses lecteurs défendent ses droits avec énergie, l'éditeur fait amende honorable : les ventes dépassent le million d'exemplaires ! Un libraire d'Amsterdam compose un dîner hobbit où Tolkien prononce un discours en anglais mâtiné de néerlandais et d'elfe qui parodie celui de Bilbo.

Un véritable culte naît sur les campus américains. Le roman est adulé comme pamphlet contre la société contemporaine, défense de l'écologie, rêve de valeurs héroïques disparues... Des badges proclament « Frodo est vivant », « Gandalf Président ! », des clubs fleurissent qui publient des revues, célèbrent des fêtes hobbits ou même organisent des pèlerinages à Oxford, des thèses sont entreprises sur la mythologie de Tolkien. Le romancier paraît plutôt choqué par ces débordements qu'il ne prévoyait pas et étouffe parfois sous les assauts des journalistes, des admirateurs qui écrivent, téléphonent à toute heure, l'attendent à la porte. Les demandes saugrenues, en revanche, l'amusent : par exemple, on lui réclame un nom elfe pour baptiser un taureau.

Disparition et survie

Si la retraite le libère en principe pour perfectionner et faire éditer *Le Silmarillion*, cette disponibilité lui pèse parfois et le déprime. Il s'installe au bord de la mer pour adoucir les dernières années de sa femme Edith, puis revient à son cher Oxford où il reçoit, honneur qui le touche particulièrement, un doctorat honoris causa en 1972. Il disparaît en septembre 1973[1].

Il a laissé de nombreux manuscrits complétés, raturés, corrigés, bref difficiles à déchiffrer et coordonner et a légué à son plus intime admirateur, son fils Christopher — élevé dans la mythologie tolkienienne ! —, le soin de s'en occuper après sa mort. Depuis de nombreuses années, ce dernier se consacre à cette tâche avec l'érudition maniaque et la dévotion jalouse dont témoignent les notes de cette édition. Grâce à lui, *Le Silmarillion* a pu enfin paraître en 1977, les tomes de *L'Histoire des Terres du Milieu* ont peu à peu rassemblé les inédits : Annales de Valinor, du Beleriand, *La Route perdue*, des essais et lexiques sur les langues de Terre du Milieu... étoffés de notes, index... Aujourd'hui, les dessins de Tolkien ou les illustrations qu'a inspirées son œuvre sont édités en albums, calendriers, posters, agendas. Ses livres sans cesse réimprimés sont traduits en polonais, finnois, hébreu, japonais, islandais, serbo-croate... Une jonquille porte son nom, un groupe de rap s'est baptisé The Silmarils...

1. Indispensable à tout lecteur de Tolkien, la biographie complète, vivante et pleine d'humour écrite par Humphrey Carpenter : *J.R.R. Tolkien*, Pocket, n° 4614.

À LA DÉCOUVERTE D'UN NOUVEAU MONDE

TERRA INCOGNITA III :
HISTOIRE ET GÉOGRAPHIE DU TROISIÈME ÂGE

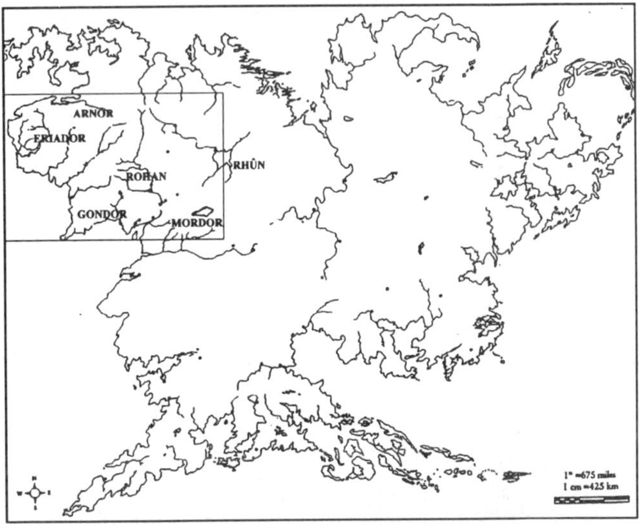

La Terre du Milieu au Troisième Âge (carte simplifiée)

Rappel des épisodes précédents : Sauron a été vaincu par l'Alliance à Dagorlad puis devant Barad-Dûr ; Isildur lui a coupé le doigt pour lui ôter l'anneau mais a malheureusement choisi de le garder.

Les Royaumes

Les rescapés de Númenor (voir tome II) ont fondé les Royaumes de l'Exil : Arnor au nord de l'Eriador, Gondor sur les côtes du Belfalas et dans la basse vallée de l'Anduin. Des tours renferment les Pierres-de-Vision (Appendice III), la Maîtresse-Pierre est détenue à Osgiliath, capitale du Gondor. La tour d'Orthanc (Isengard-Angrenost) est érigée à la frontière des deux Royaumes.

Les seigneurs Elfes habitent Vert-Bois-le-Grand (rebaptisé plus tard Mirkwood), gouverné par Thranduil, Fontcombe (dénommé sur la carte et dans le livre Imladris ou Rivendell), domaine d'Elrond, et la Lórien protégée par Galadriel et Celeborn.

Arnor va décliner, s'amenuiser, puis se diviser en trois royaumes qui, peu à peu, vont être détruits par les forces du Mal (le dernier tombe au XXe siècle). Gondor va d'abord s'étendre et occuper les territoires à l'est de l'Anduin jusqu'à la Mer de Rhûn, remporte une longue guerre contre les peuples du Harad, au sud, et connaît son apogée aux XIe et XIIe siècles. Miné par la peste de 1635, affaibli par des hivers catastrophiques et les combats contre des vagues successives d'envahisseurs, le Royaume se réduit : il abandonne l'est de l'Anduin (vers 1900), délaisse Osgiliath, Orthanc, le Calenardhon. En 2050 est tué le dernier roi du Gondor, désormais géré par des Intendants.

En 2510 (voir chapitre I), les Eotheod, qui ont courageusement volé à leur secours, reçoivent en fief le Calenardhon qu'on appelle dès lors Rohan ou Riddermark, « Marche des Cavaliers ». Vers 2900, les raids du Sud poussent les gens de Gondor à quitter l'Ithilien.

Les terrains de combat du Troisième Âge
N
ECHELLE
0
100
200
300 MILLES
(ARNOR)
(ANGMAR)
ERED MITHRIN
(LES MONTAGNES GRISES)
Mont Erebor
MONTS DU FER
FORLINDON
ERED LUIN
Lhûn ou Lune
ERIADOR
Fornost
Les Havres Gris
Golfe de la Lune
La COMTE
Bree
HARLINDON
ERED LUIN
HITHAEGLIR
Rivière de la forêt
RHOVANION
MIRKWOOD
Rivière vive
Carnen
La Brèche Est
EREGION
(LES MONTS DE BRUME)
Anduin
Mer de RHUN
Tharbad
Moria
Dol Guldur
MINHIRLATH
Gwathlo
PAYS DE DUN
LORIEN
Le Champ du Celebrant
Limlight
LES TERRES BRUNES
ENEDWAITH
FANGORN
Isengard
ROHAN
Emyn Muil
Dagorlad
Isen
TROUÉE DE ROHAN
ERED LITHUI
(LES MONTS DE CENDRES)
ANÓRIEN
Barad Dur
GONDOR
Minas Tirith
Minas Morgul
GORGOROTH
MORDOR
ANFALAS
EPHEL DUATH
Dol Amroth
Pelargir
ITHIUEN du SUD
NURN
Mer de NURNEN
BELFALAS
(MONTS DE L'OMBRE)
UMBAR
HARAD
KHAND

Une ère de migrations et d'invasions

Les **Hommes du Nord** s'établissent entre le Ier et le VIe siècle en Rhovanion ; chassés par les Easterlings, ils se replient dans la haute vallée de l'Anduin où ils prennent le nom d'Eotheod avant d'occuper le Rohan.

Les **Easterlings** envahissent par vagues le Rhovanion à partir du VIe siècle ; en 1856-1899, c'est le peuple des Wainriders qui passe à l'attaque ; en 2460-2510, ce sont les Balchoth qui ravagent le nord de Gondor avant d'être repoussés à la bataille du Champ du Celebrant par Gondoriens et Hommes du Nord.

Les Dunlendings s'emparent en 2758 des basses terres du Rohan.

Les Hobbits, qui ont reçu en 1600 un fief en Arthedain (un des royaumes d'Arnor), y établissent une colonie de plus en plus peuplée et florissante, la Comté.

Les migrations obligées des Nains sont détaillées dans leur fiche signalétique, p. XIII ; ils ont mené pendant deux siècles des guerres sanglantes contre les Orcs (d'environ 2790 à 2941), ils en sont finalement sortis vainqueurs par la bataille des Cinq Armées où les Elfes de Thranduil et les Aigles les ont appuyés.

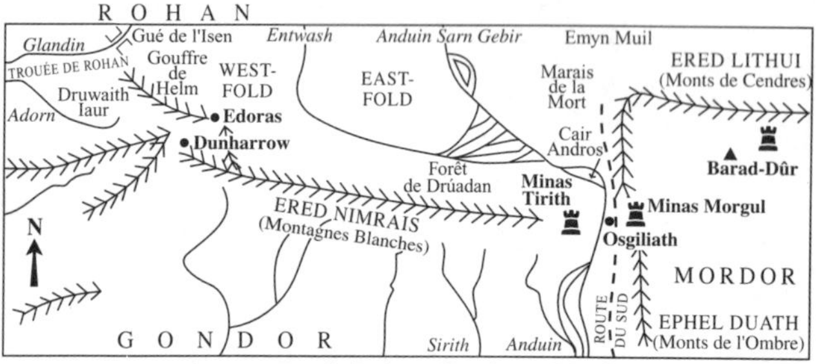

Aux confins de Rohan, Gondor et Mordor

La montée de l'Ombre

vers 1000 : Sauron réapparaît ; les Valar envoient en Terre du Milieu cinq Maia (divinités mineures), les Mages ou Istari présentés dans l'Appendice II, pour maintenir l'équilibre entre les forces du Mal et celles du Bien.

1050 : les Nazgûl se manifestent à nouveau, Vert-Bois tombe au pouvoir du Mal et est rebaptisé Mirkwood.

1300 : le Roi-Sorcier, chef des Nazgûl, fonde Angmar au nord, attaque et soumet peu à peu les royaumes du Nord, héritiers d'Arnor. Il n'est vaincu et chassé qu'en 1975 par une alliance entre le Gondor et les habitants d'Eriador.

1980 : le Roi-Sorcier retourne en Mordor où il rassemble ses compagnons, les Spectres-de-l'Anneau ; ils prennent en 2002 Minas Ithil et la Pierre qu'elle contient.

2063-2460 : la Paix Vigilante ; Sauron passe à l'Est, les Loups commencent à descendre des montagnes et à ravager régulièrement Eriador.

2475 : les Orcs pillent Osgiliath qui est ensuite abandonnée.

2750 : Saroumane s'établit à Orthanc : le Mage, qui se croit assez fort pour étudier sans danger les voies de l'Ombre, tombe peu à peu sous son emprise. Quand il se sert imprudemment de la Pierre, Sauron pénètre son esprit.

2845 : Thrain, roi des Nains de Durin, est capturé par Sauron et enfermé à Dol Guldur ; ainsi se perd le dernier des Sept Anneaux. Mais, en le cherchant, Gandalf découvre la véritable identité du maître de Dol Guldur ; le Conseil Blanc, union des Mages et des seigneurs Elfes, l'en expulse en 2941.

2951 : Sauron reprend Dol Guldur et fortifie Barad-Dûr.

3018-3019 : Sauron et Saroumane sont définitivement vaincus.

Les aventures de l'Anneau

Le Mage Gandalf

Fait par le Malin, l'Anneau ne peut qu'attirer le Mal sur qui le porte sauf si son cœur est pur et sa conduite totalement désintéressée. Ainsi Isildur, qui l'a gardé par ambition, est-il tué par des Orcs aux Champs d'Iris au début du Troisième Âge. L'Anneau tombe au fond de la rivière.

2463 : un hobbit, Dëagol, trouve dans l'eau l'Anneau ; son cousin, Smëagol ou Gollum, le tue pour le lui voler.

Vers 2900 : Sauron puis Saroumane apprennent que l'Anneau a réapparu et se mettent à le rechercher.

2941 : Bilbo est désormais possesseur de l'Anneau — lire *Bilbo le Hobbit.*

3018-3019 : Guerre de l'Anneau ; dès que Frodon, neveu de Bilbo, a réussi sa quête et détruit l'Anneau, le Mal est vaincu, Sauron et toutes ses créatures perdent l'existence ou le pouvoir. Lire *Le Seigneur des Anneaux.*

(Les dates que cite cette chronique simplifiée du Troisième Âge reprennent celles que propose le livret Middle-Earth Campaign Guid, Supplément à J.R.T.M. édité par I.C.E.)

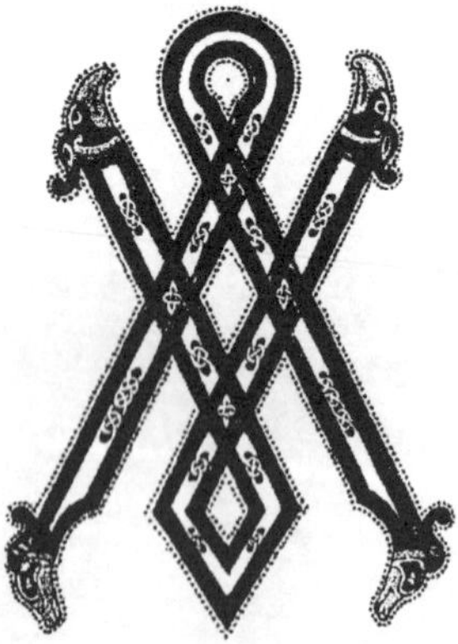

Enluminure d'une Bible de Charles le Chauve. IXe siècle.

Les races d'origine divine :

NAINS (Naugrim)

Origine : fabriqués par Aulë, le Dieu-Forgeron, comme le raconte *Le Silmarillion*, pp. 50-52.

« On raconte qu'au commencement les Nains furent créés par Aulë pendant la nuit des Terres du Milieu. Aulë désirait si fort la venue des Enfants pour avoir des apprentis auxquels il pourrait enseigner son savoir et ses talents, qu'il ne voulut pas attendre l'accomplissement des plans d'Ilúvatar. [...] De crainte que les autres Valar ne blâmassent son œuvre, il travailla en secret, et c'est dans une caverne sous les montagnes des Terres du Milieu qu'il donna vie aux Sept Pères des Nains. Alors la voix d'Ilúvatar lui dit : "Pourquoi as-tu fait cela ? Pourquoi tenter de faire ce qui, tu le sais, surpasse ton pouvoir et ton autorité ?"

Et Aulë répondit : "J'ai recherché des êtres différents de moi, afin de les aimer et de les enseigner, qu'ils puissent eux aussi percevoir la beauté de Eä, dont tu es l'origine. Car il me semblait qu'il y avait sur Eä tant de place que de nombreuses créatures pourraient s'y plaire alors que pour la plus grande part elle est encore vide et silencieuse. Et mon impatience m'a conduit à la déraison. Comme un enfant à son père, je t'offre ces créatures, l'œuvre des mains que toi-même a créées. Fais d'elles ce que tu veux. Ou dois-je plutôt détruire le fruit de mon orgueil ?"

Alors Aulë s'empara d'un grand marteau pour écraser les Nains, et ses larmes coulaient. Mais Ilúvatar eut pitié d'Aulë et de son désir, à cause de son humilité, et dit : "En aucune façon je ne corrigerai ton œuvre, elle restera telle que tu l'as faite. Ce que je ne veux pas, c'est que ces êtres apparaissent avant les Premiers-Nés de mes Enfants et que ton impatience soit récompensée. Ils vont dormir maintenant dans la nuit sous la roche et ne se lèveront pas avant que les Premiers-Nés ne soient venus sur terre." [...]

Comme les Nains devaient naître à l'époque où Melkor faisait peser son joug, Aulë leur avait donné une grande endurance. Ils sont donc durs comme le roc, obstinés, prompts à l'amitié comme à l'hostilité, et ils résistent mieux à la peine, à la faim et à la souffrance que tous les êtres parlants. Et ils vivent longtemps, plus longtemps que les Humains, sans atteindre la vie éternelle. »

Physique : de petite taille (entre 1,30 m et 1,60 m), trapus et robustes, ils résistent bien aux maladies et vivent vieux (150 à 200 ans) ; certains atteignent exceptionnellement 400 ans. Les yeux

enfoncés, les cheveux noirs, les hommes portent toujours la barbe. Les femmes sont peu nombreuses (à peine un tiers de la population), ils se marient tard et ont peu d'enfants.

Signes particuliers : marcheurs infatigables ; excellente vue dans le noir.

Vêtements : colorés et pourvus de capuchons.

Armes : armes de poing, haches, arbalètes.

Peuples : sept lignages ou maisons dont la plus vénérable est celle de Durin, reconnaissable à sa longue barbe, souvent glissée sous la ceinture.

Habitat : grottes et galeries dans les montagnes. Ils regrettent toujours leur habitat ancestral sous les Monts de Brume, la Moria ou cité de Khazad-Dûm. Cette extraordinaire cité souterraine se développe sur quatorze niveaux, avec des salles immenses, des arches hardiment lancées au-dessus d'abîmes profonds. Une cheminée haute de 2 100 m la traverse et rejoint le sommet de la montagne ; autour d'un pilier central de porphyre s'enroule un escalier relié par des passerelles aux étages. La Moria donne accès commodément à de riches galeries de mines mais les Nains n'en connaissent pas tous les détours. Ainsi un jour fatal du Troisième Âge (en 1980), en exploitant une veine de mithril, ils éveillent un Balrog, endormi là depuis le Premier Âge, qui s'empare de la cité. Ils partent au nord s'établir au pied des Montagnes Grises et dans l'Erebor ; les dragons les en chassent entre 2500 et 2700, ils s'enfuient dans les Monts de Fer. En 2941, ils reprennent l'Erebor.

Pouvoirs : ils répugnent à utiliser leurs connaissances en magie mais résistent bien aux sorts.

Activités : talents manuels évidents ; ce sont les meilleurs mineurs et tailleurs de pierre, d'excellents forgerons et orfèvres. Ils élaborent des œuvres solides, pratiques et esthétiques. Parmi leurs chefs-d'œuvre, les cités souterraines de Khazad-Dûm et Menegroth, capitale du roi Thingol, et un collier pectoral, le Nauglamir (voir tome I).

Caractère : travailleurs, persévérants, ils défendent jalousement leur liberté et rejettent avec horreur tous les liens, comme Mîm aux prises avec Túrin ; c'est ce qui leur permet de résister aux pouvoirs des Anneaux. Obstinés, méfiants, vindicatifs, ils gardent longtemps le souvenir des insultes. Ils aiment passionnément l'or, ce qui peut les entraîner à des choix regrettables.

Relations avec les autres races : ennemis irréductibles des Orcs auxquels les ont opposés des guerres inexpiables, souvent ils se sont alliés aux Elfes ou ont travaillé avec eux mais ils restent sur la réserve et nouent peu de vraies amitiés. Ils se méfient des hommes, jugés cupides et ambitieux, auraient tendance à mépriser les hobbits, bref paraissent assez xénophobes.

Trapus, bouclés, d'immenses pieds poilus, et le costume de paysan du Moyen Âge, c'est ainsi que le dessin animé de Ralph Bakshi imagine les Hobbits.

HOBBITS (Kuduk)

Physique : les plus petits des êtres doués de parole (65 cm à 1,30 m) ; potelés, voire grassouillets, ils ont de grands pieds poilus, ce qui leur permet de marcher pieds nus sans souffrir du froid. Ils résistent bien aux sorts, maladies et blessures. Ils jouissent d'une grande habileté manuelle.

Caractère : paisibles et bons vivants, amateurs de bonne nourriture, de boisson et de tabac, ils se déplacent peu mais organisent souvent d'amicales réunions.

Habitat : on les rencontre surtout dans la Comté.

HUMAINS

La Terre du Milieu compte de nombreux peuples humains d'origine et de culture diverses que nous n'énumérerons pas ici. Les plus grands, les plus beaux et les plus cultivés, les **Dúnedain**, descendent des gens de Númenor (voir tome II). Les **Dunlendings**, grands et bruns, sont de farouches guerriers, restés assez primitifs, qu'on rencontre surtout dans les Montagnes Blanches. Les **Drúedain** ou Woses, petits, trapus et blonds, ne se mêlent pas aux autres peuples mais restent dans les forêts (voir Appendice I). Les **Rohirrim** ou Hommes du Nord habitent, comme leur nom l'indique, le Rohan ; blonds, grands et forts, excellents cavaliers, ils se distinguent comme chasseurs et guerriers. Les **Easterlings**, assez primitifs, occupent originellement le pays de Rhûn, haïssent Gondor dont ils convoitent les richesses et l'ont envahi à plusieurs reprises, sans doute sur les incitations de Sauron. Et bien d'autres...

Les suppôts du Malin

Pour devenir Maîtres du Monde, Morgoth puis Sauron ont besoin de créatures obéissant aveuglément à leurs désirs ; ils ne possèdent pas le pouvoir de créer mais savent, par manipulation génétique ou psychique, déformer des êtres existants pour en faire des monstres.

ORCS (orc, pluriel yrch ; gobelins en hobbit)

Origine : sans doute des Elfes enlevés peu après leur éveil au Premier Âge par le Cavalier Noir, emmenés à Utumno, torturés physiquement et mentalement de façon à être pervertis ; les Uruks, race d'Orcs supérieurs aux capacités intellectuelles plus développées probablement inventés par Sauron, n'apparaissent qu'au Troisième Âge en Mordor.

Physique : taille d'1,40 m à 1,65 m pour les Orcs communs, dépassant 1,90 m ou 2 m chez les Uruks. Tous se caractérisent par une ossature lourde, des membres longs, une peau épaisse, un strabisme prononcé. Les Orcs communs ont les jambes arquées, un visage bestial et des crocs, les Uruks présentent une silhouette et des traits plus humanisés. Ils ne peuvent mourir ni de vieillesse ni de maladie.

Signes particuliers : les Orcs communs ne sortent que la nuit car ils ne supportent pas la lumière. On a remédié à ce défaut dans la fabrication des Uruks qui sont donc d'un usage plus commode. Ils mangent de la viande crue.

Vêtements : habits grossiers, lourdes chaussures.

Armes : sabres courbes (ou épées pour les Uruks), javelots, haches, longs couteaux...

Habitat : les profondeurs de la terre, grottes et souterrains où certains ont réussi à se cacher et à échapper aux expéditions punitives des Valar, venus soutenir Elfes et Edain, ou les endroits les plus sombres de forêts comme Mirkwood. Ils occupent Khazad-Dûm depuis qu'ils en ont expulsé les Nains.

Activités : ils ont été conçus pour être travailleurs de force et guerriers ; habiles forgerons, ils fabriquent des outils et armes pratiques mais d'aspect grossier, sans souci esthétique.

Caractère : cruels et sanguinaires, ils ne respectent que la force brutale. Incapables de réflexion et d'initiative, ils ne souhaitent qu'être soumis à une volonté supérieure qui les contrôle : alors ils sont vraiment efficaces. Ils détestent tout ce qui est beau et prennent plaisir à le détruire.

Société : aucun sens de la collectivité ni de la solidarité. Une tribu comprend d'ailleurs difficilement le patois des autres. Ils vivent en petits clans, sous l'autorité du plus fort.

Relations avec les autres races : toujours violentes. Pillages, raids, combats, les Orcs pratiquent toutes les formes d'agression ; ils mangent les chevaux, les humains et même leurs propres congénères.

Les dessinateurs de jeux n'imaginent pas, tous, les Orcs sous le même aspect... mais ce sont toujours des créatures bien antipathiques !

Balrogs

Origine : des Maiar rebelles venus de l'ouest avec Sauron, ce qui explique leur force extraordinaire qui les fait craindre même des Dragons.

Physique : des monstres assez étonnants et difficiles à décrire, faits d'ombre et de flamme, visqueux, énormes, brandissant une épée de feu et un fouet à multiples lanières. Ils supportent les conditions de vie les plus extrêmes et possèdent un pouvoir magique terrifiant.

Nazgûl ou Spectres de l'Anneau (les Neuf)

Origine : neuf Seigneurs humains, asservis par Sauron au Deuxième Âge : il leur a donné un anneau de pouvoir qui a réalisé tous leurs fantasmes de domination mais, puisqu'ils l'ont utilisé pour leur profit, ils se sont retrouvés esclaves de l'Anneau Unique.

Physique : sortes de morts-vivants, ils ne possèdent pas de corps et agissent comme des émanations de la volonté de leur maître qui pense et sent « à travers » eux. Aveugles, ils bénéficient de sens aiguisés (odorat, toucher) qui compensent largement ce handicap et leur donnent l'avantage dans le noir. Ils craignent l'eau et sont donc incapables de franchir des gués. Leur chef est le Roi-Sorcier d'Angmar.

Animaux monstrueux

Les serviteurs du Seigneur Noir sont principalement des dragons et des **loups** : Sauron peut d'ailleurs se métamorphoser en loup. Les Wargs, des loups-garous, sont des esprits mauvais enfermés dans des corps de loups, ils peuvent atteindre des tailles géantes comme Carcharoth (voir ci-dessous p. XXV). Alliés des Orcs, ils peuvent leur servir de montures.

Savez-vous parler elfe ? (*fin*)

Vous avez vu aux tomes I et II comment Tolkien avait imaginé tout un vocabulaire en quenya ou sindarin, vous avez découvert quelques racines qui expriment des notions essentielles de la culture elfique et servent à former aussi les noms de lieux et de personnes. Le Troisième Âge connaît de nombreuses guerres, voit les progrès de l'Ombre ; on y retrouve donc souvent l'évocation de forteresses ou des termes évoquant l'obscurité.

Dol « la tête » désigne les collines et leurs citadelles, Dol Guldur « mont noir du sorcier », ou Dol Amroth.

Barad « la tour » se retrouve dans Barad-Dûr en Mordor, « la tour noire ».

Minas est un autre nom pour la tour : Minas Anor « tour du soleil », appelée ensuite Minas Tirith « tour de garde », fait face à Minas Ithil, « tour de la lune », devenue, au pouvoir du Mal, Minas Morgul « tour du sorcier ».

Band « la prison » nomme justement Angband « prison de fer », forteresse de Morgoth dans les Thangorodrim, « monts de la tyrannie ».

Du « la nuit » décrit bien la chaîne occidentale de Mordor, Ephel Duath, alors que *gor* et *thaur* disent la terreur inspirée par les créatures du Mal : la racine se redouble dans Gorgoroth, plateau de Mordor, ou Gorthaur « horrible terreur », surnom de Sauron.

Évidemment, pour maîtriser ces langues, il vous faudrait encore en apprendre la grammaire : les verbes par exemple n'ont que cinq temps et trois personnes ; ou la phonétique : [dh] se prononce comme le [th] anglais... Mais les romans ou un Maître de Jeu passionné vous serviront d'interprètes !

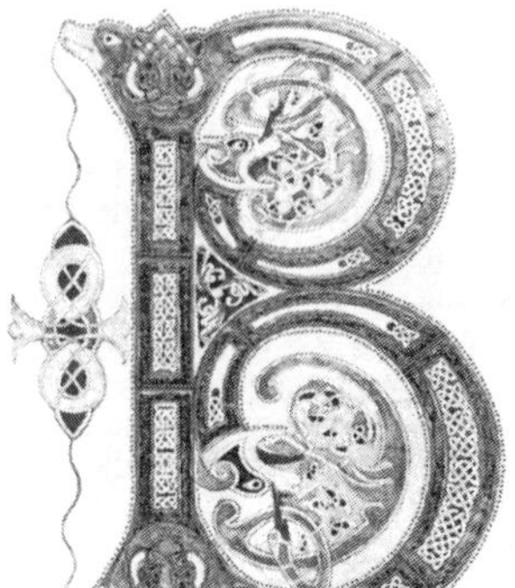

Lettre ornée d'une Bible du IXe siècle

Le langage des Nains

En public, les Nains parlent le langage commun, le westron, et n'emploient qu'entre eux leur langue propre, le **khuzdul**. Les étrangers ignorent même leur vrai nom et ne connaissent qu'un pseudonyme officiel. Peu d'habitants de Terre du Milieu comprennent quelques rudiments de khuzdul.

Pour ce qu'on en sait donc, c'est un langage aux sonorités dures et gutturales. Les notions essentielles s'y expriment par des groupes de trois consonnes : **kzd** caractérise par exemple tout ce qui appartient aux Nains (**kh**u**zd**ul, **K**h**az**a**d**-Dûm), ou **kld**, tout ce qui se rapporte au verre... Cette langue concrète manque de nuances pour les sentiments mais dispose de 500 termes pour différencier les roches.

Esprits pratiques, les Nains emploient des phrases brèves : ni articles, ni prépositions, un sujet-verbe-complément, et affectionnent les noms composés. Tolkien transcrit peu d'expressions khuzdul, à part des noms de lieux et leur cri de guerre : « Baruk Khazad ! Khazad aimênu ! » ou « Les haches des Nains ! Les Nains sont à vos trousses ! » Pour écrire ils utilisent des caractères runiques, les cirth (voir tome I).

Les patois des Orcs

Le Seigneur des Anneaux a inventé au Deuxième Âge la Langue Noire mais sa chute en a limité l'usage. Au Troisième Âge, seuls quelques dignitaires du Seigneur du Nord l'utilisent. Des éléments en subsistent dans les patois orcs où ils se mêlent au westron.

On ne peut qualifier de langue les patois orcs, qui diffèrent profondément d'une tribu à l'autre et ne reposent sur aucune structure grammaticale. Beaucoup d'onomatopées et de sons peu harmonieux ! Par exemple « Uglúk u bagrouk », « búbbosh skai ! ».

Langages humains

L'adûnaic, ancienne langue des Dúnedain de Númenor, dérivée du sindarin, est encore parlée par des nobles du Gondor. On peut distinguer langues du Sud et langues du Nord : le rohirric, langue des cavaliers du Rohan, par exemple, est une langue nordique qui a peu évolué en raison de l'esprit conservateur des Rohirrim. La plupart des hommes de l'Ouest adoptent le westron (mélange d'adûnaic et de diverses langues d'Endor) comme langue commune pour les affaires, les négociations... Les hobbits n'ont pas de langage à part mais parlent un patois personnel, dérivé du westron, emprunté aux hommes voisins.

Les Woses, réfugiés dans les Montagnes Blanches, ont gardé leur langage ancien, le pukaël, très usité dans la forêt de Drúadan (voir Appendice I).

Attention ! ce n'est qu'un aperçu incomplet et schématique des langages parlés en Terre du Milieu mais il permet d'apprécier la richesse d'invention de Tolkien.

TROIS COULEURS : NOIR

Le noir, opposé et égal du blanc, est le plus souvent considéré comme froid et négatif. Associé aux ténèbres, il se place sur l'axe Nord-Sud ; rappelons que le blanc, lié à la course solaire, se place sur un axe Est-Ouest. Morgoth et Sauron édifient d'abord leur forteresse au **nord**, tandis qu'à l'ouest habitent les dieux, les Valar. Le dessous du monde, c'est l'enfer : on sacrifie des animaux noirs à Hadès, dieu grec des Enfers. Le noir dit le deuil, la **mort** sans espoir, « un rien, un silence éternel », selon le peintre Kandinsky. Les voiles noires pour Égée ou Tristan annoncent la perte de l'être aimé : Thésée, Yseult. Les manteaux noirs des moines ou des derviches-tourneurs symbolisent le renoncement au monde.

La nuit peut certes préparer la renaissance de la lumière ; en Inde, Çiva le Blanc a besoin de Vishnu le Noir comme complément. L'œuvre au noir des alchimistes, passage nécessaire par la mort, permet l'œuvre au blanc, puis au rouge. La Pierre Noire de La Mecque représente même l'Âme du monde.

Mais le plus souvent, le noir évoque la **tristesse** (on « broie du noir », on a l'air « sombre »), l'angoisse, le **mal**. Dans la conception manichéenne (Iran ancien), Ahriman le Mauvais, le Noir, combat Mazda le Blanc, le Bien. Les méchants se caractérisent par la noirceur de leurs plans, voire de leur âme. Satan est surnommé « Prince des Ténèbres ». Si la pierre noire d'Isildur rappelle l'aspect sacré du noir, c'est la valeur maléfique que souligne Tolkien ; la montée de l'Ombre revient comme une obsession, tout ce qui relève de Morgoth puis de Sauron est sombre, ténébreux : les Orcs ou les Nazgûl, créatures de la Nuit, les forteresses ou les montagnes (Ephel Duath, Ered Lithui).

Aquarelle d'A. Dürer

MONTS ET TOURS : PIERRE BRUTE, PIERRES TAILLÉES

La montagne, verticale, s'élevant en direction du ciel, semble se rapprocher de Dieu, il s'y manifeste parfois : Yahvé s'adresse à Moïse sur le Sinaï. Différents peuples vénèrent des montagnes sacrées, environnées de nuages, où séjournent les dieux ou les esprits, comme l'Olympe des Grecs ou les mesas sacrées des Indiens ; l'accès en est tabou.

Inversement, la montagne peut révéler la démesure des ambitions humaines qui aspirent à égaler le ciel (projet qu'on retrouve dans la tour de Babel) : Morgoth a planté Angband au sein des Thangorodrim pour défier les Valar. À la fin du monde, selon des prédictions judéo-chrétiennes, les montagnes seront nivelées, signe que Dieu règne sans obstacle sur le monde : dans l'apocalypse qui termine le Premier Âge, le dragon géant écrase les montagnes maudites de Morgoth.

On remarque sur les cartes de Terre du Milieu le développement des chaînes de montagnes : selon la vieille théorie des frontières naturelles, elles séparent les royaumes. Lieux où se tapissent les créatures diaboliques (Mordor est cerné de hauts sommets, les Orcs hantent les Monts de Brume), elles peuvent abriter les vaincus (Dunharrow, Imladris-Rivendell), garantir leur survie en vue de nouvelles batailles. Les rares passages revêtent une importance majeure : la Trouée de Rohan, les portes du Mordor, les galeries de Khazad-Dûm.

La **pierre brute**, apparemment inaltérable, incarne la force du sacré, ainsi les menhirs et les dolmens. Les « pierres tombées du ciel » (fragments de météorites) sont souvent utilisées comme « pierres parlantes », capables de transmettre les oracles des dieux (voir Appendice III) ; les sorciers africains ou indiens savent prédire l'avenir par le lancer de cailloux et l'interprétation des figures qu'ils forment. Le rocher dont Arthur doit retirer l'épée confirme sa souveraineté et son élection divine (voir tome I). Les cailloux posés sur un tombeau comme ceux qu'on entasse pour élever un cairn représentent les pensées qui se tournent vers l'au-delà, le souvenir qui s'adresse au mort. La pierre philosophale passe pour renfermer le secret des métamorphoses.

Les blocs taillés construisent un édifice solide, matériel ou spirituel : ainsi l'Église, selon la parole du Christ, « Tu es Pierre et sur cette pierre, je bâtirai mon Église ». Mais les **tours** proposent une image plus ambiguë, plus inquiétante. Positives quand elles observent le ciel comme les ziggourats babyloniennes, lui rendent hommage comme les clochers, ou guettent les ennemis, elles deviennent mauvaises quand les forces du Mal s'en emparent. Ainsi, dans les romans de Tolkien, les tours « blanches » d'Orthanc ou Minas Ithil inspirent la terreur quand elles tombent aux mains de Saroumane ou du Roi-Sorcier ; Barad-Dûr, Angband sont des lieux maudits.

SOURCES ET CONFLUENTS

LA LUTTE ÉTERNELLE DU BIEN ET DU MAL

Quels mythes, quelles histoires ne reposent pas sur les conflits entre ces deux principes contraires ? Le justicier des westerns, sur son cheval blanc, affronte les bandits de noir vêtus ; Ivanhoé, le chevalier saxon, défie le Prince Jean et sa traîtrise. Inversion faussement trompeuse, Batman ou Zorro surgissent de la nuit, drapés et masqués de noir, pour rétablir l'ordre en péril… Nous pourrions accumuler les exemples ; contentons-nous de ceux-ci : un récit de Tolkien, tiré du *Silmarillion* (p. 237), et un scénario de G. Lucas, *La Guerre des étoiles* (Pocket, SF, n° 5475, tome I).

La triste et merveilleuse histoire de la belle Lúthien et de Beren le Vaillant

Beren, héros errant, rencontre dans les bois Lúthien, la plus belle des princesses elfes, dont le chant et la danse ravissent son cœur. Mais le roi Thingol lui refuse avec dédain la main de sa fille à moins qu'il ne lui apporte un des Silmarils que détient Morgoth. Mission impossible destinée à se débarrasser du prétendant. Thingol est aussitôt puni de son orgueil puisque sa fille bien-aimée accompagne dans sa quête celui qu'elle a choisi. Après bien des périls, les héros arrivent aux portes d'Angband, citadelle du Seigneur Noir, gardée par un loup géant, Carcharoth, Cerbère de cet enfer. Lúthien endort le loup et affronte Morgoth.

« [Elle] proposa à Morgoth de chanter pour lui, offrant ses services comme font les ménestrels. Alors Morgoth, à voir sa beauté, fut pris en son cœur d'un désir pervers et le plan le plus noir qu'il eût jamais conçu depuis qu'il avait fui Valinor lui vint à l'esprit. Et il fut pris au piège de sa propre malice, car il la laissa libre et la contempla quelque temps avec un secret plaisir. Elle disparut brusquement à sa vue et il s'éleva de l'ombre un chant d'une telle beauté et d'un pouvoir si grand qu'il fut forcé de l'écouter, devenu comme aveugle alors que ses yeux la cherchaient de droite et de gauche.

Sa cour entière fut prise de sommeil, les feux pâlirent et s'éteignirent, et alors les Silmarils qui couronnaient la tête de Morgoth se mirent à briller d'une flamme éclatante. Le poids de la couronne et des joyaux lui fit courber la tête comme si le monde entier pesait sur lui, si lourd de peine, de peur et de désir, que même la volonté de Morgoth ne pouvait le porter. Lúthien reprit sa robe ailée, s'éleva du sol et sa voix vint tomber comme la pluie dans un lac sombre et profond. Elle jeta son manteau sur les yeux de Morgoth et le plongea dans un rêve aussi noir que le Vide Extérieur où il errait jadis solitaire. Et il tomba. »

Beren arrache un Silmaril à la couronne de Morgoth mais doit se battre sur le seuil contre Carcharoth qui, dans sa gueule maudite, saisit la main de Beren, la tranche et l'avale avec le joyau. Les amoureux, sauvés de justesse par Thorondor, le Roi des Aigles, peuvent enfin se marier mais le loup, brûlé par le Silmaril qui lui dévore les entrailles, ravage Doriath. Beren part pour un ultime combat.

« Beren, aux côtés de Thingol, vit soudain que Huan les avait quittés. Des aboiements violents sortirent du fourré où Huan, impatient de voir enfin ce loup, était seul allé le déloger. Mais Carcharoth évita la rencontre et jaillit des ronces en face de Thingol. Beren se jeta devant lui, l'épée à la main, mais la bête la fit voler au loin, jeta Beren à terre et lui mordit la poitrine. À ce moment Huan bondit hors du fourré sur l'échine du loup et ils tombèrent enlacés dans un combat cruel, et jamais chien et loup ne connurent pareille bataille, car on entendait dans les cris de Huan l'écho de la trompe d'Oromë et la colère des Valar, tandis que les hurlements de Carcharoth faisaient entendre la haine de Morgoth et une férocité plus cruelle que des dents d'acier. Ils firent tel bruit que les rochers se fendirent et s'écroulèrent jusqu'à obstruer les chutes de l'Esgalduin, tandis que Thingol, sans plus prêter attention à ce duel à mort, s'agenouillait près de Beren, le voyant grièvement blessé. » (*Op. cit.*, p. 244.)

Lúthien saura fléchir Mandos, Dieu des Morts, et vivra quelques années de sursis à Tol Galen avec son aimé.

Dark Vador ou la Force pervertie

Un vaisseau rebelle est neutralisé par les forces impériales, leur commandant monte à bord.

« Deux mètres. Bipède. Les noires traînes flottantes enveloppaient la silhouette, le visage était masqué à jamais par un écran fonctionnel, bizarre, de métal ténébreux. Le Seigneur Noir de la Sith avait une allure terrible. La crainte naissait dans le sillage de tous les Seigneurs Noirs. Le nuage de malignité qui imprégnait celui-ci en particulier était assez intense pour faire reculer les soldats impériaux, assez menaçant pour les faire marmonner entre eux. Les membres de l'équipage rebelle, même les plus résolus, cessèrent toute résistance à la vue de la sinistre armure — armure noire, aussi sombre que les pensées qui traversaient l'esprit de son occupant. [...]

Deux officiers rebelles commencèrent à trembler à sa vue. S'arrêtant devant l'un d'eux, la silhouette géante tendit le bras sans dire un mot. La main énorme se referma autour du cou de l'homme et le souleva du sol. Un officier impérial sortit de la salle de contrôle.

— Rien, monseigneur, la banque de données a été nettoyée.

Le masque impénétrable se tourna vers l'officier torturé.

— Où sont les données que vous avez interceptées ? tonna-t-il.

— Nous... n'avons... intercepté... aucune donnée, murmura l'officier. Nous sommes en mission diplomatique.

— Que le chaos emporte votre mission ! Où sont les bandes ?

Il serra plus fort.

— Seul... le commandant sait.

Les doigts épais serrèrent davantage, les gestes de l'officier devinrent frénétiques, ses dernières paroles furent étouffées. Enfin Vador lança contre le mur le cadavre ; la massive silhouette fit volte-face et les impériaux tremblèrent sous ce regard aux sculptures funestes » (*La Guerre des étoiles*, *op. cit.*, pp. 16-19).

Le Maître, Obi-Wan Kenobi, vient au secours de la princesse Leia et des rebelles en péril ; il a réussi à s'introduire clandestinement dans la station spatiale ennemie, l'Étoile Noire, et à en saboter les défenses, mais au moment où il va partir avec ses compagnons, Dark Vador survient.

— J'ai longtemps attendu, Obi-Wan Kenobi, lança Dark Vador avec solennité. Nous nous retrouvons enfin.

Kenobi sentit la satisfaction sous le masque hideux, il hocha la tête, il donnait l'impression d'être plus curieux qu'impressionné.

— Tu as encore beaucoup à apprendre.

— Vous fûtes jadis mon professeur mais le temps d'apprendre est révolu depuis longtemps et je suis le maître aujourd'hui.

Kenobi savait qu'il ne serait pas question de raison, il activa son sabro-laser et se mit en garde, mouvement qu'il accomplit avec la grâce et la facilité d'un danseur. Avec plus de brutalité,

Dark Vador imita son mouvement. Plusieurs minutes durant, les deux hommes restèrent à s'observer sans faire le moindre geste comme s'ils attendaient quelque signal.

— Vos pouvoirs sont faibles, vieil homme. Vous n'auriez jamais dû revenir, votre fin ne sera pas paisible.

— Tu ne sens qu'une partie de la Force, Vador, murmura Kenobi avec l'assurance de celui pour qui la mort n'est qu'une sensation comme les autres.

Exécutant un mouvement d'une incroyable vivacité pour quelqu'un d'aussi vieux, Kenobi fonça sur la massive silhouette ; Vador bloqua le coup avec une vitesse égale et riposta d'un coup de taille que Kenobi évita de justesse. [...] Ils continuèrent d'échanger des coups, le contact des champs d'énergie produisait des éclairs et des étincelles tandis que les deux sabres essayaient de se subjuguer l'un l'autre. [...]

— Vous êtes encore très habile mais vos pouvoirs disparaissent. Préparez-vous à rencontrer la Force, Obi-Wan.

Kenobi posa sur Vador un regard de commisération.

— Ceci est un combat que tu ne peux gagner, Vador. Si ma lame trouve son signe, tu cesseras d'exister. Mais si tu me coupes en deux, je deviendrai plus puissant encore. Prends garde à mes paroles.

— Vos fadaises ne me troublent plus, vieil homme, fit Vador avec mépris. C'est moi le maître à présent.

Il se fendit, lança un terrible coup de taille, le coup porta, coupant le vieil homme en deux. La robe de Kenobi tomba, séparée en deux morceaux bien nets, mais Ben Kenobi n'était pas dedans » (*op. cit.*, pp. 216-219).

Le plus célèbre des magiciens, dans les romans du Moyen Âge, est Merlin l'Enchanteur, éducateur et conseiller du roi Arthur. Dès sa conception, le Diable et le bon Dieu entrent en lutte pour donner son âme au Bien ou au Mal. Un roman pieux, le *Merlin* de Robert de Boron, écrit au XIIIe siècle, raconte sa vie depuis la naissance.

Les démons se désolent de la venue du Christ qui, en instituant le baptême, a protégé les hommes contre eux et a établi des prêtres pour convaincre les hommes de se repentir.

« Comment pourrions-nous envoyer sur la terre une créature à nous qui ferait notre éloge, parlerait de notre intelligence, de nos exploits et de notre conduite, qui aurait, tout comme nous, le pouvoir de connaître toutes les actions, événements et discours du passé ? Il gagnerait ainsi la confiance des gens et nous aiderait à les tromper.

— Quelle belle chose ce serait de créer un tel homme ! s'écrièrent-ils tous.

— Il y en a bien un, suggéra l'un d'eux, qui peut prendre l'apparence d'un homme et féconder une femme. Il faudrait toutefois qu'il le fasse le plus discrètement possible. »

Un projet machiavélique se réalise peu à peu : ils ont choisi trois sœurs dont ils font mourir les parents dans le péché, ils pervertissent les deux cadettes. Seule, l'aînée leur échappe par sa piété mais, un soir, elle se met en colère et oublie sa prière ; le démon la viole dans son sommeil. Dès le lendemain, elle se confesse et le prêtre la rassure : Dieu saura bien révéler son innocence car elle risque la mort en ce temps si elle met au monde un enfant de père inconnu.

« L'enfant naquit selon la volonté divine. Il reçut en partage l'intelligence et le pouvoir du diable puisque celui-ci l'avait engendré. Mais le démon avait agi sans réfléchir ; il avait séduit la jeune femme par la ruse mais, dès qu'elle s'en était aperçue, elle avait imploré la pitié de Dieu et s'était confiée à notre sainte Église.

L'enfant reçut donc, selon la volonté du diable, le pouvoir de connaître le passé. Et comme sa mère s'était repentie et n'était pas responsable de ce qui était arrivé, pour compenser ce don du diable, Notre Seigneur accorda à l'enfant le don de voir l'avenir. À lui maintenant de trancher : il peut, comme il le veut, choisir le parti du diable ou celui de Dieu. »

L'enfant naît en prison, tout velu et poilu, et lorsqu'il atteint deux ans, arrive l'heure du procès pour sa mère. Merlin, enfant prodige, se mettra à parler et disculpera sa mère tout en révélant l'inconduite de quelques dames... Il expliquera au prêtre que la pureté et la sagesse de sa mère l'ont sauvé de la damnation, qu'il a gardé la connaissance de toutes les ruses et pratiques magiques des démons et utilisera ce savoir pour déjouer leurs entreprises.

Et en contraste, une évocation de Sauron tel qu'il apparaît au Premier Âge dans *Le Silmarillion* (p. 202) :

« Sauron qu'on appelait Gothaur en langue sindarine [...], se présenta devant Orodeth [...]. Il était devenu un sorcier aux pouvoirs terrifiants, maître des ombres et des fantômes, dont l'infamie et la force cruelle déformaient tout ce qu'il touchait et pervertissaient tous ceux qu'il gouvernait. Seigneur des Loups-Garous, son règne était un supplice. Il prit d'assaut Minas Tirith grâce à un sombre nuage de terreur qu'il jeta sur les défenseurs [...]. Il transforma le fort en tour de guet pour les armées de Morgoth, citadelle du malheur qui menaçait le monde, et la belle île de Tol Sirion devint un lieu maudit qu'on appela Tol-in-Gauroth, l'île des Loups-garous. »

ARDA, UN TERRAIN DE JEUX

De nombreux livrets (suppléments à J.R.T.M., éd. I.C.E., distribution Hexagonal) recoupent les épisodes de ce livre et proposent des canevas d'aventures à imaginer :

• *Les Créatures des Terres du Milieu*, présentation des êtres ordinaires et fantastiques qui peuplent ces contrées.

• *Les Cavaliers du Rohan*, plans et explications sur leur culture au Troisième Âge.

• *La Moria*, coupes, schémas et légendes de la Cité des Nains.

• *Aux portes du Mordor.*

Un répertoire très complet en anglais, *The complete guide to Middle-Earth, an A-Z Guid to the names and events in the fantasy world of J.R.R. Tolkien*, réalisé par R. Foster (éd. Unwin, 1978), et un nouveau guide, en français, *L'Anneau de Tolkien* de D. Day — éditions Bourgois, 1996 —, aident à se retrouver.

Tolkien a enregistré plusieurs passages de ses romans avec un talent certain de conteur ; et des poèmes de *The Road ever goes on* ont été mis en musique en 1967 (Caedmon Records TC 1231).

Enfin Ralph Bakshi a réalisé un dessin animé en 1979, *The Lord of the Rings*, produit par P. Zaentz (United Artists), qu'on peut emprunter en vidéoclub (durée 2 h 8 mn).

Argument : les aventures de Frodon, porteur de l'Anneau, depuis le dîner d'anniversaire de Bilbo jusqu'à la rencontre avec Gollum qui le guide en Mordor.

Intérêt : une mise en pages vivante d'épisodes marquants, Hobbits joviaux assez réussis, Orcs abominables et quelques paysages bien rendus ; Elfes trop lisses et conventionnels, Hommes peu flattés !
Musique en général bien adaptée. Incrustation d'images filmées dans le dessin manquant parfois de naturel.

Problème : à quand la suite ?

5

LES BATAILLES DES GUÉS DE L'ISEN

THÉODRED et Éomer représentaient pour Saruman les principaux obstacles à une conquête facile du Rohan ; c'étaient des hommes vigoureux, tout dévoués au Roi et fort avant dans ses affections, en tant que fils unique et frère-de-sœur ; et ils firent tout ce qu'ils purent pour contrer l'influence que gagna Grima, lorsque la santé du Roi se mit à baisser, ce qui survint au début de l'année 3014 : Théoden avait soixante-six ans, et donc son mal aurait pu être imputé à des causes naturelles, bien que les Rohirrim vécussent normalement jusqu'à quatre-vingts ans et au-delà. Mais il aurait pu aussi avoir été induit ou aggravé par de subtils poisons que lui aurait administrés Grima. Toujours est-il que la faiblesse du Roi et sa dépendance à l'égard de ce conseiller félon, provenaient pour une large part, des suggestions habiles et captieuses que lui instillait Grima. La politique qu'il poursuivait était de discréditer ses principaux adversaires aux yeux de Théoden, et si possible de s'en débarrasser. Les dresser l'un contre l'autre devait se révéler impossible : avant sa « maladie », Théoden était bien aimé de ses parents et de son peuple, et Théodred et Éomer se montrèrent envers lui d'une loyauté sans faille, même lorsque le Roi parut être retombé en enfance. Au surplus, Éomer n'était pas un homme ambitieux, et son amour et son respect pour Théodred (de treize ans son aîné), ne le cédait qu'à son amour pour son père adoptif[1]. C'est pourquoi Grima s'efforça de les placer en rivalité dans l'esprit du Roi, peignant Éomer sous les traits d'un homme toujours avide d'accroître sa propre autorité et prêt à agir sans consulter le Roi ou son Héritier. En cela il eut un certain succès qui porta fruit lorsque Saruman réussit enfin à faire périr Théodred.

Lorsque parvint au Rohan le récit véridique des batailles de l'Isen, on ne douta point que Saruman ait donné l'ordre de s'acharner sur Théodred dont il voulait la mort à tout prix. Durant le premier engagement, les plus féroces guerriers de Saruman se ruèrent sur Théodred et sur sa garde personnelle, négligeant tout autre point de la bataille qui, sinon, aurait constitué une défaite beaucoup plus grave pour les Rohirrim. Lorsque Théodred fut enfin tué, le commandant en chef de Saruman parut momentanément satisfait (sur ordre très certainement), et Saruman commit l'erreur, qui devait se révéler fatale, de ne pas recourir immédiatement à des forces fraîches et procéder sans tarder à l'invasion massive du Westfold[2], encore que la vaillance de Grimbold et d'Elfhelm eût contribué sans aucun doute à son retard. Car si l'invasion du Westfold avait commencé cinq jours plus tôt, il est évident que les renforts en provenance d'Édoras ne seraient jamais parvenus jusqu'à Helm's Deep, mais qu'ils auraient été cernés et battus en rase campagne ; et Édoras même risquait d'être attaquée et prise avant l'arrivée de Gandalf[3].

On a dit que la valeur de Brimbold et d'Elfhelm contribua à retarder Saruman, retard qui lui fut désastreux et dont l'importance est peut-être sous-estimée dans la relation ci-dessus.

L'Isen coule torrentueuse, depuis sa source en amont d'Isengard jusqu'au pays de la Trouée[4], puis s'alanguit et obliquant vers l'ouest, poursuit sa course à travers une contrée en pente douce, jusqu'aux basses terres qui forment le versant maritime de l'Extrême Gondor et de l'Énedwaith ; et là elle se fait profonde et impétueuse. Les Gués de l'Isen se trouvent juste en amont de la boucle qu'elle décrit vers l'ouest. En cet endroit la rivière est large et coule de part et d'autre d'un vaste îlot, déferlant sur des hauts fonds de galets et de caillasse charriés du nord. C'était le seul point au sud d'Isengard où des forces importantes, et surtout si elles étaient lourdement armées ou si c'étaient des cavaliers, pouvaient franchir la rivière. Saruman avait donc un avantage : il pouvait envoyer ses troupes simultanément sur les deux rives de l'Isen et attaquer les Gués, si son ennemi les défendait, des deux côtés à la fois. Et ses soldats postés à l'est de l'Isen pouvaient le cas échéant, se replier sur Isengard. Quant à Théodred, il avait le choix entre franchir les Gués avec une force suffisante pour livrer bataille à Saruman ou bien défendre la tête de pont à l'ouest ; mais si ses hommes étaient vaincus, ils n'avaient d'autre solution que de battre en retraite au travers des Gués avec l'ennemi à leurs trousses, quitte en plus à le retrouver sur l'autre berge. Ils ne pouvaient regagner leurs foyers en prenant au sud et à l'ouest de l'Isen, à moins d'être prêts à affronter une longue traversée de l'Ouest Gondor.

Théodred s'attendait à l'attaque de Saruman, mais elle vint plus tôt que prévue. Ses éclaireurs avaient averti le Roi d'une concentration de troupes aux Portes d'Isengard, principalement (semblait-il) à l'ouest de l'Isen. Théodred posta des hommes résolus, des fantassins du Westfold, aux abords des Gués, tant à l'est qu'à l'ouest. Et laissant trois régiments de Cavaliers avec des troupeaux de chevaux et des montures de rechange sur la rive est, il franchit lui-même les Gués avec le gros de sa cavalerie : huit régiments et une compagnie d'archers à cheval, comptant anéantir l'armée de Sauron avant que celle-ci soit entièrement sous les armes.

Mais Saruman n'avait rien laissé entrevoir de ses desseins, ni de la force réelle de son armée. Elle était déjà en marche lorsque Théodred fit mouvement. A environ vingt milles au nord des Gués, l'armée de Théodred se heurta à l'avant-garde de Saruman et la dispersa, lui infligeant de rudes pertes. Mais lorsqu'il poursuivit sa chevauchée pour s'attaquer au gros de l'armée ennemie, la résistance se durcit. En fait, les forces de Saruman s'étaient repliées sur des positions préparées à l'avance, des tranchées défendues par des hommes armés de piques, et Théodred à la tête de la première *éored* fut arrêté et pratiquement encerclé par des forces fraîches sorties d'Isengard, qui l'attaquèrent sur son flanc ouest.

Il fut dégagé par une charge de ses cavaliers venus derrière, mais portant ses regards à l'est, l'effroi se saisit de lui. Le matin avait été sombre et brumeux, mais voici qu'une brise d'ouest chassait les nuées du côté de la Trouée, et loin à l'est de la rivière, il distinguait des nouvelles formations qui accouraient vers les Gués, sans qu'il pût en déterminer l'importance. Il ordonna immédiatement de faire retraite, ce que les Cavaliers, bien rompus à la manœuvre, exécutèrent en bon ordre et sans trop aggraver leurs pertes ; mais ils ne semèrent pas l'ennemi, ni même le distancèrent pour longtemps, car le mouvement fut plusieurs fois interrompu, lorsque serrée de près, l'arrière-garde sous les ordres de Grimbold dut tourner bride et faire front, afin de refouler les plus acharnés de leurs poursuivants.

Lorsque Théodred atteignit les Gués, le jour baissait ; il donna à Brimbold le commandement de la ligne de défense sur la berge ouest et la renforça avec cinquante Cavaliers mis à pied. Au reste des Cavaliers avec tous les chevaux, il fit passer l'eau en hâte, ne gardant que sa propre compagnie ; avec ceux-ci mis à pied également, il se posta sur l'îlot pour couvrir en cas de nécessité la retraite de Grimbold. A peine avait-il pris position que le désastre frappa. Le contingent est de Saruman se rua sur eux avec une rapidité imprévue ; beaucoup moins considérable que le contingent ouest, il était bien plus redoutable. A l'avant-garde chargeaient les cavaliers Dunlending et une horde puissante de loups montés par des Orcs, créatures horribles qui jetaient la panique parmi les chevaux[5]. Derrière venaient trois bataillons de Féroas Uruks, lourdement armés, mais entraînés à parcourir de longues distances à vive allure. Les cavaliers et les loups montés fondirent sur le troupeau de chevaux au piquet et ils les massacrèrent et les dispersèrent au loin. Telle fut la soudaineté de l'assaut Uruk que les Cavaliers qui venaient de traverser furent surpris encore en plein désarroi, et bien que les hommes de Grimbold luttassent avec l'énergie du désespoir, ils furent chassés le long de l'Isen, avec les Uruks à leurs trousses.

Dès que l'ennemi fut maître de la rive ouest des Gués, survint une compagnie d'hommes, ou d'hommes-orcs d'aspect féroce (et manifestement envoyés à cette intention), revêtus de cottes de mailles et armés de haches. Se ruant sur l'îlot, ils l'assaillirent des deux côtés à la fois. Et simultanément les forces de Saruman postées à l'ouest chargèrent Grimbold sur cette rive. Et comme il tournait ses regards vers l'est, alerté par le fracas de la mêlée et les cris hideux des Orcs hurlant victoire, il vit les hommes à la hache, refoulant les soldats de Théodred vers le petit tertre au centre de l'îlot ; et il entendit la grande voix de Théodred criant : « *A moi ! Éorlingas !* ». A l'instant, Grimbold entraînant ceux qui l'entouraient, courut vers l'îlot, et c'était un homme d'une force terrible et de puissante stature ; et tel fut son élan qu'il se fendit un chemin parmi les assaillants avec deux autres, jusqu'à Théodred acculé sur le tertre. Trop tard ! Comme il arrivait, Théodred s'effondra, abattu par un gigantesque homme-orc. Grimbold tua l'assaillant, et se tint là debout, au-dessus du corps de Théodred, le croyant mort ; et sans doute aurait-il connu même sort, si Elfhelm n'était survenu.

Elfhelm avait chevauché à bride abattue sur la route cavalière depuis Édoras, à la tête de quatre compagnies, en réponse à l'appel de Théodred ; il s'attendait au combat, mais pensait avoir encore quelques jours devant lui. Cependant lorsqu'il approcha du croisement de la route cavalière et du chemin qui descend de Deeping[6], ses flancs-gardes lui signalèrent qu'on avait aperçu courant la campagne, deux loups montés par des Orcs. Pressentant un malheur, il ne se retira pas vers Helm's Deep pour la nuit, comme il avait prévu, mais galopa à toute allure vers les Gués. La route cavalière se détournait vers le nord-ouest, peu après l'embranchement de Deeping, puis obliquant de nouveau brusquement vers l'ouest à la hauteur des Gués, elle filait en droite ligne sur près de deux milles, jusqu'à la rivière. Elfhelm ne vit donc rien et n'entendit rien de l'engagement au sud des Gués entre les hommes de Grimbold faisant retraite et les Uruks. Le soleil avait sombré à l'horizon et le jour tombait lorsqu'il approcha du dernier tournant, et là rencontra des chevaux qui galopaient en liberté et quelques fugitifs qui le mirent au courant du désastre. Bien que tous, hommes et chevaux, fussent fourbus, il piqua des deux sur la ligne droite et parvenu en vue de la rive est, il donna l'ordre à ses troupes de charger.

Ce fut à ceux d'Isengard d'être surpris. Ils entendirent le tonnerre des sabots, et virent accourir, silhouettes ténébreuses sur le ciel obscurci du couchant, une immense armée (à ce qu'il leur sembla) avec Elfhelm à sa tête, et flottait à son côté un étendard blanc en signe de ralliement. Peu tinrent ferme, la plupart prirent la fuite vers le nord, poursuivis par deux des compagnies d'Elfhelm. Aux deux autres, Elfhelm fit mettre pied à terre, et il les posta sur la rive ouest ; et avec sa propre compagnie, il se rua vers l'îlot. Les hommes à la hache furent alors pris entre les quelques défenseurs survivants et la charge d'Elfhelm ; et les deux rives étaient encore tenues par les Rohirrim. Ils se battirent furieusement, mais ils furent tués jusqu'au dernier. Elfhelm, quant à lui, avait gravi d'un bond le tertre, et là il trouva Grimbold disputant à deux énormes hommes à la hache, la dépouille de Théodred. Il abattit immédiatement l'un d'eux, et l'autre s'effondra sous les coups de Grimbold.

Ils se baissèrent alors pour soulever le corps et s'aperçurent que Théodred respirait encore ; mais il ne vécut que pour prononcer ces ultimes paroles : « *Laissez-moi ici — pour garder les Gués jusqu'à la venue d'Éomer.* » Il faisait nuit. Une aigre trompette retentit, et se referma le silence. L'attaque sur la rive occidentale cessa, et l'ennemi s'évanouit dans les ténèbres. Les Rohirrim étaient maîtres des Gués ; mais ils avaient subi de lourdes pertes, surtout en chevaux ; le fils du Roi était mort, et ils n'avaient plus de chef et ignoraient ce que l'avenir leur réservait encore.

Lorsque après une nuit froide et insomnieuse, un matin blême se leva, il n'y avait plus trace des gens d'Isengard, hormis ceux qu'ils avaient laissés morts sur le champ de bataille. Au loin hurlaient les loups, attendant que les vivants leur cèdent la place. De nombreux hommes, dispersés par l'assaut soudain des forces d'Isengard, commencèrent à revenir, certains encore à cheval, d'autres ramenant par la bride des chevaux qu'ils avaient rattrapés. Plus tard dans la matinée, la plupart des Cavaliers de Théodred, qui avaient été chassés en aval par un bataillon d'Uruks noirs, s'en retournèrent, exténués, mais en bon ordre. Ils avaient une même histoire à raconter. Ils s'étaient arrêtés sur une petite éminence, et s'apprêtaient à faire front. Ils avaient immobilisé une partie de la force d'attaque d'Isengard, mais sans moyens d'approvisionnement, il n'y avait pas à envisager une retraite vers le sud. Les Uruks avaient résisté à toute tentative de percée à l'est, et à présent ils les chassaient vers les « Marches de l'Ouest », le pays hostile des Dunlending. Et les Cavaliers se préparaient à repousser l'assaut, malgré la nuit close, lorsqu'une trompette sonna, et bientôt ils découvrirent que l'ennemi avait disparu. Ils étaient trop mal montés pour donner la chasse ou même pousser une reconnaissance, et en pleine nuit cela n'aurait guère servi à grand-chose. Après un temps, ils s'étaient remis précautionneusement en marche vers le nord, mais ils ne rencontrèrent aucune opposition. Ils pensèrent que les Uruks étaient retournés renforcer leur position sur les Gués, et ils s'attendaient à se heurter à eux, et s'étonnèrent fort de trouver les Rohirrim maîtres des lieux. Ce ne fut que beaucoup plus tard qu'ils devaient découvrir où les Uruks s'étaient repliés.

Ainsi s'acheva la Première Bataille des Gués de l'Isen. De la seconde, on ne devait jamais avoir de récit aussi circonstancié en raison des événements de bien plus considérable importance qui s'ensuivirent immédiatement. Erkenbrand, Seigneur du Westfold, prit le commandement des Marches de l'Ouest le lendemain, dès qu'il fut averti de la mort de Théodred, en sa forteresse du Hornburg. Il envoya des messagers à cheval à Édoras pour annoncer la chose à Théoden, et lui porter les ultimes paroles de son fils, ajoutant sa propre prière : que l'on envoie Éomer de toute urgence, avec toutes les troupes dont on pouvait disposer[7]. « Que la défense d'Édoras se fasse ici à l'Ouest, dit-il dans son message. Et qu'on n'attende pas que la ville soit elle-même assiégée pour la défendre. » Mais Grima profita du côté lapidaire de ce conseil, pour le faire servir sa propre politique d'atermoiements et on ne se décida d'agir que lorsque Grima fut démasqué par Gandalf. Les renforts menés par Éomer et par le Roi en personne se mirent en marche dans l'après-midi du 2 mars, mais cette nuit-là se déroulait la Seconde Bataille des Gués et commençait l'invasion du Rohan.

Erkenbrand ne se rendit pas lui-même immédiatement sur les lieux du combat. La confusion régnait partout ; il ne savait pas quel contingent il pouvait réunir en hâte ; ni ne pouvait-il évaluer à ce jour les pertes réellement subies par les troupes de Théodred. Il jugeait l'invasion imminente, mais que Saruman n'oserait pas pousser à l'est pour attaquer Édoras tant qu'une forte garnison et bien approvisionnée tiendrait la forteresse du Hornburg. Ce problème et l'effort de rallier tous les hommes du Westfold, l'occupa trois jours. Il donna le commandement des troupes à Grimbold jusqu'à ce qu'il pût lui-même rejoindre l'armée ; mais il n'assuma aucune autorité sur Elfhelm et ses Cavaliers, car ceux-ci relevaient de la Cohorte d'Édoras. Les deux commandants étaient cependant fort amis, et tous deux, hommes loyaux et sages, et il n'y avait pas ombre de dissension entre eux. Le déploiement des troupes en ordre de bataille fut un compromis entre leurs opinions divergentes. Elfhelm jugeait que les Gués avaient perdu de leur importance, et constituaient dès lors plutôt un piège pour immobiliser des hommes qui auraient mieux à faire placés ailleurs, d'autant que selon ce qu'étaient ses desseins, Saruman pouvait aisément envoyer des forces des deux côtés de l'Isen ; et à n'en point douter, il avait pour dessein immédiat d'envahir le Westfold, et d'investir le Hornburg avant qu'aucune aide effective ne puisse parvenir en provenance d'Édoras. Ses hommes, ou la majeure partie d'entre eux, descendraient la rive est de l'Isen ; car si passant de ce côté, c'est-à-dire par une contrée plus accidentée et sans route tracée, leur approche serait plus lente, ils n'auraient pas à forcer le passage des Gués. C'est pour cette raison qu'Elfhelm conseillait d'abandonner les Gués, et de rassembler tous les fantassins disponibles sur la rive est, et de les mettre en position de refouler l'avance ennemie, en les plaçant sur les hauteurs qui se déploient d'ouest en est, à quelques milles au nord des Gués ; et il voulait que la cavalerie soit postée en retrait vers l'est, en un point où elle pourrait charger avec le maximum de force l'armée ennemie au moment où elle serait aux prises avec la défense, et la prenant de flanc, la culbuter dans la rivière. « Que l'Isen leur soit un piège ! A eux et non pas à nous ! »

Grimbold, quant à lui, craignait d'abandonner les Gués. En partie par respect de la tradition du Westfold, dans laquelle, comme Erkenbrand, il avait été nourri ; mais aussi par raison. « Nous ne savons pas, dit-il, de quelles forces dispose encore Saruman. Mais elles doivent être considérables s'il a pour dessein de ravager le Westfold, et de précipiter au gouffre de Helm ses défenseurs et les y encercler. Et il se gardera de les déployer d'un coup. Dès qu'il devinera ou découvrira la disposition de nos lignes de défense, il convoquera des forces fraîches qui accourant d'Isengard, franchiront les Gués non défendus, et si nous nous trouvons tous regroupés au nord, attaqueront nos arrières. »

En fin de compte, Grimbold posta sur la rive ouest des Gués le gros de son infanterie ; ils se trouvaient là en situation de force, retranchés dans des ouvrages de terre qui gardaient les approches. Avec le reste de ses hommes, y compris les débris de la cavalerie de Théodred, il s'établit sur la rive est. Mais il laissa l'îlot sans défense [8]. Elfhelm se retira avec ses Cavaliers et prit position sur la ligne dont il avait souhaité faire la principale ligne de front ; il voulait être en mesure de déceler immédiatement toute attaque lancée à l'est de la rivière, et de la disperser avant qu'elle ne puisse atteindre les Gués.

Tout alla mal comme cela devait arriver car Saruman était devenu bien trop puissant. Il lança son attaque de jour, et avant midi, en ce 2 mars, un fort contingent de ses meilleurs guerriers, venus d'Isengard par la Route, attaquèrent les Fortins à l'ouest des Gués. Ce contingent n'était qu'une minime partie de ce dont il disposait, tout juste ce qu'il jugeait suffisant pour emporter les défenses affaiblies. Bien que très inférieures en nombre, les garnisons résistèrent avec acharnement. Toutefois lorsqu'à la fin, les deux fortins furent pris d'assaut simultanément, une troupe d'Uruks se força un passage dans l'entre-deux et commença à franchir les Gués. Grimbold, confiant qu'Elfhelm repousserait toute attaque du côté est, traversa la rivière avec tous les hommes qui lui restaient, et refoula l'ennemi — momentanément. Mais le commandant ennemi jeta alors dans la bataille des troupes fraîches qui emportèrent les défenses. Et le soleil déclinait, comme Grimbold faisait retraite sur l'autre rive. Il avait subi de lourdes pertes, mais il en avait infligées de plus lourdes encore à l'ennemi (des Orcs pour la plupart), et il tenait encore fermement la rive est. L'ennemi renonça pour l'instant à franchir les Gués et à se frayer un chemin sur la pente escarpée pour l'en déloger — pour l'instant.

Elfhelm n'avait pu participer à l'action. Au crépuscule il retira sa compagnie et se replia sur le camp de Grimbold, postant ses hommes par petits groupes, à quelque distance du camp, afin de barrer la route à une attaque venue du nord ou de l'est. Il ne s'attendait pas à un danger accouru du sud, et tout au contraire, en escomptait des secours. Après la retraite à travers les Gués, ils avaient immédiatement dépêché des messagers à Erkenbrand et au Roi, à Édoras, pour faire part de leur situation désespérée. Et craignant, et d'ailleurs sachant, que des périls bien plus grands les menaçaient sous peu — à moins que contre tout espoir, ils fussent promptement secourus —, les défenseurs s'apprêtèrent à faire tout pour arrêter l'avance de Saruman, jusqu'à ce qu'ils soient eux-mêmes submergés[9]. La majorité des hommes demeurèrent sous les armes, sauf quelques-uns qui à tour de rôle, s'efforcèrent de saisir un instant de repos ou de sommeil. Grimbold et Elfhelm ne dormirent pas, attendant l'aurore et redoutant ce qu'elle apporterait.

Ils n'eurent pas longtemps à attendre. Il était à peine minuit, lorsqu'ils entrevirent à l'horizon une multitude de petites flammes rouges qui accouraient du nord, filant à l'ouest de l'Isen. C'était l'avant-garde de toutes les forces qui restaient à Saruman et qu'il jetait maintenant dans la bataille, à la conquête du Westfold[10]. Ils venaient à vive allure, et soudain on aurait dit que l'armée entière prenait feu. Des centaines de torches s'allumèrent à celles que portaient les chefs de troupe et entraînant dans leur flot les contingents qui garnissaient déjà la rive ouest, ils se ruèrent tous ensemble au travers des Gués, tel un fleuve de feu, en poussant une immense clameur de haine. Une forte compagnie d'archers leur aurait fait maudire l'éclat de leurs torches ; mais Grimbold n'en avait guère qu'une poignée. Il ne pouvait songer à tenir la rive est, et il se replia, formant un grand mur de boucliers tout autour du camp. Bientôt ils se trouvèrent encerclés ; et les assaillants jetaient leurs torches parmi eux, les lançant le plus haut possible pour qu'elles franchissent le mur des boucliers et incendient les provisions au centre, semant la panique parmi les quelques chevaux que possédait encore Grimbold. Mais le mur des boucliers tint bon. Alors, comme du fait de leur stature, les Orcs étaient de moindre efficacité dans ce type de combat, l'ennemi lança à l'assaut de féroces contingents de montagnards Dunlendings. Mais s'ils haïssaient les Rohirrim, ils les redoutaient encore dans le corps à corps, et ils étaient aussi moins habiles guerriers et moins bien armés[11]. Le mur de boucliers tenait toujours.

En vain Grimbold espérait dans le secours que lui apporterait Elfhelm. Il ne vint pas. Et au bout du compte, il résolut de mettre en œuvre, s'il le pouvait, le plan qu'il avait ourdi en prévision d'une telle situation désespérée. Et il vint d'ailleurs à reconnaître la sagesse d'Elfhelm, comprenant que ses hommes pouvaient bien se faire tuer jusqu'au dernier — et qu'ils le feraient s'il le leur commandait —, mais qu'un tel héroïsme ne serait d'aucune utilité à Erkenbrand ; plus utile serait tout homme qui romprait l'encerclement et s'échapperait vers le sud, quand bien même cela semblerait une conduite sans gloire.

Le ciel, en cette nuit, avait été sombre et couvert, mais la lune à son déclin se prit à luire à travers les rapides nuées. Un vent couvait dans l'est, avant-coureur du grand orage qui le jour suivant, devait balayer tout le Rohan pour éclater sur le Gouffre de Helm. Grimbold se rendit compte soudain que la plupart des torches étaient éteintes, et que la charge ennemie avait épuisé sa fureur [12]. A l'instant il fit donner les quelques chevaux restants à un groupe de Cavaliers, et ils ne formèrent qu'une demi-*éored* dont il donna le commandement à Dúnhere [13]. On entrouvrit le mur de boucliers du côté est, et les Cavaliers s'engouffrèrent dans la brèche et refoulèrent les assaillants sur ce point ; puis se scindant en deux et tournant bride brusquement, ils chargèrent l'ennemi au nord et au sud du camp. Un instant cette manœuvre imprévue fut couronnée de succès ; car elle jeta le trouble et la confusion chez l'ennemi, et parmi eux, il y en eut beaucoup pour penser qu'un fort contingent de Cavaliers avait fait irruption, venant de l'est. Grimbold lui-même demeura à pied avec une arrière-garde d'hommes d'élite qu'il avait choisis au préalable ; et couvert momentanément par cette arrière-garde et par les Cavaliers commandés par Dúnhere, le reste de l'armée se replia en toute hâte. Mais le commandant de Saruman discerna assez vite que le mur de boucliers était rompu, et que les défenseurs fuyaient au loin. Par bonheur un nuage offusqua la lune et tout fut replongé dans l'obscurité, et de plus, il était pressé. Les Gués étant à présent conquis, il interdit à ses hommes de poursuivre les fugitifs dans les ténèbres ; et rassemblant ses forces au mieux qu'il put, il chercha à gagner la route du sud. Ainsi survécurent la majeure partie des défenseurs. Et ils se débandèrent dans la nuit, mais obéissant aux ordres de Grimbold, ils évitèrent la Route et s'enfoncèrent à l'est du grand tournant où elle oblique à l'ouest, vers l'Isen. Ils furent soulagés mais fort étonnés de ne pas rencontrer de forces ennemies, ignorant qu'une puissante armée venait de passer par là, quelques heures auparavant, se dirigeant vers le sud, et qu'à cette heure Isengard n'avait guère d'autres défenses que sa propre enceinte de murailles et sa Porte [14].

Et c'était pour cette raison qu'aucun secours ne leur était parvenu d'Elfhelm. En fait plus de la moitié des forces de Saruman avaient été envoyées par la rive est. Ces contingents avaient progressé moins rapidement que ceux qui venaient par l'ouest, car le terrain était accidenté et sans routes tracées ; et ils ne portaient pas de torches. Mais promptes et silencieuses, leur frayaient un chemin les redoutables troupes de loups montés par des Orcs. Avant même qu'Elfhelm ne fût averti de l'approche de l'ennemi de son côté de la rivière, les loups montés se trouvaient entre lui et le camp de Grimbold ; et ces créatures de l'horreur s'efforçaient d'encercler les petits groupes de Cavaliers. Il faisait sombre et la confusion régnait au sein de son armée. Il rassembla tous ceux qu'il put en un corps compact de cavalerie, mais il fut contraint de se replier vers l'est. Et il ne put rejoindre Grimbold, bien qu'il le sût en grand péril et fût sur le point de voler à son secours lorsqu'il fut attaqué par les loups montés. Mais il devina aussitôt et très justement, que les loups n'étaient que l'avant-garde d'une force bien trop puissante pour qu'il songeât à s'y opposer et qui gagnait la Grande Route du sud. La nuit tarissait ; il ne lui restait qu'à attendre l'aube.

Ce qui suivit est moins clair, car seul Gandalf en eut pleine connaissance. Il reçut la nouvelle du désastre en fin d'après-midi, le 3 mars[15]. Le Roi se trouvait alors un peu à l'est du croisement de la Route avec celle qui mène au Hornburg. De là il fallait compter environ quatre-vingt-dix milles, en ligne directe, jusqu'à Isengard ; et Gandalf dut couvrir cette distance aussi vite que le lui permit le galop de Shadowfax. Il atteignit Isengard comme l'obscurité commençait à peine à se faire[16], et en repartit juste vingt minutes après. Sur le chemin de l'aller qui, prenant en ligne droite, passait à proximité des Gués, comme sur le chemin du retour, lorsqu'il prit par le sud pour retrouver Erkenbrand, il ne put manquer de rencontrer Grimbold et Elfhelm. Ils étaient convaincus tous deux qu'il agissait sur ordre du Roi, et ce non seulement parce qu'ils le voyaient chevaucher Shadowfax, mais aussi parce que Saruman savait le nom de leur messager à cheval, Ceorl, et la teneur du message dont il était chargé ; et ils prirent les conseils qu'il leur donna pour des ordres[17]. Il envoya les hommes de Grimbold vers le sud, rejoindre Erkenbrand.

NOTES

1. Éomer était le fils de Théodwyn, sœur de Théoden, et d'Éomund de l'Eastfold, Maréchal en chef de la Marche. Éomund fut tué par des Orcs en 3002, et Théodwyn mourut peu de temps après ; leurs enfants Éomer et Éowyn furent alors amenés dans le palais du Roi Théoden, pour y être élevés avec Théodred, le fils unique du Roi (*le Seigneur des Anneaux,* Appendice A (II)).

2. Le récit ne mentionne pas les Ents, et de fait personne ne tient compte d'eux, hormis Gandalf. Mais à moins que Gandalf ait pu susciter une levée en masse des Ents, plusieurs jours auparavant (ce qui, d'après le récit, aurait été manifestement impossible), leur intervention n'aurait pas sauvé Rohan. Les Ents auraient pu détruire Isengard, et même faire prisonnier Saruman (si après la victoire, il ne s'était pas retiré avec son armée). Les Ents et les Huorns, appuyés par ceux des Cavaliers de la Marche Est qui n'avaient pas encore pris part à la bataille, auraient pu détruire les forces de Saruman au Rohan, la Marche n'en aurait pas moins été ravagée, et privée de chef. Et même s'il s'était trouvé quelqu'un qui ait eu autorité pour recevoir la Flèche Écarlate, l'appel au secours du Gondor n'aurait pas été entendu — ou, au mieux, quelques compagnies d'hommes exténués auraient atteint Minas Tirith trop tard, sauf pour périr avec elle. [Note de l'auteur] — En ce qui concerne la Flèche Écarlate, voir *le Retour du Roi* I 3, où elle est remise à Théoden par un messager à cheval dépêché par le Gondor, en signe des périls mortels qui menaçaient Minas Tirith.

3. La première bataille des Gués de l'Isen, au cours de laquelle Théodred devait trouver la mort, eut lieu le 25 février ; Gandalf arrive à Édoras sept jours plus tard, le 2 mars (*le Seigneur des Anneaux,* Appendice B, Année 3019). Voir note 7.

4. Au-delà de la Trouée, la contrée entre l'Isen et l'Adorn faisait nominalement partie du royaume du Rohan ; mais bien que Folcwine l'eût remise en culture, chassant les Dunlendings qui l'occupaient, il était resté une population de sang mixte pour une large part, et d'allégeance plus que tiède envers Édoras, qui se

rappelait que le Roi Helm avait tué leur seigneur Freca. De fait, à cette époque-là, ils étaient plutôt disposés à rejoindre Saruman, et nombre de leurs guerriers se battaient dans ses armées. De toute manière, on ne pouvait pénétrer dans leur pays, venant de l'ouest, à moins d'être un nageur intrépide. [Note de l'auteur] — On avait déclaré la région entre l'Isen et l'Adorn partie intégrante du royaume d'Éorl, lors du serment de Cirion et d'Éorl.

En l'année 2754, Helm Hammerhand, roi de la Marche, avait assommé d'un coup de poing son vassal arrogant, Freca, Seigneur des terres qui se déployaient sur l'une et l'autre rive de l'Adorn ; voir *le Seigneur des Anneaux,* appendice A (II).

5. Ils étaient très prompts de mouvement, et habiles à éviter les hommes formés en ordre de bataille, étant entraînés le plus souvent à attaquer et détruire des groupes isolés ou à traquer les fugitifs ; mais le cas échéant, ils se lançaient avec une férocité téméraire dans la brèche d'une compagnie de cavaliers, lacérant le ventre des chevaux. [Note de l'auteur.]

6. Le Deeping : telle en est bien l'orthographe et elle est manifestement correcte, puisqu'on la rencontre plus loin. Mon père note ailleurs que la Deeping-coomb (ou la Deeping-stream) devrait être orthographiée ainsi (et non : Deeping Coomb), « car *Deeping* n'est pas ici une désinence verbale, mais une forme relationnelle : la coomb ou vallée profonde appartenait au *deep* (*Helm's Deep*) où elle menait » (Notes de nomenclature pour aider les traducteurs, citées dans *A Tolkien Compass,* Jared Lobdell, éditeur, 1975, page 181).

7. Les messages n'atteignirent Édoras que vers midi, le 27 février. Gandalf survint tôt le matin du 2 mars (février avait 30 jours !) ; ainsi, comme le dit Grima, il ne s'était passé que cinq jours pleins depuis que le Roi avait appris la nouvelle de la mort de son fils Théodred. [Note de l'auteur.] La référence renvoie aux *Deux Tours,* III 6.

8. On dit qu'il ficha sur des pieux tout autour de l'îlot les têtes des hommes à la hache, morts sur place, mais qu'au-dessus du tertre funéraire de Théodred, hâtivement érigé, il déploya son étendard. « Voilà qui suffira à le défendre ! dit-il. » [Note de l'auteur.]

9. Tel était, dit-on, le plan de Grimbold. Elfhelm n'aurait pas abandonné Grimbold, mais s'il avait eu lui-même le commandement, il aurait fait évacuer les Gués à la faveur de la nuit, et se serait retiré vers le sud pour rejoindre Erkenbrand et grossir les forces encore disponibles pour la défense de la Deeping-coomb et du Hornburg. [Note de l'auteur.]

10. C'est la grande armée que Meriadoc voit sortir d'Isengard, et dont il fait plus tard la description à Aragorn, Legolas et Gimil (*les Deux Tours,* III 9) : « Je vis partir l'ennemi : des rangs interminables d'Orcs en marche ; et des troupes des mêmes montés sur de grands loups. Et il y avait aussi des bataillons d'Hommes. Nombre d'entre eux portaient des torches, et à leur flamboiement

je pouvais voir les visages... Ils mirent une heure à sortir des portes. Les uns partirent par la grand-route vers les Gués, et les autres tournèrent en direction de l'est. Un pont a été construit là-bas à environ un mille, où le lit de la rivière est très profond. »

11. Ils ne portaient pas de cottes de mailles, sauf quelques hauberts qu'ils s'étaient procurés soit en les volant, soit comme butin. Les Rohirrim avaient l'avantage de pouvoir se fournir chez les armuriers du Gondor. A Isengard, on ne fabriquait encore que les rudes chemises maillées que les Orcs forgeaient malhabilement eux-mêmes. [Note de l'auteur.]

12. Il semble que la vaillante résistance de Grimbold n'ait pas été entièrement vaine. L'ennemi ne s'y attendait pas, et le commandant de Saruman était en retard : il avait été retenu quelques heures alors que selon les prévisions, il aurait dû charger les défenseurs des Gués, et les éparpiller au loin ; et sans s'attarder à les poursuivre, se hâter de rejoindre la route et de gagner le sud pour appuyer l'assaut sur la combe Deeping. Et il se trouvait à présent dans l'incertitude. Peut-être attendait-il un signal de l'autre armée qui avait été envoyée sur la rive orientale de l'Isen. [Note de l'auteur.]

13. Un valeureux capitaine, neveu d'Erkenbrand. Par son courage et son adresse au combat, il survécut au désastre des Gués, mais tomba dans la bataille du Pelennor, au grand chagrin de tout le Westfold. [Note de l'auteur.] Dúnhere était Seigneur des Harrowdale (*le Retour du Roi* V 3).

14. Cette phrase n'est pas très claire, mais à la lumière de ce qui suit, on peut penser qu'elle renvoie à cette fraction de l'armée sortie d'Isengard, qui suivit la berge orientale de l'Isen.

15. Ce fut le Cavalier nommé Céorl qui portait la nouvelle, lorsque venant des Gués, il tomba sur Gandalf, Théoden et Éomer, chevauchant vers l'ouest, à la tête des renforts de l'Édoras : *les Deux Tours* III, 7.

16. Comme le suggère le récit, Gandalf a dû déjà prendre contact avec Treebeard, et il savait que la patience des Ents était à bout ; et il avait aussi déchiffré le sens des paroles de Legolas (*les Deux Tours* II 7, au début du chapitre) : voilà qu'une ombre impénétrable ensevelissait Isengard, les Ents l'avaient déjà encerclée. [Note de l'auteur.]

17. Lorsque Gandalf atteignit les Gués de l'Isen en compagnie de Théoden et d'Éomer, après la bataille du Hornburg, il leur expliqua : « j'en envoyais une partie rejoindre Erkenbrand avec Grimbold de Westfold, et je confiais à d'autres le soin de cet ensevelissement. Ils ont maintenant suivi votre maréchal, Elfhelm. Je l'ai dépêché avec de nombreux Cavaliers à Édoras » (*les Deux Tours,* III 8). Le présent texte s'achève au milieu de la phrase suivante.

APPENDICES

APPENDICE A

Des écrits liés au présent texte comportent d'autres détails concernant les Maréchaux de la Marche, en l'année 3019 et après la fin de la Guerre de l'Anneau :

Le titre de Maréchal de la Marche (Riddermark) était le grade militaire le plus élevé, et le titre décerné aux lieutenants du Roi (à l'origine, au nombre de trois) qui commandaient les forces royales formées de Cavaliers fortement entraînés et équipés. Le Premier Maréchal était chargé de la défense de la capitale, Édoras, et des terres royales adjacentes (y compris le Harrowdale). Il commandait les Cavaliers de la Cohorte d'Édoras recrutés dans cette circonscription et dans certaines régions de la Marche Ouest et de la Marche Est * pour lesquelles Édoras était le lieu de rassemblement le plus commode. Au Second et au Troisième Maréchal, on assignait des commandements selon les besoins du moment. Et en ce début de l'année 3019 où se précisait la menace de Saruman, le Second Maréchal était Théodred, le fils du Roi, et il commandait la circonscription de la Marche Ouest,

* Il s'agit de termes utilisés uniquement en référence à l'organisation militaire. Leurs limites étaient la Rivière Snowbou jusqu'à son confluent avec l'Entwash, et de là vers le nord, en suivant le cours de l'Entwash. [Note de l'auteur.]

avec Helm's Deep pour quartier général ; le Troisième Maréchal, Éomer, le neveu du Roi, avait à charge la circonscription de la Marche Est et son quartier général se trouvait sur les lieux mêmes de sa résidence, Aldburg in the Folde *.

Sous le règne de Théoden, personne ne fut nommé à la fonction de Premier Maréchal. Car le Roi accéda au trône comme tout jeune homme (à l'âge de trente-deux ans), et il était vigoureux, d'esprit martial et grand cavalier. Si la guerre éclatait, il prendrait lui-même, pensait-il, la tête de la Cohorte d'Édoras ; mais son royaume connut de longues années de paix, et lorsque flanqué de ses chevaliers, il chevauchait à la tête de sa Cohorte, c'était seulement à l'occasion de grandes manœuvres ou de parades ; et cependant l'Ombre du Mordor ne cessa de croître depuis sa prime jeunesse jusqu'à sa vieillesse. Durant cette période de paix, les Cavaliers et autres hommes sous les armes, ceux de la garnison d'Édoras entre autres, étaient placés sous les ordres d'un officier qui avait rang de maréchal (dans les années 3015-19 ce fut Elfhelm). Lorsque Théoden devint, à ce qu'il semblât, prématurément vieux, cette situation se perpétua, et il n'y avait pas de commandement central effectif : un état de choses favorisé par Grima, conseiller du Roi. Devenu quasi impotent et quittant rarement ses demeures, le Roi prit l'habitude de signifier ses ordres à Háma, Capitaine de sa Maison, à Elfhelm et même aux Maréchaux de la Marche, par le truchement de Grima Wormtongue. Cela déplaisait fort, mais on obéissait aux ordres. Lorsque la guerre avec Saruman éclata et qu'il fallut se battre, Théodred, sans ordre aucun, assuma le commandement suprême. Il convoqua la Cohorte d'Édoras, et convainquit un grand nombre de ses membres de venir sous le commandement d'Elfhelm, renforcer la Cohorte du Westfold et l'aider à repousser l'invasion.

En temps de guerre ou de troubles, chaque Maré-

* C'était là qu'Éorl avait sa demeure ; elle devait passer aux mains d'Éofor lorsque Brego, fils d'Éorl, s'installa à Édoras ; Éofor était le troisième fils de Brego dont Éomund, père d'Éomer, se disait issu. Le Folde faisait partie intégrante des Terres Royales, mais Aldburg restait le point le plus central où rassembler la Cohorte de la Marche Est. [Note de l'auteur.]

chal de la Marche avait sous ses ordres immédiats, comme partie intégrante de sa Maison (c'est-à-dire logeant sous les armes en son lieu de résidence), une *éored* parée au combat, dont il pouvait user en cas d'urgence, en toute latitude. Et c'est cela même qu'avait fait Éomer *. Mais on l'accusa, sur les incitations de Grima, d'avoir méconnu les ordres du Roi qui lui avait interdit, dans ce cas particulier, de prendre un contingent de la Marche Est non encore impliqué dans la bataille au risque de laisser Édoras insuffisamment défendue ; on l'accusait en outre d'avoir eu connaissance du désastre des Gués de l'Isen et de la mort de Théodred avant d'engager la poursuite des Orcs dans les lointains du Wold ; et enfin d'avoir permis, toujours à l'encontre des ordres généraux, à des étrangers de s'en aller librement, allant même jusqu'à leur prêter des chevaux.

Après la mort de Théodred, le commandement de la Marche Ouest (de nouveau sans ordres d'Édoras) fut assumé par Erkenbrand, Seigneur de Deeping-coomb et de bien d'autres terres du Westfold. Dans sa jeunesse, il avait été, comme la plupart des jeunes nobles, un Officier de la Cavalerie royale, mais il ne l'était plus. Il se trouvait cependant le plus puissant Seigneur de la Marche Ouest, et dès lors que son peuple courait des dangers, il était en droit et en devoir de rassembler tous ceux qui étaient capables de porter les armes pour combattre l'invasion. Et c'est ainsi qu'il fut amené à prendre également le commandement indépendant des Cavaliers de la Cohorte d'Édoras que Théodred avait appelé à son secours.

Lorsque Gandalf eut guéri Théoden, la situation changea. Le Roi assuma de nouveau le commandement suprême en personne ; Éomer fut rétabli dans ses droits et devint virtuellement Premier Maréchal, prêt à remplacer le Roi s'il venait à mourir ou si ses forces le trahissaient ; mais on ne s'adressait pas à lui sous ce titre, et en présence du Roi en armes, il ne pouvait jouer qu'un rôle de conseiller, et n'était pas

* Lorsque Éomer poursuit les Orcs qui ont fait prisonniers Meriadoc et Peregrin, descendus au Rohan des hauteurs de l'Émyn Muil. Les mots qu'emploie Éomer, s'adressant à Aragorn, sont : « J'ai conduit ici mon *éored,* les hommes de ma propre Maison » (*les Deux Tours,* III 2).

habilité à donner des ordres. Et le rôle qu'il joua dans les faits fut effectivement assez analogue à celui d'Aragorn : celui d'un redoutable champion parmi les pairs et compagnons du Roi *.

Lorsqu'on appela au Rassemblement de toutes les Cohortes à Harroudale, et qu'on considéra, et, dans la mesure du possible, détermina ** les « itinéraires de déplacement » et « l'ordre de bataille », Éomer garda cette même position, chevauchant aux côtés du Roi en tant que commandant de la première *Éored,* la compagnie du Roi, et agissant comme son principal conseiller. Elfhelm devint Maréchal de la Marche, commandant la première *éored* de la Cohorte de la Marche Est. Grimbold (dont il n'a pas été question jusqu'ici dans le récit) avait la fonction, mais non le titre de Troisième Maréchal, et commandait la Cohorte de la Marche Ouest ***. Il fut tué à la Bataille des Champs du Pelennor, et Elfhelm fut nommé lieutenant d'Éomer, devenu Roi. Lorsque Éomer se rendit à la Porte Noire, il laissa Elfhelm à la tête de tous les Rohirrim du Gondor ; Elfhelm mit en déroute l'armée hostile qui avait envahi l'Anórien (*le Retour du Roi* V, fin du chapitre 9 et début du chapitre

* Ceux qui ignoraient ce qui s'était passé à la cour pensaient tout naturellement qu'on avait envoyé les renforts vers l'est sous le commandement d'Éomer, seul Maréchal de la Marche encore en vie. [Note de l'auteur.] — La référence renvoie ici aux paroles de Céorl le Cavalier qui rencontra les renforts sortis d'Édoras, et leur apprit le déroulement de la Seconde Bataille des Gués d'Isen (*les Deux Tours,* III 7).

** Théoden convoqua sur-le-champ un conseil de tous les « maréchaux et capitaines », avant même de prendre son repas ; mais Meriadoc n'était pas présent et la description manque (« je me demande bien de quoi ils parlent tous »). [Note de l'auteur.] — La référence renvoie *au Retour du Roi* V 3.

*** Grimbold était maréchal des Cavaliers de la Marche Ouest sous le commandement suprême de Théodred, mais un maréchal de moindre rang, et on lui avait décerné ce grade en reconnaissance de sa vaillance au cours des deux Batailles des Gués ; Erkenbrand était un homme plus âgé, et le Roi pensait qu'il fallait laisser quelqu'un qui ait de la dignité et de l'autorité à la tête des quelques troupes dont on pouvait disposer pour la défense du Rohan. [Note de l'auteur.] — Dans *le Seigneur des Anneaux,* Grimbold n'apparaît pas avant le déploiement final des Rohirrim devant Minas Tirith (*le Retour du Roi,* V 5).

10). Il est désigné comme l'un des principaux témoins du couronnement d'Aragorn (*ibid* VI 5).

On raconte qu'après les funérailles de Théoden, lorsque Éomer réorganisa son royaume, Erkenbrand fut fait Maréchal de la Marche Ouest et Elfhelm, Maréchal de la Marche Est, et que ces titres furent maintenus en lieu et place des titres de Second et Troisième Maréchal, et qu'aucun des deux n'avait préséance sur l'autre. En temps de guerre, il fut créé une fonction spéciale de Vice-Roi ; le tenant de la charge régnait sur le royaume en l'absence du Roi parti à la tête de l'armée, ou bien il prenait le commandement en campagne si, pour une raison quelconque, le Roi demeurait au pays. En temps de paix, le poste était pourvu seulement lorsque le Roi, pour cause de maladie ou de vieillesse, déléguait ses pouvoirs. Le tenant du titre devenait alors tout naturellement l'Héritier du trône, s'il avait l'âge requis. Mais le Conseil n'autorisait pas un vieux Roi à envoyer son héritier à la guerre hors des frontières du royaume, sauf s'il avait au moins un autre fils.

APPENDICE B

Voici une longue note que l'on trouve jointe au texte à l'endroit où les commandants militaires discutent entre eux l'importance des Gués de l'Isen, page 138. La première partie reprend des faits d'histoire donnés ailleurs dans le livre, mais j'ai jugé utile de citer la note en entier.

Au temps jadis, les frontières sud et est du Royaume du Nord étaient fixées par le cours du Flot-Gris, et l'Isen marquait les frontières occidentales du Royaume du Sud. Peu de Númenoréens s'étaient jamais aventurés au pays de l'entre-deux (Énedwaith ou « région médiane ») et aucun ne s'y était établi. Sous le règne des Rois, ces contrées faisaient partie intégrante du Royaume du Gondor * ; mais les Gondoriens n'y attachaient guère d'importance sinon pour la surveillance et l'entretien de la Grande Route Royale. Cette route tirait d'Osgiliath et de Minas Tirith pour rejoindre Fornost dans le Grand Nord, en franchissant les Gués de l'Isen et en traversant l'Énedwaith de part en part ; au centre et au nord-est de son parcours, elle cheminait toujours en crête jusqu'à ce qu'elle plonge, à l'ouest, en aval du Flot-Gris, vers les basses terres qu'elle traversait sur une chaussée surélevée qui aboutissait au grand pont de Tharbad. A cette époque, la région était peu peuplée. Aux embouchures du Flot-Gris et de l'Isen, vivaient, dans les marais, quelques tribus « d'Hommes Sauvages », pêcheurs et chasseurs de gibier d'eau, mais proches parents par le sang et le parler, des Drúedain qui habitaient au fond des bois de l'Anórien **. Dans les contreforts occidentaux des Monts de Brume se terraient les débris de ce peuple que les Rohirrim devaient appeler plus tard les Dunlendings : gens frustes apparentés aux antiques populations qui avaient vécu dans les Vallées de la Montagne Blanche et encouru la malédiction d'Isildur ***. Ces Dunlendings ne

* Que l'Énedwaith, du temps des Rois, ait fait partie du Royaume de Gondor semble être en contradiction avec ce qui est dit tout de suite avant, à savoir que « l'Isen marquait les frontières occidentales du Royaume du Sud ». Ailleurs, nous lisons (*le Second Âge,* p. 148) que « l'Énedwaith n'appartenait à aucun des deux royaumes ».

** Il est dit plus haut « qu'un peuple de pêcheurs assez nombreux mais frustres, vivait encore entre les embouchures du Gwathló et de l'Angren (l'Isen) ». Il n'est fait ici aucun rapport entre ce peuple et les Drúedain, bien que ces derniers aient vécu, croyait-on, (et survécu jusqu'au Troisième Âge) sur le promontoire de l'Andrast, au sud des embouchures de l'Isen.

*** Cf. *le Seigneur des Anneaux,* Appendice F, « Des Hommes » : « Les Dunlendings étaient les débris de peuples qui avaient vécu dans les vallons des Montagnes Blanches des milliers d'années auparavant. Les Hommes Morts de Dunharrow leur étaient apparentés. Dans les Années Sombres, certains d'entre eux avaient émigré dans les Vaux des Monts de Brume, et de là quelques-uns avaient gagné les terres vastes au nord, et jusqu'aux Hautes Brandes. Ce sont ceux-là qui ont donné la lignée des Hommes de Bree ; mais longtemps auparavant, ces hommes étaient devenus sujet du Royaume du Nord, le Royaume d'Arnor, et ils avaient adopté le parler westron. Il n'y avait qu'au pays portaient guère Gondor dans leur cœur, mais tout téméraires et endurants qu'ils fussent, ils étaient bien trop peu nombreux et craignaient trop la puissance des Rois pour l'inquiéter, ou pour détourner leurs yeux de l'est d'où provenaient les plus graves dangers qui les menaçaient. Comme tous les peuples de l'Arnor et du Gondor, les Dunlendings souffrirent au Troisième Âge, dans les années 1636-1937, de la Grande Peste, mais moins que d'autres, car ils vivaient isolés, et ne frayaient guère avec les autres hommes. Lorsque le temps des Rois prit fin (1975-2050) et que s'amorça le déclin du Gondor, ils cessèrent, en fait, d'être sujets du Gondor. La Route Royale ne fut plus entretenue dans la traversée de l'Énedwaith, et le pont de Tharbad menaçant ruine, ne fut remplacé que par un gué périlleux. Les frontières du Gondor passèrent alors par l'Isen et par la Trouée du Calenardhon (comme on l'appelait alors). La Trouée était défendue par les forteresses d'Agalrond (le Hornburg) et d'Angrenost (Isengard), et les Gués de l'Isen, seul accès facile au Gondor, furent étroitement gardés contre toute incursion en provenance des « Terres sauvages ».

Mais durant la Paix Vigilante (de 2063 à 2460), la population du Calenardhon s'amenuisa : année après année, les plus vigoureux s'en furent vers l'ouest tenir la ligne de défense sur l'Anduin ; ceux qui restèrent s'ensauvagèrent, et à Minas Tirith on ne se souciait plus guère d'eux. On ne renouvela pas les garnisons des forts, et la garde en fut abandonnée aux chefs héréditaires locaux dont les sujets étaient des hommes de sang de plus en plus mêlé. Car les Dunlendings s'infiltraient de l'autre côté de l'Isen régulièrement et sans rencontrer la moindre opposition. Telle était la situation lorsque reprirent les attaques sur Gondor, en provenance de l'est, et que les Orcs et les Easterlings envahirent le Calenardhon et assiégèrent les forts qui n'auraient pas tenu très longtemps. Et vinrent alors les Rohirrim, et après la victoire d'Éorl au Champ du

Dunland que les Hommes de cette race avaient conservé leur ancienne langue et leurs coutumes : un peuple furtif, hostile aux Dúnedain, haïssant les Rohirrim. »

Celebrant, en l'année 2510, son peuple nombreux et belliqueux, riche en chevaux, déferla sur le Calenardhon, chassant devant lui ou détruisant tous les envahisseurs orientaux. Círion le Surintendant leur donna en pleine propriété la province du Calenardhon, laquelle prit nom depuis lors « Riddermark », ou au Gondor, Rochand (et par la suite, Rohan). Les Rohirrim entreprirent immédiatement de coloniser la région, bien que durant le règne d'Éorl, leurs frontières orientales le long de l'Émyn Muil et de l'Anduin, demeurassent menacées. Mais sous Brego et sous Aldor, les Dunlendings furent à nouveau débusqués et chassés au loin, bien au-delà de l'Isen, et on replaça les Gués sous une stricte sūrveillance. Ce qui valut aux Rohirrim la haine des Dunlendings, laquelle durait encore à l'époque du Retour du Roi, qui n'était alors qu'une lointaine éventualité. Et les Dunlendings ne manquaient pas de renouveler leurs attaques, dès qu'ils sentaient faiblir les Rohirrim, ou les voyaient en proie à des troubles.

Jamais alliance entre deux peuples ne fut maintenue plus fidèlement de part et d'autre, que celle qui lia Gondor et Rohan sur la foi du Serment de Círion et d'Éorl ; et jamais peuple ne se trouva mieux adapté à la garde des vastes plaines herbeuses du Rohan, que ne le furent les Cavaliers de la Marche. Toutefois leur situation comportait un point faible, ainsi qu'il apparut clairement lors de la Guerre de l'Anneau, où cette faiblesse fut sur le point de causer la ruine et du Rohan et du Gondor. Et cela tenait à plusieurs facteurs. Tout d'abord au fait qu'on n'avait eu d'yeux, au Gondor, que pour les dangers venant de l'est, l'hostilité des « sauvages » Dunlendings paraissant sans conséquence aux Surintendants. Autre chose encore : les Surintendants, durant leur gouvernement, maintinrent leur autorité sur la Tour d'Orthanc et sur l'Anneau d'Isengard (Angrenost) ; les clefs d'Orthanc furent soigneusement remisées à Minas Tirith et on ferma la Tour, et la garde du Cercle d'Isengard fut confiée à un chef héréditaire de race gondorienne et à son petit peuple, auquel on adjoignit l'ancienne garnison héréditaire d'Aglarond. On fit réparer la forteresse qui s'y élevait par des maçons du Gondor, et une fois en état, on la remit aux mains des Rohirrim *. Elle devait assurer la bonne garde des Gués. Les demeures des habitants étaient pour la plupart éparpillées au pied des Montagnes Blanches, et dans les ravines et vallées plus au sud. Ils ne se rendaient que très rarement sur les confins septentrionaux du Westfold, et seulement en cas de besoin, considérant avec un certain effroi les avancées des bois du Fangorn (l'Entwood) et les sinistres murailles d'Isengard. De fait, ils ne fréquentaient guère « le Seigneur d'Isengard » et son peuple furtif qu'ils soupçonnaient de pratiquer la magie noire. Et les émissaires de Minas Tirith venaient de plus en plus rarement à Isengard, et un jour ils ne vinrent plus : il semble que submergés de soucis, les Surintendants aient oublié la Tour, bien qu'ils en aient détenu les clefs.

Pourtant Isengard commandait toute la frontière occidentale et la ligne de défense de l'Isen, et les Rois du Gondor en avaient toujours été conscients. L'Isen, à peu de distance de sa source, venait baigner les murailles est du Cercle d'Isengard, et chassant son cours vers le sud, ce n'était encore qu'une toute jeune rivière qui n'offrait guère d'obstacle sérieux aux envahisseurs bien que son courant fût très rapide et ses eaux étrangement froides. Mais la Grande Porte d'Angrenost s'ouvrait à l'ouest de l'Isen. Et si la garnison était forte, l'ennemi accouru de l'ouest devait être en nombre et puissamment aguerri pour songer à envahir le Westfold. De plus Angrenost était plus proche des Gués qu'Aglarond — la distance était moitié moindre —, et y menait directement une vaste route cavalière qui, depuis les portes mêmes de la forteresse, filait jusqu'aux Gués en terrain presque entièrement plat. L'obscure épouvante qui émanait de la grande Tour et l'effroi qu'inspiraient les ténèbres des bois de Fangorn juste derrière, pouvaient sans doute la protéger un temps, mais cette protection devait se révéler vaine lorsqu'on cessa d'entretenir la forteresse en état de défense et d'y poster une

* Ils la nommèrent *Glæmscrafu*, mais la forteresse même eut nom Súthburg, et après le règne du Roi Helm, le Hornburg. [Note de l'auteur.] *Glæmscrafu* (où le *sc* se prononce comme un *sh*) est le terme anglo-saxon pour « grottes radieuses », avec la même signification qu'*Algarond*.

garnison, comme ce fut le cas vers la fin du gouvernement des Surintendants.

Vaine en effet, et on devait bientôt en avoir la preuve. Sous le règne du Roi Déor (2699 à 2718) les Rohirrim devaient trouver que de monter la garde aux abords des Gués ne suffisait plus. Mais comme ni Rohan ni Gondor ne se soucia plus de ces lointaines marches du royaume, on ne devait apprendre que beaucoup plus tard ce qu'il advint. La lignée des chefs gondoriens s'était éteinte, et le commandement de la forteresse était passé aux mains d'une famille du commun. Des gens, on l'a vu, de sang mêlé, et ce depuis fort longtemps déjà, et qui se trouvaient à l'époque mieux disposés envers les Dunlendings qu'envers les « sauvages Hommes du Nord » qui avaient usurpé leur pays. Avec la lointaine Minas Tirith, ils n'avaient pas de rapports. Après la mort du Roi Aldor qui avait chassé les derniers des Dunlendings, et avait même razzié leurs terres dans Énedwaith à titre de représailles, les Dunlendings, à l'insu du Rohan mais avec la connivence d'Isengard, commencèrent à s'infiltrer de nouveau au nord du Westfold, s'établissant dans les combes à l'ouest et à l'est d'Isengard, et même à l'orée de Fangorn. Sous le règne de Déor, ils devinrent franchement hostiles, razziant à leur tour les troupeaux de chevaux et même les haras des Rohirrim, dans le Westfold. Bientôt les Rohirrim se rendirent compte que ces maraudeurs n'avaient pas franchi l'Isen à la hauteur des Gués, ni en aucun point au sud d'Isengard, puisque les Gués étaient sous surveillance *. C'est pourquoi Déor entreprit une expédition vers le nord, et tombant sur une armée de Dunlendings, les tailla en pièces ; mais il eut le choc de découvrir qu'Isengard aussi lui était hostile : pensant avoir épargné à Isengard d'être assiégé par les Dunlendings, il envoya des hérauts aux Portes, avec des messages de bon vouloir, mais pour seule réponse, on leur ferma les Portes au nez et on les flécha. Comme on devait l'apprendre plus tard, les

* La garnison de la rive ouest avait souvent à subir des attaques, mais peu poussées : il s'agissait en fait d'opérations de diversion, tendant à détourner l'attention des Rohirrim des événements qui se déroulaient vers le nord. [Note de l'auteur].

Dunlendings admis dans la citadelle à titre d'amis s'étaient emparés du Cercle d'Isengard, tuant les quelques survivants de l'ancienne garnison qui répugnaient (comme la plupart des gens) à se mêler aux Dunlendings. Déor fit immédiatement tenir un message au Surintendant, à Minas Tirith (et en cette année 2710, il se nommait Egalmoth), mais celui-ci n'était pas en mesure d'envoyer de l'aide, et les Dunlendings demeurèrent en possession d'Isengard jusqu'à ce que, décimés par la grande famine du Rude Hiver (2758-2759), la faim les débusquât et les chassât au-dehors, et ils capitulèrent, rendant la citadelle aux mains de Fréaláf (plus tard premier Roi de la Seconde Lignée). Mais Déor n'avait plus pouvoir de prendre d'assaut ou d'assiéger Isengard, et durant plusieurs années, les Rohirrim durent maintenir un contingent important de Cavaliers au nord du Westfold ; et il en fut ainsi jusqu'aux grandes invasions de 2758 *.

On comprendra aisément que lorsque Saruman offrit de prendre le commandement d'Isengard, d'y faire les réparations nécessaires et de mettre bon ordre afin que la forteresse retrouve son rôle dans la défense de l'Ouest, la chose lui fut volontiers accordée, et par le Roi Fréaláf et par Béren le Surintendant. Et lorsque Saruman se fut installé à Isengard et que Beren lui eut remis les clefs d'Orthanc, les Rohirrim revinrent à leur tactique de surveillance des Gués, point le plus vulnérable de leurs frontières occidentales.

Nul doute, semble-t-il, que Saruman était de bonne foi lorsqu'il fit son offre, ou du moins sincèrement en faveur de la défense de l'Occident, à condition qu'il gardât, lui, la prééminence dans cette action et le pouvoir au Conseil. Il était sagace et percevait clairement l'importance d'Isengard, à la fois comme place forte et comme défense naturelle. Car la ligne de l'Isen, entre la tenaille que formaient Isengard et le Hornburg, faisait rempart contre toute invasion venue de l'Est (qu'elle fût ou non suscitée ou guidée par

* On trouvera un récit des Invasions qui déferlèrent sur le Gondor et le Rohan dans *le Seigneur des Anneaux*, Appendice A (I, iv et II).

Sauron), visant à encercler le Gondor ou à envahir l'Eriador. Mais au bout du compte, Saruman devait se tourner vers le Mal, et devenir un ennemi ; et bien qu'avertis de ses mauvaises intentions croissantes à leur égard, les Rohirrim persistèrent à cantonner l'essentiel de leurs forces à l'ouest des Gués, jusqu'à ce que Saruman leur eût démontré en pleine guerre que les Gués étaient une piètre protection sans la forteresse d'Isengard, et moins encore contre elle.

QUATRIÈME PARTIE

1

LES DRÚEDAIN

POUR les autres Atani, les Gens de Haleth étaient gens d'ailleurs, parlant une langue étrangère ; et bien qu'unis à eux en commune alliance avec les Eldar, ils demeuraient un peuple à part. Entre eux, ils persistaient à employer leur dialecte propre, et obligés d'apprendre le Sindarin afin de communiquer avec les Eldar et les autres Atani, nombre d'entre eux s'exprimaient avec hésitation dans cette langue, et certains de ceux qui allaient rarement hors des confins de leurs bois n'en faisaient pas usage. Ils n'adoptaient pas volontiers les objets et les coutumes nouvelles et conservaient maintes pratiques qui paraissaient curieuses aux Eldar et aux autres Atani qu'ils fréquentaient peu, sauf en temps de guerre. On les estimait néanmoins comme de loyaux alliés et de redoutables guerriers, bien que les contingents qu'ils envoyaient se battre hors de leurs frontières fussent généralement réduits. Car ils étaient, et jusqu'au bout le demeurèrent, un petit peuple dont le principal souci était de protéger son terroir forestier, et ils excellaient dans la guerre de forêt. Au point que même les Orcs ayant subi un entraînement spécial à ce type de combat, n'osèrent de longtemps approcher leurs frontières. On rapportait d'étranges choses à leur sujet : que les femmes étaient formées au combat et que ces guerrières étaient nombreuses, bien qu'elles ne participassent que rarement aux grandes batailles hors du pays. Une coutume certainement fort ancienne[1] car Haleth, leur femme-chef, était une amazone renommée, entourée de gardes du corps, toutes amazones d'élite[2].

Mais parmi toutes les coutumes du peuple de Haleth, la plus singulière était la présence parmi eux de gens d'une race toute différente[3], et tels que ni les Eldar du Beleriand, ni les autres Atani n'en avaient jamais vu de semblables. Ils n'étaient pas très nombreux, quelques centaines peut-être, et vivaient à l'écart, en famille ou au sein de petites tribus, mais en bonne amitié, comme gens d'une même communauté[4]. Les Gens de Haleth les appelaient du nom de *drûg,* un mot de leur propre langue. Aux yeux des Elfes et des autres Hommes, ils n'avaient rien de plaisant dans l'apparence : c'était des gens trapus et courts-pattus (certains n'avaient que quatre pieds de haut) mais très larges d'épaules et avec un gros derrière ; et ils avaient la face épanouie et les yeux profondément enfoncés dans les orbites sous un front bas et proéminent, et le nez épaté ; et au-dessous de leurs sourcils, il ne leur poussait plus un poil, sauf chez certains d'entre eux qui arboraient une petite touffe noire au milieu du menton (et n'étaient pas peu fiers de cette distinction). Leur grande bouche était le seul trait mobile dans leur visage d'ordinaire impavide. Mais il y avait un éclat furtif dans leurs yeux sombres, un éclat quasiment insaisissable, sinon de très près car ils avaient les prunelles aussi noires que la pupille, mais qui flambaient rouge lors d'un accès de colère. Et leur voix était profonde et gutturale, mais leur rire surprenait : un rire chaud et ample qui allait cascadant, incitant tous ceux qui l'entendaient, Elfes ou Hommes, à rire de concert, et par pure joyeuseté, sans ombre de malice ou de mépris[5]. Et lorsque tout était paisible alentour, ils riaient volontiers, au travail ou au repos, dans les moments où les autres Hommes auraient eu tendance à chanter. Mais à l'occasion, ils se révélaient d'implacables ennemis, et une fois allumé, leur rouge courroux était lent à s'éteindre, bien qu'il ne se manifestât que dans la flamme de leurs yeux ; car ils combattaient en silence et n'exultaient pas dans la victoire, même lorsqu'ils avaient triomphé des Orcs, les seules créatures envers lesquelles ils éprouvaient une haine tenace.

Les Eldar les appelaient Drúedain, les comptant au rang d'Atani[6] et tant que leur race se perpétua, ce furent gens bien-aimés de tous. Hélas ! ils avaient la vie brève, et leur nombre allait toujours s'amenuisant ; et dans leur lutte acharnée contre les Orcs, ils subissaient de lourdes pertes, car les Orcs les payaient de retour, et se faisaient une joie maligne de les capturer et de les torturer à mort. Et lorsque Morgoth, par ses victoires, détruisit tous les royaumes et les places fortes des Elfes et des Hommes au Beleriand, on dit qu'ils furent réduits à quelques familles, femmes et enfants pour la plupart, dont certaines seulement trouvèrent à rallier les havres de grâce, aux Embouchures du Sirion[7].

Dans les temps plus lointains, les Drúedain avaient rendu de grands services aux gens parmi lesquels ils vivaient, et ils étaient très recherchés ; mais rares furent ceux d'entre eux qui consentirent à quitter le pays des Gens de Haleth[8]. Ils possédaient une habileté singulière à traquer les créatures vivantes, quelles qu'elles soient, et ils cherchaient à faire profiter leurs amis de leur savoir ; mais leurs élèves étaient loin de les égaler. Car les Drúedain faisaient usage de leur odorat, tout comme des limiers en chasse, sauf qu'ils avaient aussi la vue très perçante. Ils se vantaient de pouvoir sentir un Orc dans le vent, de plus loin que ne les pouvaient apercevoir les Hommes, et de les pister, par l'odeur, des semaines durant, à moins qu'une eau courante vienne brouiller la trace. Leur connaissance de tout ce qui pousse dans le sol était presque aussi étendue que celle des Elfes (mais ne leur venait pas d'eux), et on dit que s'ils se transportaient en une contrée nouvelle, il leur fallait très peu de temps pour s'instruire de tout ce qui y croissait, du plus grand au plus ténu, et ils dénommaient toutes ces plantes nouvelles pour eux, selon qu'elles étaient vénéneuses ou comestibles[9].

Avant de rencontrer les Eldar, les Drúedain, comme aussi bien les autres Atani, ignoraient toute forme d'écriture. Mais ils ne devaient jamais apprendre ni les runes ni les autres caractères des Eldar, se contentant, en matière d'écriture, d'un certain nombre de signes, fort simples pour la plupart, qui leur servaient à marquer les pistes et donner certaines informations ou mises en garde. Ils possédaient déjà, semble-t-il, dans le lointain passé, quelques menus outils de silex, grattoirs et couteaux, qu'ils utilisaient encore, et cela malgré que les Atani aient eu connaissance des métaux et du travail de la forge avant d'être venus au Beleriand[10] ; mais on avait peine à se procurer le métal, et les armes et outils forgés coûtaient très cher. Mais au contact des Eldar et par le développement du commerce avec les Nains de l'Ered Lindon, ces objets devinrent d'usage courant au Beleriand. Les Drúedain montrèrent un rare talent pour graver le bois et la pierre. Ils possédaient déjà le secret des pigments que l'on tire principalement des plantes, et ils dessinaient des images et des motifs ornementaux sur le bois et sur les pierres plates, et parfois, dans un bâton noueux, ils taillaient un visage dont ils rehaussaient les traits à la peinture. Mais lorsqu'ils disposèrent d'instruments plus coupants et plus solides, ils se plurent à sculpter des images d'hommes et d'animaux, en guise de jouet ou d'ornement, et parfois c'étaient de grandes figures auxquelles les plus habiles d'entre eux donnaient forte semblance de vie. Et à l'occasion, ces figures assumaient des formes singulières ou fantastiques, voire terrifiantes ; et animés d'un sombre humour, il leur arrivait de mettre tout leur art à façonner des figures d'Orcs, qu'ils plaçaient ensuite sur les frontières, et ces Orcs étaient représentés se sauvant à toutes jambes du pays en hurlant de terreur. Et les Drúedain se sculptaient aussi eux-mêmes et plaçaient leur image à l'orée des pistes du bois et aux tournants des sentes forestières. Et ils les nommaient « pierres-de-garde » ; et les plus remarquables de ces « pierres-de-garde » surveillaient les accès des Gués du Teiglin, représentant chacune un Drúedain pesamment accroupi sur sa victime, un Orc mort. Ces personnages de pierre étaient plus qu'une insulte jetée à la face de l'ennemi ; car les Orcs les craignaient fort, les croyant doués de toute la malignité des *Oghor-hai* (ainsi dénommaient-ils les Drúedain), et capables de communiquer avec leurs auteurs, aussi osaient-ils rarement les déplacer ou les détruire ; et à moins de se trouver en force, lorsqu'ils rencontraient une « pierre-de-garde », ils faisaient demi-tour et ne poussaient pas plus avant.

Mais parmi les pouvoirs de cet étrange peuple, le plus digne de remarque peut-être était leur capacité de préserver, des jours et des jours durant, un silence et une immobilité absolus, assis jambes croisées, les mains sur les genoux ou cachées dans leur giron, les yeux clos ou dirigés vers le sol. Et voici, à ce propos, ce qu'on racontait parmi les gens de Haleth :

> « Un beau jour, un des plus habiles de ces Drûgs tailleurs de pierre façonna une figure à l'image de son père qui venait de mourir ; et il la plaça sur le sentier à proximité de leur demeure ; puis s'assit près de la figure de pierre et se plongea en une profonde remémoration silencieuse. Peu de temps après, un forestier vint à passer, en route vers un village lointain, et apercevant deux Drûgs, il s'inclina et leur souhaita le bonjour. Mais il ne reçut point de réponse, et resta planté là un instant, tout surpris, les considérant attentivement ; puis il se remit en chemin, se disant : « Ce sont gens très habiles à travailler la pierre, mais jamais n'en ai-je vus qui paraissent à ce point vivants à s'y méprendre ! » Trois jours plus tard, il revint et de lassitude, s'assit, s'adossant à l'une des figures. Et sur ses épaules de pierre, il jeta son manteau pour le faire sécher car il avait plu, mais à présent le soleil brillait avec ardeur. Et il s'endormit ;

mais un peu plus tard, il fut réveillé par une voix derrière son dos. « J'espère que tu es bien reposé maintenant, dit la voix. Mais si tu veux faire encore un somme, je te prie de t'appuyer contre l'autre ; car il n'aura jamais plus besoin d'étirer ses jambes ; et je trouve ton manteau trop chaud en plein soleil. »

On racontait que les Drúedain demeuraient souvent assis comme cela dans des moments de chagrin ou d'égarement, mais parfois aussi dans la jouissance de la réflexion, ou encore lorsqu'ils mettaient soigneusement au point quelque projet. Et ce don d'immobilité leur servait également lorsqu'ils montaient la garde ; car ils se postaient là, debout ou assis, dissimulés dans l'ombre, et bien que leurs yeux parussent à demi clos ou leur regard vacant, rien ne passait ou n'approchait qu'ils n'aient repéré et retenu. Si intense était leur occulte vigilance que tout intrus la ressentait comme une menace hostile, et s'écartait avant même d'avoir reçu avertissement de le faire ; mais qu'une créature mauvaise passât outre, ils signalaient son approche par un sifflement strident, quasi insupportable de près, mais qui s'entendait de fort loin. Les gens de Haleth estimaient fort les services rendus par les Drúedain en tant que sentinelles, dans les moments de crises ; et lorsqu'ils n'avaient pas de tels gardes en chair et en os, ils disposaient aux abords de leurs demeures des figures à la semblance des Drúedain (et façonnées à cette fin par eux) convaincus que ces personnages de pierre détenaient un peu de la force menaçante qui habitait les hommes vivants.

Et pour dire vrai, s'ils n'en portaient pas moins amour et confiance aux Drúedain, bien des gens de Haleth leur attribuaient des pouvoirs magiques et surnaturels. Et parmi leurs contes merveilleux, plus d'un relatent ces choses. En voici un parmi d'autres :

La pierre fidèle

Il était une fois un Drûg nommé Aghan, bien connu comme guérisseur. Il était en grande amitié avec Barach, un forestier du Peuple de Haleth, qui vivait dans une baraque au fond des bois, à plus de deux milles du village. Les demeures de la famille d'Aghan se trouvaient aux environs, et il passait le plus clair de son temps avec Barach et sa femme, et était très aimé des enfants. Vinrent des temps d'effroi, car une horde d'Orcs audacieux s'était secrètement introduite dans les bois alentours, et ils s'embusquaient à deux ou trois pour fondre sur quiconque s'aventurait seul, et la nuit s'attaquaient aux maisons sans proches voisins. La maisonnée de Barach n'avait pas grand peur car Aghan leur tenait compagnie la nuit, et il montait la garde dehors. Mais un matin, il vint trouver Barach, disant : « Ami, voici que j'ai reçu de mauvaises nouvelles des miens, et je crains de devoir te quitter quelque temps. Mon frère a été blessé, et il gît là-bas, souffrant, et il m'appelle car je suis habile à guérir les blessures d'Orcs. Je reviendrai dès que possible. » Barach en conçut un trouble extrême et sa femme et ses enfants se mirent à pleurer. Mais Aghan dit : « Je ferai au mieux ; je t'ai fait porter ici une pierre-de-garde, et je l'ai fait placer près de ta maison. » Barach sortit avec Aghan et ils allèrent voir la pierre-de-garde. Massive et lourde, elle était là assise sous un buisson, non loin de la porte. Aghan posa la main sur la pierre, et après un silence dit : « Vois, je lui ai transmis certains de mes pouvoirs. Fasse le ciel qu'elle te protège de tout mal ! »

Rien d'inquiétant ne marqua les deux premières nuits, mais la troisième, Barach entendit le cri d'alerte strident des Drûgs — ou rêva l'avoir entendu car personne d'autre ne fut tiré de son sommeil. Sautant de son lit, il décrocha du mur son arc et se rendit à une étroite croisée ; et là, il vit deux Orcs entassant du bois à brûler contre sa maison, et s'apprêtant à y mettre le feu. Et terrifié fut Barach, car les Orcs en maraude emportaient de l'amadou ou quelque autre matière diabolique, prompte à s'enflammer, et que l'eau était impuissante à éteindre. Se ressaisissant, il tendit son arc, mais au même instant, et juste comme les flammes jaillissaient, il vit un Drûg accourir derrière les Orcs. Et d'un coup de poing, il en assomma un, et l'autre prit la fuite, et nu-pieds, le Drûg bondit dans le feu et éparpilla les tisons flambants, piétinant les flammes-orcs qui serpentaient au sol. Barach se précipita vers la porte, mais le temps de la débâcler et de se ruer au-dehors, le Drûg avait disparu. Il n'y avait pas trace non plus de l'Orc battu à mort. Le feu était éteint, et il ne subsistait que la fumée et la puanteur.

Barach rentra pour rassurer sa famille qui avait été réveillée par le bruit et le relent de brûlé ; mais lorsqu'il fit jour, il sortit de nouveau, et fouilla les alentours. Il découvrit que la « pierre-de-garde » avait disparu, mais il n'en parla point et se dit seulement : « Ce soir, il me faudra monter la garde moi-même ! » ; mais plus tard dans la journée, Aghan revint et fut accueilli avec joie. Il avait de hautes chausses de daim, comme en portent parfois les Drûgs dans les pays rudes, parmi les épines et les pierres, et il était las, mais souriant et il semblait content. Et il dit : « J'apporte de bonnes nouvelles. Mon frère ne souffre plus et il ne mourra pas, car je suis venu à temps pour résister au venin. Et voilà que j'apprends que les Orcs-maraudeurs ont eu leur compte, ou se sont enfuis ! Comment cela s'est-il passé ? »

« Nous sommes encore en vie !, dit Barach. Mais viens avec moi et je te montrerai et t'en dirai plus. » Et il conduisit Aghan à l'emplacement du feu, et lui conta l'attaque nocturne. « Et la pierre-de-garde a disparu — de la besogne d'Orc, à mon avis ! Qu'en dis-tu ? »

« Je parlerai lorsque j'aurai examiné les choses et réfléchi plus longuement », dit Aghan ; et il se mit à aller et à venir, scrutant le sol, et Barach le suivait. A la fin, Aghan l'emmena jusqu'à un taillis en bordure de la clairière où s'élevait la maison. Et là se trouvait la pierre-de-garde, assise sur un Orc mort ; mais ses jambes étaient toutes noires et craquelées, et l'un de ses pieds s'était détaché et gisait à ses côtés. Aghan parut attristé ; mais il dit : « Eh bien ! Il a fait ce qu'il a pu ! Mieux vaut que ç'aient été ses jambes à lui qui aient piétiné le feu des Orcs, que les miennes ! »

Et il s'assit et délassa ses chaussures de daim, et

Barach vit qu'elles recouvraient des bandages sur ses propres jambes. Aghan défit les bandes. « Cela cicatrice déjà, dit-il. Je veillais près de mon frère deux nuits de suite, et la troisième je m'endormis, mais me levant au petit matin, je me sentis tout souffrant, et je découvris mes jambes couvertes de cloques. Alors je devinais ce qui s'était passé. Hélas, si tu transmets un peu de ton pouvoir à une chose que tu as façonnée, il te faut bien prendre ta part de ses maux »[11] !

Notes supplémentaires sur les Drúedain

Mon père s'attacha à souligner la différence radicale entre les Drúedain et les Hobbits. Ils étaient fort dissemblables de forme et d'apparence physique. Les Drúedain étaient plus grands, et plus lourds et trapus. Ils étaient peu plaisants de traits (selon les critères qui ont cours parmi les hommes) ; et alors que les Hobbits avaient une abondante chevelure (mais drue et bouclée), les Drúedain n'avaient que quelques mèches raides et peu fournies sur le crâne, et sur les jambes et les pieds, pas un poil. Ils étaient par moments joyeux et gais, comme les Hobbits, mais leur nature avait une composante plus sombre, et ils pouvaient être narquois et d'une implacable dureté ; et ils possédaient, ou du moins on leur imputait, des pouvoirs surnaturels et magiques. Au demeurant, c'étaient des gens frugaux, mangeant peu, même en période d'abondance, et ne buvant que de l'eau. Par certains côtés, ils ressemblaient plutôt aux Nains : par la carrure, la stature et l'endurance ; par leur habileté à tailler la pierre ; et aussi par le côté noir de leur caractère, et par leurs mystérieux pouvoirs. Mais les pratiques « magiques » attribuées aux Nains étaient de tout autre nature ; et les Nains étaient, si possible, plus sombres encore de disposition. Mais les Nains jouissaient d'une grande longévité, alors que comparés à toutes les autres races d'Hommes, les Drúedain avaient une vie très brève.

Une fois seulement, dans une note isolée, trouve-t-on quelque chose d'explicite concernant les rapports entre les Drúedain du Beleriand, au Premier Âge, qui gardaient les demeures du Peuple de Haleth dans la Forêt de Brethil, et les lointains ancêtres de Ghân-buri-Ghân qui guida les Rohirrim le long de la Vallée des Stonewain, sur le chemin de Minas Tirith (*Le Retour du Roi* V, 5), ou les auteurs des statues de pierre qui jalonnent la route de Dunharrow (*ibid* V 3) [12]. La note précise :

Une branche d'émigrants Drúedain accompagna les Gens de Haleth, à la fin du Premier Âge, et séjourna avec eux en forêt [de Brethil]. Mais la majeure partie d'entre eux restèrent dans les Montagnes Blanches, en dépit des persécutions qu'ils eurent à subir aux mains d'Hommes survenus peu auparavant et qui étaient retombés au service de l'Ombre.

Il est dit aussi ici que l'identité entre les statues de Dunharrow et les vestiges des Drúedain (perçue d'emblée par Meriadoc, la première fois qu'il jette les yeux sur Ghân-Buri-Ghân), était reconnue dès l'origine au Gondor bien qu'à l'époque de la fondation du royaume Númenoréen par Isildur, les Drúedain n'avaient survécu que dans la Forêt de Drúadan et dans le Druwaith Iaur (voir ci-dessous).

Nous pouvons donc, à notre gré, broder sur l'ancienne légende de la venue des Édain, telle qu'elle est donnée dans *le Silmarillion* en y ajoutant les Drúedain qui, descendus de l'Éred Lindon, auraient gagné l'Ossiriand en compagnie des Haladin (les Gens de Haleth). Selon une autre note, les historiens du Gondor croyaient que les premiers Hommes à franchir l'Anduin avaient été, en fait, les Drúedain. Ils venaient (croyait-on) des terres situées au sud du Mordor, mais ils prirent au nord, par l'Ithilien, avant d'atteindre les côtes du Haradwaith, et trouvant éventuellement un moyen de passer l'Anduin, probablement dans les parages de Cair Andros, s'établirent dans les vallées des Montagnes Blanches et dans les terres boisées des pieds-monts nord. « C'était un peuple furtif, méfiant envers les autres races d'Hommes, qui, de mémoire de Drúedain, les avaient harcelés et persécutés ; et ils étaient partis vers l'ouest, à la recherche d'une contrée où ils pourraient vivre cachés aux yeux du monde, et en paix. » Mais rien de plus n'est dit, ni là ni ailleurs, sur les origines de leur association avec le Peuple de Haleth.

Dans une étude, citée plus haut, sur les noms de rivière en Terre du Milieu, on entrevoit les Drúedain au Second Âge. On lit que les peuplades indigènes de l'Énedwaith, fuyant les dévastations commises par les Númenoréens en remontant le cours du Gwathló,

ne franchirent pas l'Isen, ni ne se réfugièrent-ils sur le grand promontoire entre l'Isen et la Lefnui qui dessine la branche nord de la Baie de Belfalas, et cela en raison des « Púkel-men » qui étaient un peuple secret et félon, chasseurs acharnés et silencieux, usant de flèches empoisonnées. Ils disaient qu'ils avaient toujours vécu là, mais qu'autrefois ceux de leur peuple habitaient aussi dans les Montagnes Blanches. Ils ne s'étaient point soumis, dans le lointain passé, au Grand Ténébreux (Morgoth), et ne s'allièrent point non plus, par la suite, avec Sauron ; car ils haïssaient tous les envahisseurs venus d'Orient. De l'Est, disaient-ils, survinrent les Hommes de haute stature qui les chassèrent des Montagnes Blanches, et c'étaient des hommes au cœur mauvais. Il se peut que même à l'époque de la Guerre de l'Anneau, des Gens-de-Drû aient subsisté dans les monts d'Andrast, les contreforts occidentaux des Montagnes Blanches, mais seuls les survivants qui hantaient les bois d'Anórien étaient connus des gens du Gondor.

Cette région entre l'Isen et la Lefnui était la Drúwaith Iaur, et dans tel autre fragment sur ce sujet, il est précisé que le terme *Iaur* « vieux », signifie dans le contexte de ce nom, non pas « premier », mais « ancien ».

Les Púkel-men » occupaient les Montagnes Blanches (les deux versants) au Premier Âge. Lorsque commença, au Second Âge, l'invasion des terres côtières par les Númenoréens, ils survécurent dans les montagnes du promontoire [d'Andrast], qui ne furent jamais occupées par les Númenoréens. Un autre groupe subsista à l'extrémité orientale de la chaîne [en Anórien]. A la fin du Troisième Âge, on devait prendre ce dernier groupe, très réduit en nombre, pour les ultimes survivants ; d'où le nom donné à l'autre région où ils avaient séjourné : « Solitudes-des-Anciens-Púkel » (Drúwaith Iaur)[13]. Et une « Solitude » elle demeura, où ne vinrent s'établir ni les Hommes du Gondor, ni ceux du Rohan, et où rares même étaient ceux qui s'y aventuraient ; mais les Hommes de l'Anfalas étaient convaincus, quant à eux, qu'y vivaient encore secrètement quelques-uns des anciens « Hommes Sauvages »[14].

Mais au Rohan, on ne reconnaissait pas dans les Statues de Dunharrow, dites « Púkel-men », les effigies des « Hommes Sauvages » de la Forêt de Drúadan, ni ne reconnaissait-on leur « humanité » : d'où ce que dit Ghân-buri-ghân, des persécutions qu'auraient subies, par la suite, les « Hommes Sauvages » aux mains des Rohirrim [« Laissez donc tranquilles les Hommes Sauvages dans les forêts, et cessez de les traquer comme des bêtes des bois »]. Ghân-buri-Ghân, qui s'efforce ici de parler la Langue Commune, dénomme son peuple (non sans ironie) « Hommes Sauvages ». Bien entendu, tel n'était pas le nom qu'ils se donnaient entre eux.

NOTES

1. Non pas en raison de leur situation spéciale au Beleriand et peut-être plus une des causes de leur nombre restreint que son résultat. Ils s'accroissaient beaucoup plus lentement que les autres Atani, à peine suffisamment pour combler les ravages de

la guerre ; et pourtant quantité de leurs femmes (qui étaient moins nombreuses que les hommes) ne se mariaient pas. [Note de l'auteur.]

2. Dans *le Silmarillion*, Bëor décrit les Haladin (appelés par la suite Peuple de Haleth) à Felagund comme « un peuple qui parle une autre langue » ; et plus loin on lit qu' « ils restèrent un peuple à part » et qu'ils étaient plus petits de taille que les gens de la Maison de Bëor : « Ils étaient économes de paroles, et ne se plaisaient pas au sein d'une grande affluence ; et nombre d'entre eux prenaient joie à la solitude, et ils erraient librement dans les grands bois, émerveillés de découvrir le pays des Eldar ». Il n'est pas question, dans *le Silmarillion*, de l'élément « amazone » de leur société, sauf à préciser que la Dame Haleth était chef de guerre et qu'elle gouvernait son peuple ; ni du fait qu'ils aient conservé leur propre langue au Beleriand.

3. Bien que parlant la même langue (à leur manière), ils conservaient cependant un certain nombre de mots bien à eux. [Note de l'auteur.]

4. Tout comme, au Troisième Âge, les Hommes et les Hobbits de Bree vécurent côte à côte ; bien qu'il n'y ait aucune parenté entre les Gens-de-Drûg et les Hobbits. [Note de l'auteur.]

5. Aux gens malintentionnés qui, ne les connaissant guère, déclaraient que Morgoth avait dû obtenir les Orcs d'une souche de cette espèce, les Eldar répondaient : « Nul doute que Morgoth, qui est incapable de créer un être vivant, ait obtenu les Orcs en croisant diverses races d'Hommes, mais les Drúedain semblent avoir échappé à son Ombre ; car leur rire diffère autant du rire des Orcs que la lumière de l'Aman diffère des ténèbres de l'Angband. » Mais certains n'en pensaient pas moins qu'il devait y avoir une lointaine parenté qui expliquerait leur singulière inimitié. Les Orcs et les Drûgs se considéraient réciproquement comme des renégats. [Note de l'auteur] — Dans *le Silmarillion*, il est dit que Melkor avait obtenu les Orcs à partir d'Elfes faits prisonniers dans les commencements ; mais ce n'est là qu'une des nombreuses hypothèses sur l'origine des Orcs. On notera dans *le Retour du Roi* V 5, l'évocation du rire de Ghân-buri-Ghân : « Là-dessus le vieux Ghân émit un curieux borborygme, et il sembla bien qu'il riait. » Et on le montre avec sa barbe peu fournie, « éparse sur son menton bosselé, comme de la mousse sèche », et ses yeux noirs où rien ne se pouvait lire.

6. Dans des notes isolées, il est précisé que le nom qu'ils se donnaient eux-mêmes était *Drughu* (ou le *gh* a valeur de spirante). Ce nom traduit dans la langue sindarine parlée au Beleriand, devint *Drû* (avec les pluriels : *Drúin* et *Drúath*) ; mais lorsque les Eldar découvrirent que les Gens-de-Drû étaient les irréductibles ennemis de Morgoth, et tout particulièrement les ennemis des Orcs, le « titre » *adan* fut ajouté en suffixe d'éloge à leur nom, et on les appela Drúedain (au singulier *Drúadan*), pour bien marquer à la fois leur humanité et leur amitié avec les Eldar, et aussi les

différences raciales entre eux et les peuples des Trois Maisons Édain. *Drû* en vint dès lors à figurer seulement dans des mots composés tels que *Drúnos* « une famille de gens-de-Drû », *Drúwaith,* « Solitudes-des-gens-de-Drú ». En Quenya, *Drughu* devint *Rú* et *Rúatan,* et au pluriel *Rúatani.* Pour les dénominations qui furent les leurs aux époques plus tardives (Hommes Sauvages, Woses, Púkel-Men).

7. Dans les annales de Númenor, on lit que les débris de ce peuple furent autorisés à prendre la mer avec les Atani, et que dans la paix de leur nouveau pays, ils prospérèrent et à nouveau se multiplièrent ; mais ils ne prirent plus part à la guerre, car ils avaient grand-peur de la mer. Ce qu'il advint d'eux par la suite est rapporté uniquement dans une des rares légendes qui ait survécu à la Submersion : l'histoire des premiers voyages qu'entreprirent les Númenoréens pour reprendre contact avec la Terre du Milieu, histoire intitulée *la Femme du Navigateur.* Dans un manuscrit de ce récit, recopié et conservé au Gondor, le copiste commente, dans une note, le passage où les Drúedain sont cités parmi les gens de la Maison du Roi Aldarion-le-Navigateur. Cette note nous apprend que les Drúedain, connus depuis toujours pour leur étrange don de prémonition, furent fort troublés lorsqu'ils entendirent parler des voyages projetés par le Roi ; ils pressentaient que ces expéditions seraient source de malheur, et ils supplièrent le Roi de ne plus partir en mer. Mais ils échouèrent, car aussi bien ni son père ni sa femme n'avaient réussi à modifier ses desseins ; et les Drúedain se retirèrent dans la désolation. Et à partir de ce moment, les Drúedain de Númenor se montrèrent inquiets, et malgré leur peur de la mer, l'un après l'autre, ou bien à deux ou trois, ils sollicitaient un passage sur les grands navires qui faisaient voile pour la Terre du Milieu. Et lorsqu'on leur demandait : « Mais pourquoi donc vous faut-il partir et pour quel pays ? », ils répondaient : « Nous ne sentons plus le sol de la Grande Île solide sous nos pieds, et nous désirons retourner aux contrées d'où nous sommes venus. » Et c'est ainsi qu'à nouveau leur nombre alla s'amenuisant à travers les années, et il n'en restait plus aucun lorsque Élendil échappa à la Submersion ; le dernier avait fui Númenor lorsqu'on y avait amené Sauron. [Note de l'auteur] — Hors ce passage il n'y a pas trace, ni dans les matériaux se rapportant à l'histoire d'Aldarion et Érendis, ni ailleurs, de la présence de Drúedain à Númenor, sinon dans une note isolée que voici : « Parmi les Édain qui au terme de la Guerre des Joyaux, appareillèrent pour Númenor, il y avait quelques débris du peuple de Haleth, et les rares Drúedain qui les accompagnaient s'éteignirent bien avant la Submersion. »

8. Il en vivait quelques-uns au Foyer de Húrin, de la Maison de Hador, car il avait séjourné dans sa jeunesse parmi les Gens de Haleth, et il était apparenté à leur Seigneur. [Note de l'auteur.] Sur les rapports de Húrin avec les gens de Haleth, voir *le Silmarillion*. — Mon père avait l'intention de transformer Sador, le vieux serviteur dans la maison de Húrin, à Dór-lomin, en un Drûg.

9. Ils avaient une loi qui faisait interdiction d'utiliser le poison au préjudice d'une créature vivante, même leur ayant fait du mal — à l'exception des Orcs, dont ils contraient les flèches empoisonnées avec d'autres munies d'un poison plus virulent encore. [Note de l'auteur] — Elfhelm dit à Meriadoc Brandybuck que les Hommes Sauvages usaient de flèches empoisonnées (*le Retour du Roi* V 5) ; et au Second Âge, la même opinion a cours parmi les habitants de l'Énedwaith. Un peu plus loin dans cet essai, il est question des demeures des Drúedain, et on peut citer ces détails ici. Vivant parmi les Gens de Haleth qui étaient un peuple de forestiers, « Ils se suffisaient dans des tentes ou des abris rudimentaires, construits autour du tronc des grands arbres, car ils étaient une race robuste. D'après leurs propres dires, ils avaient utilisé autrefois les grottes des montagnes, mais surtout comme entrepôts, n'en faisant leur habitation pour y dormir, que par grand froid. Et ils avaient des refuges de même espèce au Beleriand, où tout le monde, sauf les plus endurants, se retranchait par temps d'orage, ou au cœur de l'hiver ; mais ces lieux étaient bien gardés, et même leurs plus proches amis parmi les gens du Haleth n'étaient pas les bienvenus là-bas. »

10. Acquis, selon leurs légendes, des Nains. [Note de l'auteur.]

11. A propos de cette histoire, mon père fit observer : « les contes, tel celui de *la Pierre fidèle,* où l'on voit l'artisan-créateur faire un transfert, partiel, de ses « pouvoirs » à son œuvre, évoquent en miniature cet autre transfert de pouvoir qui eut lieu lorsque Sauron doua de malfaisance les fondations de Barad-dûr, et le Maître Anneau. »

12. « A chaque détour de la route, se dressaient de grandes pierres sculptées à la semblance d'hommes, des personnages énormes et membrus, accroupis jambes croisées, leurs petits bras courts posés sur leur gros ventre. A certains, l'usure des années avait gommé les traits, ne leur laissant que deux trous noirs à l'emplacement des yeux, qui fixaient encore tristement les passants. »

13. Le nom *Drúwaith Iaur* (Terre-des-Anciens-Púkel) apparaît sur la carte illustrée par Miss Pauline Baynes, tout au nord du promontoire montagneux d'Andrast. Mon père affirmant l'avoir lui-même placé là, cette localisation est donc correcte. — Une note en marge précise qu'après la Bataille des Gués de l'Isen, il apparut que de nombreux Drúedain survivaient encore dans le Druwaith Iaur, car ils émergèrent des grottes où ils habitaient pour attaquer les débris de l'armée de Saruman, qui avait été chassée vers le sud. — Dans un passage cité, il est fait référence aux tribus « d'Hommes Sauvages », pêcheurs et chasseurs de gibier d'eau, sur les côtes de l'Énedwaith, qui étaient apparentées par la race et le parler aux Drúedain de l'Anórien.

14. Le terme « Woses » est utilisé à une seule reprise dans *le Seigneur des Anneaux,* lorsque Elfhelm dit à Meriadoc Brandybuck : « Tu entends les Woses, les Hommes Sauvages des Bois ».

Wose est la forme moderne (dans ce cas précis, la forme que le mot prendrait s'il existait encore dans la langue) d'un mot anglo-saxon *wása,* qui ne se trouve en fait que sous la forme composée *wudu-wása* « l'homme sauvage des bois ». (Saeros, l'Elfe de Doriath, appelle Túrin, « Woodwose ».) Le mot a survécu longtemps en anglais, et se retrouve actuellement sous la forme corrompue de « woodhouse ». Le mot qu'emploient effectivement les Rohirrim (dont « wose » est une traduction, conformément à la méthode utilisée systématiquement) ne figure qu'une seule et unique fois : *róg,* pluriel *rógin.*

Au Rohan, le terme « Púkel-men » (de nouveau une traduction : il s'agit de l'anglo-saxon *púcel* « lutin, démon », un mot apparenté à *púca* qui a donné *Puck*) était utilisé, semble-t-il, seulement pour désigner les grossières statues de Dunharrow.

2

LES ISTARI

L'histoire la plus complète des Istari fut écrite, semble-t-il, en 1954 (voir l'Introduction, quant à l'origine du texte que je donne ici en entier) ; j'y ferai référence par la suite sous le titre : « L'essai sur les Istari ».

Par *Mage,* on traduit le Quenya *istar* (*ithron* en Sindarin) : l'un des membres d'un « ordre » (c'était leur terme), affirmant détenir et mettre en œuvre le suprême savoir touchant l'histoire et la nature du Monde. La traduction (bien qu'elle convienne dans son rapport avec « sage », et autres mots anciens portant notion d'un savoir prééminent, de même sens que le terme *istar* en Quenya) n'est pas entièrement satisfaisante, pour autant que le *Heren Istarion,* ou « Ordre des Mages », soit chose parfaitement distincte de tous les « magiciens » et « devins » qui encombrent les légendes plus tardives. Ces Mages ont appartenu exclusivement au Troisième Âge du Monde ; et après s'en furent, et nul, sauf peut-être Elrond, Círdan et Galadriel, ne devait découvrir quelle était leur nature véritable et d'où ils venaient.

Les Hommes qu'ils fréquentèrent les prirent (au début) pour des Hommes comme eux, mais qui avaient acquis, lors de patientes et secrètes études, tout l'art et le savoir. Ils survinrent en la Terre du Milieu vers l'année 1000 du Troisième Âge, mais longtemps, ils allèrent vêtus comme le commun des mortels, et on voyait seulement en eux des Hommes avancés en âge, mais encore robustes, qui avaient le goût des voyages et de l'errance, se familiarisant avec la Terre du Milieu et tous ceux qui y vivaient sans rien révéler de leurs pouvoirs et de leurs desseins. A cette époque, les Hommes ne les entrevoyaient que rarement, et ne leur prêtaient guère attention. Mais lorsque resurgit l'ombre de Sauron et qu'elle gagna de toutes parts, ils se firent plus actifs, et s'efforcèrent sans cesse de contrer la croissance de l'Ombre, et d'inciter les Elfes et les Hommes à s'éveiller au péril. C'est alors qu'un peu partout parmi les Hommes, se répandit la rumeur de leurs allées et venues, et de leurs interventions en maintes affaires ; et les Hommes remarquèrent qu'ils ne mouraient point, mais demeuraient tels qu'en eux-mêmes ils étaient apparus (un peu plus rabougris peut-être) ; alors que la mort prenait les pères et les fils des Hommes. Et voici que les Hommes se prirent à les craindre, et pourtant ils les aimaient, les tenant pour des êtres de même race que les Elfes (avec lesquels souvent, en effet, ils se concertaient).

Et cependant ils étaient autres. Car ils venaient de l'Extrême-Occident, au-delà des Mers ; bien que cela ne fût su, et de longue date, que du seul Círdan, Gardien du Troisième Anneau et Maître des Havres Gris, qui les avaient vus prendre pied sur le rivage des pays de l'Ouest. Des Émissaires des Valar, voilà ce qu'ils étaient, mandés par les Seigneurs d'Occident, dans leur haute sollicitude pour les destinées de la Terre du Milieu, qui, lorsque l'ombre de Sauron se ranima, eurent recours à ce moyen pour lui résister. Car avec le consentement d'Éru, ils envoyèrent en Terre du Milieu des membres de leur propre Grand Ordre, ayant revêtu corps d'Homme véritable — et non point seulement l'apparence —, et sujets aux peurs et aux douleurs et aux fatigues de la terre, capables de souffrir la faim et la soif, et même la mort ; mais telle était leur force d'âme, qu'ils ne moururent point, et subirent seulement les atteintes de l'âge, avivées par les peines et les soucis de leurs longues années de labeur. Et à tout cela, les Valar se résolurent, souhaitant réparer leurs erreurs d'antan, et plus particulièrement d'avoir voulu protéger et isoler les Eldar en leur autorisant à manifester aux yeux du monde leur propre puissance et leur gloire. Aussi bien, il fut fait interdiction à leurs émissaires actuels de se révéler en majesté, ou de chercher à influer sur les volontés des Hommes et des Elfes par ostentation de pouvoir ; tout au contraire, ils devaient venir parmi les hommes sous des dehors de faiblesse et d'humilité, avec mission de conseiller et de persuader les Elfes et les Hommes de faire le Bien, et de chercher à unir dans l'amour et la mutuelle compréhension, tous ceux que Sauron, s'il surgissait à nouveau, s'efforcerait de dominer et de corrompre.

De cet Ordre, on ignore le nombre ; mais ils étaient cinq de leurs chefs qui vinrent au Nord de la Terre du Milieu, où l'espoir était le plus vivace (car là vivaient les Eldar et les restes des Dúnedain). Le premier qui arriva avait grande allure et noble maintien, les cheveux de jais et la voix très suave, et tous, ils le tinrent, même les Eldar, comme le premier de son Ordre [1]. Il en vint d'autres : deux vêtus de bleu outremer, et un qui portait un habit couleur de terre ; et le dernier vint, qui parut le moins considérable de tous, plus petit que les autres et plus âgé d'aspect, et il avait les cheveux gris et la vêture grise, et il s'appuyait sur un bâton. Mais dès leur première rencontre aux Havres Gris, Círdan devina en lui une sagacité extrême et une force d'âme peu commune ; et il l'accueillit avec révérence, et lui remit le Troisième Anneau, Narya-le-Rouge.

« Car, dit-il, il va t'échoir de grands travaux et de grands périls, et pour que ta tâche ne s'avère point trop ardue et exténuante, prends donc cet Anneau qui te procurera assistance et réconfort. J'en reçus seulement la garde, à charge de le tenir caché ; et il n'a pas son usage ici, sur les rives du pays d'Ouest ; mais je considère que le jour est proche où il lui faut se trouver en de plus nobles mains que les miennes, et des mains qui pourront l'utiliser pour enflammer le courage au cœur des Hommes[2]. » Et le Gris Messager prit l'Anneau, et jamais n'en souffla mot à personne. Cependant le Blanc (habile à percer à jour les secrets d'autrui) quelque temps après s'en avisa et le jalousa, et ce fut la source de sa rancune envers le Gris, laquelle devait se révéler par la suite.

Or, parmi les Elfes, le Blanc Messager fut connu plus tard sous le nom de Curunír, le Maître des Stratagèmes ; et dans le parler des Hommes du Nord, sous le nom de Saruman ; mais cela, seulement au retour de ses nombreux voyages, lorsqu'il revint au royaume du Gondor pour y faire sa demeure. Des deux Messagers Bleus, on ne sut pas grand-chose dans l'Ouest, et ils n'avaient point d'autres noms, hors *Ithryn Luin,* « Les Mages Bleus » ; car ils se rendirent à l'Est en compagnie de Curunír, mais jamais ne revinrent ; et à ce jour, on ignore s'ils restèrent dans l'Est pour accomplir la mission qui leur avait été confiée, ou bien s'ils trouvèrent la mort, ou encore, comme le pensèrent certains, s'ils succombèrent aux machinations de Sauron, et furent par lui réduits en servitude[3]. Et ces éventualités sont toutes plausibles ; car aussi étrange que cela puisse paraître, les Istari ayant revêtu corps d'homme, pouvaient tout comme les Hommes et les Elfes de la Terre du Milieu, faillir dans leurs grands desseins ; et recherchant le pouvoir de faire le Bien, le perdre de vue, et faire le Mal.

Un passage séparé, écrit en marge, appartient très certainement à ce même développement :

Car on dit, en effet, qu'ayant pris corps d'homme, les Istari devaient réapprendre maintes choses, et par lente expérience ; et que bien qu'ils aient su d'où ils venaient, le souvenir du Royaume Bienheureux leur était vision d'un Lointain qui (tant qu'ils demeuraient fidèles à leur mission), les emplissait d'un douloureux languir. C'est donc seulement en consentant librement à souffrir les misères de l'exil et les noires perfidies de Sauron, qu'ils avaient espoir de porter remède aux maux de l'époque.

Au demeurant, de tous les Istari, un seul resta fidèle, et ce fut le dernier venu. Car Radagast, le quatrième, se prit d'amour pour toutes les bêtes et les oiseaux qui foisonnaient en Terre du Milieu, et il renonça à la compagnie des Elfes et des Hommes, passant ses jours parmi les créatures sauvages. D'où lui vint son nom (qui dans le papier númenoréen de jadis, signifiait, dit-on, « épris-des-bêtes »)[4]. Et Curunír Lân, Saruman le Blanc, trahit sa haute mission, et se fit plein de superbe et d'arrogance et avide de pouvoir, et chercha à imposer par la force sa propre volonté et à évincer Sauron ; mais il fut pris dans les rets de cet esprit ténébreux, plus puissant que lui.

Et les Elfes nommèrent le dernier venu Mithrandir, le Gris Pèlerin, car il était toujours par monts et par vaux, et n'amassa point de richesse, ni ne rassembla de gens à sa suite, mais ne cessait de parcourir le pays d'Ouest, du Gondor à l'Angmar, et du Lindon à la Lórien, secourable à tous en temps de besoin. Il avait l'esprit chaleureux et curieux de toutes choses (et l'Anneau Narya avivait en lui ces dispositions) ; car il était l'Ennemi de Sauron, opposant au feu qui dévore et désole, le feu qui soulage la détresse et attise l'espoir défaillant. Mais sa joie, comme ses soudains emportements, restaient voilés dans la grisaille de sa vêture gris cendre, de sorte que seuls ceux qui le connaissaient bien, entrevoyaient la flamme qui l'habitait. Et il pouvait être gai et bienveillant envers les tout-jeunes et les très-humbles, et cependant acerbe, le cas échéant, et prompt à stigmatiser l'erreur. Mais il était sans morgue aucune et ne recherchait ni le pouvoir ni les éloges ; et de loin et de près, il était aimé de tous ceux qui étaient eux-mêmes sans gloriole. La plupart du temps, il voyageait à pied, inlassablement, appuyé sur son bâton ; et c'est ce qui lui valut le nom, parmi les Elfes du Nord, de Gandalf, « L'Elfe au bâton ». Ils le croyaient (à tort, nous avons vu) de la race des Elfes, car il se plaisait parfois à accomplir quelque prodige sous leurs yeux, aimant tout particulièrement la beauté du feu ; mais il n'opérait ses miracles que pour le rire et la jouissance qu'on en pouvait tirer, ne souhaitant ni en imposer à quiconque, ni que l'on suive ses conseils par peur.

Ailleurs est relaté comment, lorsque Sauron surgit à nouveau, il se leva lui aussi et révéla quelque chose de ses pouvoirs, et se faisant l'âme de la résistance à Sauron, remporta enfin la victoire, et ce fut le fruit du labeur patient et vigilant qui lui avait été assigné par les Valar (sous l'Unique qui est au-dessus d'eux). Cependant, on dit qu'au terme de ses travaux, il souffrit des peines très cruelles, et qu'il fut tué ; et que renvoyé de parmi les Morts pour un bref répit, il apparut tout de blanc vêtu, puis se fit flamme radieuse (et pourtant toujours obscurément voilée, sauf en cas d'âpre besoin). Et lorsque tout fut terminé, et que l'Ombre de Sauron fut chassée, il s'en alla pour toujours au-delà des Mers. Mais Curunír fut proscrit et réduit à la plus basse condition, et en fin de compte il devait périr de la main d'un misérable esclave, et son esprit s'en fut là-bas où son destin l'entraînait : et soit à visage découvert, soit sous quelque autre forme ou incarnation, jamais ne revint en Terre du Milieu.

Dans *le Seigneur des Anneaux,* la seule allusion un peu générale aux Istari figure dans la note liminaire aux Tables Royales du Troisième Âge (Appendice B) :

Lorsque mille ans peut-être se furent écoulés, et que la première ombre offusqua Vert-Bois-le-Grand, les *Istari* ou Mages apparurent en Terre du Milieu. Plus tard, on a dit qu'ils venaient de l'Extrême-Occident, et qu'ils étaient mandés pour contrer le pouvoir de Sauron et pour unir tous ceux qui avaient la volonté de lui résister ; mais il leur était interdit de l'affronter directement, puissance contre puissance, ou de chercher à gouverner les Elfes ou les Hommes par la force ou par la peur.

C'est pourquoi ils vinrent sous les dehors d'Hommes, mais qui ne furent jamais jeunes et ne vieillirent que très lentement ; et ils détenaient de grands pouvoirs, de l'esprit et de la main. A quelques-uns seulement, ils révélèrent leurs noms véritables, mais usèrent des noms qui leur furent attribués. Les deux plus considérables de cet ordre (dont on a dit qu'ils étaient cinq), furent nommés par les Eldar, Curunír, « Le Maître des Stratagèmes », et Mithrandir, « Le Gris Pèlerin » ; mais les Hommes du Nord les appelèrent Saruman et Gandalf. Curunír se rendait souvent dans l'Est, mais sur le tard, il se fixa à Isengard. Mithrandir était le plus avant dans l'amitié des Eldar, et il errait dans les pays de l'Ouest, et jamais ne s'établit nulle part à demeure.

Suivent des précisions sur la garde des Trois Anneaux Elfes, où l'on apprend que Círdan a remis l'Anneau Rouge à Gandalf lorsque celui-ci accosta aux Havres Gris, venant d'outre-mer (« Car Círdan voyait plus loin et avait des vues plus profondes qu'aucun autre en la Terre du Milieu »).

L'Essai sur les Istari cité plus haut nous fournit donc des informations sur eux et sur leurs origines, qui ne figurent pas dans *le Seigneur des Anneaux* (et il contient de surcroît, quelques remarques incidentes du plus haut intérêt, sur les Valar — on apprend leur souci persistant à l'égard de la Terre du Milieu, et qu'ils reconnaissaient leur erreur ancienne —, remarques dont il ne peut être question en détail ici). On observera plus particulièrement que les Istari sont désignés comme « membres de leur propre Grand Ordre » (l'Ordre des Valar, s'entend), et ce qui est dit de leur incarnation physique[5]. A noter également : la venue des Istari en ordre dispersé ; l'intuition de Círdan qui devine d'emblée, en Gandalf, le plus grand d'entre eux ; le soupçon immédiat de Saruman à l'égard de Gandalf et sa jalousie touchant la possession de l'Anneau Rouge ; le sentiment que Radagast a trahi sa mission ; les deux « Mages Bleus », non nommés, qui gagnent l'Est avec Saruman, mais contrairement à lui, ne reviennent jamais en Terre d'Occident ; le nombre de membres que compte l'ordre des Istari (nombre prétendu ici inconnu, mais on sait que les « chefs » de l'Ordre venus au Nord de la Terre du Milieu sont cinq) ; l'explication des noms Gandalf et Radagast ; enfin le mot Sindarin *ithron,* pluriel, *ithryn.*

Le passage concernant les Istari dans *les Anneaux de Pouvoir* (*le Silmarillion*) est fort proche de ce qui est dit dans l'Appendice B du *Seigneur des Anneaux,* cité ci-dessus, jusque dans la formulation, mais y figure la phrase suivante qui concorde avec l'essai sur les Istari :

Curunír, le plus vieux, passait en premier, puis Mithrandir et Radagast. Il y eut d'autres Istari qui restèrent à l'Est des Terres du Milieu et qui n'entrent pas dans ce récit.

Le reste des écrits concernant les Istari (en tant que groupe) ne se présente malheureusement, pour l'essentiel, que sous forme de notations sommaires et souvent illisibles. Une brève et hâtive ébauche de récit offre cependant un intérêt majeur : il s'agit, en effet, d'un Conseil des Valar, convoqué, semble-t-il, par Manwë (« et peut-être a-t-il consulté Éru ? »), au cours duquel est prise la résolution d'envoyer des émissaires en Terre du Milieu. « Mais qui donc ira ? Car il leur faudra être puissants, aussi puissants que Sauron lui-même, et néanmoins capables de renoncer à leurs pouvoirs, et de revêtir vêtement de chair, afin de traiter d'égal à égal avec les Elfes et les Hommes, et de gagner leur confiance. Mais n'est-ce point là les rendre vulnérables ? Leur jugement et leur connaissance n'en seront-ils pas obscurcis, troublés par les peurs, les soucis et les lassitudes inhérents à la condition de chair ? » Mais deux seulement s'offrent : Curumo, qui a été choisi par Aulë, et Alatar qui est envoyé par Oromë. Manwë demande alors, où donc est Olórin ? Et tout de gris vêtu, Olórin venait juste d'entrer, de retour de voyage, et il s'était mis au bas bout du Conseil ; et il demande ce que Manwë veut de lui. Et Manwë réplique qu'il désire qu'Olórin se rende en Terre du Milieu, en tant que troisième Émissaire (et ici, il est fait observer entre parenthèses, apparemment pour expliquer le choix de Manwë, qu' « Olórin est grand ami des Eldar restés en Terre du Milieu »). Mais Olórin se déclare trop faible pour une telle mission, et dit qu'il redoute Sauron. Raison de plus, affirme Manwë, pour qu'il parte, et il lui en donne l'ordre (suivent des mots illisibles où l'on croit lire le mot « troisième »). Mais à cela, Varda lève la tête et dit : « Non, pas en tant que troisième » ; et Curumo ne manqua pas de s'en souvenir.

Au terme de la note, on apprend que Curumo [Saruman] prit avec lui Aiwendil [Radagast] parce que Yavanna l'en pria, et qu'Alatar emmena Pallando par amitié[6].

Sur une autre page de notes appartenant manifestement à la même période, on lit que « Curumo fut obligé de prendre avec lui Aiwendil pour satisfaire aux souhaits de Yavanna, épouse d'Aulë ». Et on trouve aussi l'ébauche d'un tableau rapportant tel Istari à tel Valar : Olórin s'y trouve associé à Manwë et Varda, Curumo à Aulë, Aiwendil à Yavanna, Alatar à Oromë et Pallando à Oromë (mais Oromë remplace ici Mandos et Nienna).

Le sens de ces relations entre Istari et Valar s'éclaire à la lumière du bref récit cité plus haut, où l'on voit chaque Istari choisi par un Valar, pour ses caractéristiques innées — peut-être parce qu'il appartient au « peuple » de ce Valar — là en particulier, au sens où il est dit de Sauron, dans les *Valaquenta* (*le Silmarillion*), « qu'au début il faisait partie des Maïar d'Aulë et les récits de ce peuple évoquent sa grandeur ». Il y a donc lieu de remarquer que Curumo

[Saruman] est choisi par Aulë. Rien ne permet d'expliquer pourquoi le désir manifeste de Yavanna que soit inclus parmi les Istari, quelqu'un qui possédât un amour pour les créatures de sa façon, ne peut être réalisé qu'en imposant à Saruman la compagnie de Radagast ; et la suggestion, dans l'Essai sur les Istari, qu'en s'éprenant des bêtes sauvages Radagast a failli à la mission qui lui a été confiée ne s'accorde guère avec l'idée qu'il a été élu plus particulièrement par Yavanna. De plus, dans l'Essai sur les Istari comme dans *les Anneaux du Pouvoir,* Saruman vient d'abord et il vient seul. En revanche, il est possible de voir une allusion à l'importune présence de Radagast dans le mépris extrême qu'il inspire à Saruman, tel que le rapporte Gandalf au Conseil d'Elrond :

« Radagast le Brun ! » s'esclaffa Saruman, et il ne dissimula plus son mépris. « Radagast l'Oiseleur ! Radagast le Simplet ! Radagast le Niais ! Et pourtant il a eu juste l'esprit de jouer le rôle que je lui ai assigné. »

Tandis que dans l'Essai sur les Istari, il est dit que les deux qui passèrent à l'Est n'avaient pas de nom hors *Ithryn Luin,* « Les Mages Bleus » (ce qui signifie bien entendu qu'ils n'étaient connus sous aucun nom à l'Ouest de la Terre du Milieu), ici nous apprenons qu'ils s'appellent Alatar et Pallando, et qu'ils sont associés à Oromë, bien que nous ignorions tout des raisons de cette association. On pourrait penser (et c'est pure supposition) que de tous les Valar, Oromë ayant une connaissance plus poussée des régions lointaines, les Mages Bleus ont été envoyés par lui pour explorer les confins de la Terre du Milieu, et y faire leur demeure.

Hors le fait que ces notes sur le choix des Istari sont certainement antérieures à l'achèvement du *Seigneur des Anneaux,* je ne vois rien d'autre qui permette de les situer par rapport à l'Essai sur les Istari[7].

Et je n'ai connaissance d'aucun autre écrit sur les Istari, sauf quelques notes sommaires et en partie indéchiffrables, qui sont certainement bien postérieures à ce qui précède, et datent sans doute de 1972 :

Nous devons admettre qu'ils [les Istari] étaient tous des maïar, c'est-à-dire des êtres de la catégorie « angélique », mais non pas nécessairement de même rang. Les Maïar étaient des « esprits », mais susceptibles de s'incarner en leur propre personnage, et pouvant prendre forme humaine (et, plus particulièrement, forme elfique). Il est dit de Saruman (par Gandalf lui-même) qu'il est le chef des Istari : c'est-à-dire le plus élevé dans la hiérarchie de Valinor. Et manifestement, Gandalf a rang tout de suite après lui. Radagast est donné pour un personnage de bien moindre conséquence et sagacité. Des deux autres, rien n'est dit dans les ouvrages publiés, en dehors de l'allusion aux Cinq mages, lors de l'altercation entre Gandalf et Saruman [*les Deux Tours* III 10]. Or les Valar envoient ces Maïar en Terre du Milieu à un moment crucial de son histoire, pour raffermir la résistance des Elfes de l'Ouest, dont décline le pouvoir, et celle des Hommes de l'Ouest, non corrompus par Sauron, qui sont très en minorité par rapport à ceux de l'Est et du Sud. On peut constater qu'ils [les Maïar] avaient toute latitude de faire ce qu'ils jugeaient utiles en cours de mission; ils n'avaient pas ordre — et on ne l'exigeait pas d'eux — d'agir *de concert,* en tant que petit groupe central où seraient concentrés tout pouvoir et sagesse; et ils avaient chacun des pouvoirs et des dispositions différentes, et furent choisis par les Valar en vue même de cette diversité.

D'autres écrits ne portent que sur Gandalf (Olórin, Mithrandir). Au verso de la page isolée qui contient le récit du choix des Istari par les Valar, figure la très remarquable note suivante.

Élendil et Gil-galad étaient partenaires et alliés; mais c'était bien « la dernière Alliance » des Elfes et des Hommes. Lors de la défaite finale de Sauron, les Elfes ne jouent pas un rôle effectif au moment de l'action. Legolas est probablement celui des Neuf Marcheurs qui accomplit le moins. Galadriel, la plus illustre des Eldar subsistant en Terre du Milieu, a surtout le pouvoir que lui donne sa sagesse et sa bonté : elle est celle qui dirige la lutte et prodigue les conseils, indomptable par sa *résistance* (essentiellement morale et spirituelle) mais incapable *d'agir* elle-même en représailles. A l'échelle qui est la sienne, elle est comparable à Manwë, au regard de l'action dans son ensemble. Et cependant même après la Submersion de Númenor et la chute de l'ancien monde, même lorsque le Royaume Bienheureux est détaché des « Cercles du Monde », Manwë ne se borne pas au rôle de simple observateur. C'est bien de Valinor que viennent les émissaires que l'on nomme Istari (Les Mages), et parmi eux Gandalf, en qui se révèle celui qui ordonne et coordonne et l'attaque et la défense.

Qui était ce « Gandalf » ? On a dit plus tard (lorsque à nouveau l'ombre du Mal offusqua le Royaume) que nombre des « Fidèles » étaient convaincus, à l'époque, que « Gandalf » fut le dernier avatar de Manwë lui-même, avant qu'il ne se retirât définitivement tout en haut de Taniquetil, sa Tour-de-guet. (Que Gandalf ait affirmé qu' « à l'Ouest » il ait eu nom Olórin fut considéré, selon cette interprétation, comme une manière d'incognito, un simple nom de passe.) J'ignore (bien entendu) ce qu'il en est dans la réalité, et le saurais-je, ce serait une erreur que d'en dire plus long que Gandalf lui-même. Mais pour ma part, je ne crois rien de cela. Manwë ne descendra pas de la Montagne avant la Dagor Dagorath, et le retour de Melkor qui marquera la venue de la Fin[8]. Pour assurer la victoire sur Morgoth n'a-t-il pas envoyé son propre Héraut Éönwë ? Et pour hâter la défaite de Sauron, n'enverra-t-il pas quelque esprit issu du peuple angélique, de moindre stature (et puissant néanmoins), un esprit contemporain de Sauron et dans leur commencement, son égal, mais rien de plus ? Olórin était son nom. Mais d'Olórin, nous n'en saurons jamais plus long que ce qu'a révélé Gandalf.

Suivent seize vers d'un poème, qui jouent en anglais sur les allitérations :

Veux-tu savoir l'histoire   qui longtemps fut cachée
des Cinq qui survinrent   d'une lointaine contrée ?
Un seul s'en retourna   les autres plus jamais.
Sous la loi des Hommes   la Terre du Milieu peinera
jusqu'à Dagor Dagorath   et le Destin s'accomplira.
Comment as-tu su   le Conseil qui fut tu
des Seigneurs d'Occident   au pays d'Aman ?
Les longues routes sont perdues   qui conduisaient là-bas,
et aux Hommes mortels   Manwë ne parle pas.
De l'Ouest-qui-fut   un vent l'apporta
à l'oreille du dormeur   dans le silence et
l'ombre de la nuit   lorsque la nouvelle se dit
des pays qu'on oublie,   des âges qui ont fui
sur les flots des années,   à l'esprit alerté.
Tout n'est point oubli   pour le Roi des Eldar,
en Sauron, il vit   la lente menace...

Une large part de ce qui précède touche à la question plus vaste de l'intérêt que portent Manwë et les Valar aux destinées de la Terre du Milieu après la submersion et Númenor, et cela, on ne peut l'envisager dans les limites de ce livre.

A la suite des mots « Mais d'Olórin nous ne saurons jamais plus long que ce qu'a révélé Gandalf », mon père devait ajouter :

Sauf qu'Olórin est un nom Sindarin, qui a dû donc lui être attribué à Valinor, par les Eldar, ou bien représente une « traduction » censée signifier quelque chose pour eux. Dans l'un et l'autre cas, quel était le sens, donné ou présumé, de ce nom ? *Olor* qui est un mot que l'on traduit souvent par « rêve », mais qui ne désigne pas le rêve du dormeur. Pour les Eldar, le mot connotait tout ce qui vit et flambe dans la *mémoire* comme dans l'*imagination* : il renvoyait, en fait, à la *claire appréhension* par l'esprit, de choses qui ne sont pas physiquement présentes dans les conditions où se trouve le corps. Donc non seulement à une idée mais à cette idée richement parée, dans la forme et le détail.

Un sens que souligne et explicite une note étymologique isolée :

Olo-s : vision, « fantaisie » ; un substantif sindarin courant pour exprimer une « construction de l'esprit » qui ne (pré)existe pas en réalité dans Éä, hors de cette construction même, mais que les Eldar peuvent rendre visible et sensible par le truchement de l'Art (*Karmë*). *Olos* s'applique généralement à une œuvre de *beauté*, ayant but uniquement artistique (ne visant pas à tromper, ni à procurer un pouvoir quelconque).

Sont cités des mots dérivés de cette racine : le Quenya *olos* « rêve, vision », pluriel *olozi/olor* ; *óla* (impersonnel) « rêver » ; *olosta* « rêveur ». Il est alors fait référence à *Olofantur* qui était l'ancien nom, le nom « véritable » de Lórien, le Vala « Maître des visions et des rêves », avant qu'il ne fût transformé en *Irmo* dans *le Silmarillion* (de même que *Narufuntur* devint *Námo,* Mandos) : bien que pour désigner ces deux « frères », ait survécu dans *les Valequenta,* le pluriel *Féanturi.*

On rapportera ces considérations sur *olos, olor* au passage dans *les Valequenta* (*le Silmarillion)* où il est dit qu'Olórin vécut au Lórien, dans le Valinor, et que

bien qu'il aimât les Elfes, il passait parmi eux sans être vu, ou sous la forme d'un d'entre eux, et ils ne savaient pas d'où leur venaient les visions magnifiques ou les éclairs de sagesse qu'il mettait en leur cœur.

Dans une première version de ce passage, on lit qu'Olórin était « conseiller d'Irmo », et que dans les cœurs de ceux qui prêtaient l'oreille à ses dires, s'éveillaient les pensées de « choses de beauté n'ayant point encore existence, mais qui se pouvaient faire pour enrichir Arda »

Une longue note permet d'expliciter le passage dans *les Deux Tours* IV 5, où Faranir, à Henneth Annûn, cite Gandalf, disant :

« Nombreux sont mes noms en divers pays. Je me nomme Mithrandir parmi les Elfes, Tharkûn chez les Nains ; Olórin, je fus, dans ma jeunesse à l'Ouest dont la mémoire s'est perdue, Incánus au Sud, et Gandalf au Nord. A l'Est, je ne vais point. »

Cette note est antérieure à la publication de la seconde édition du *Seigneur des Anneaux,* en 1966, et la voici :

La date de l'arrivée de Gandalf est incertaine. Il vint d'au-delà des Mers vers l'époque, semble-t-il, où l'on décela les premiers signes d'un éveil de « l'Ombre », car réapparaissaient et se répandaient les créatures malfaisantes. Mais il figure rarement dans les Annales et Chroniques du second millénaire, en ce Troisième Âge. Sans doute erra-t-il longtemps (sous des dehors divers), s'attachant non point aux actes et aux événements, mais à sonder les cœurs des Elfes et des Hommes qui s'étaient, par le passé, opposés à Sauron, et dont on pouvait s'attendre qu'ils le combattent à nouveau. On conserve sa propre affirmation (ou une version de son dire, d'ailleurs pour le moins obscur), selon laquelle, en sa jeunesse, il avait nom Olórin à l'Ouest[9], mais fut nommé Mithrandir (« le Gris Voyageur ») par les Elfes, Tharkûn (signifiant, dit-on, « l'Homme au bâton ») par les Nains, Incánus au Sud et Gandalf au Nord, et « à l'Est, je ne vais point ».

« L'Ouest » désigne ici manifestement l'Extrême — Occident au-delà des mers, et non un lieu quelconque en Terre du Milieu ; le nom Olórin est une forme sindarine. Le « Nord » doit renvoyer aux régions nord-ouest de la Terre du Milieu, où la plupart des habitants étaient, et devaient demeurer, non corrompus par Morgoth et par Sauron. C'est dans ces régions que la résistance devait s'affirmer avec le plus de force contre les maléfices que l'Ennemi avait laissés dans son sillage, ou contre son serviteur Sauron lorsque celui-ci tenta une sortie. Les frontières de cette région étaient, on le conçoit, mal définies : à l'est, elles suivaient la rivière Carnen jusqu'à son confluent avec la Celduin (la Rivière Vive) et ainsi juqu'à la Núrnen, et de là au sud, jusqu'aux anciens confins du Sud Gondor (lesquels à l'origine n'excluaient pas le Mordor occupé plus tard par Sauron bien qu'il n'ait pas fait partie initialement de son empire « à l'Est », mais cette annexion constituait une menace délibérée contre l'Ouest et les Númenoréens). Le « Nord » comprenait donc toute une vaste région qui se déployait d'ouest en est depuis le Golfe de Lune jusqu'à la Rivière Núrnen.

Ce passage est le seul qui subsiste, attestant qu'il ait poussé ses voyages d'exploration vers le sud. Aragorn affirme avoir parcouru « les lointaines contrées de Rhûn et de Harad où étranges sont les étoiles » (*la Fraternité de l'Anneau* III 2)[10]. Il n'y a pas lieu de supposer que Gandalf ait fait de même. Ces légendes sont centrées sur le nord parce que, selon les données historiques, la lutte contre Morgoth et ses serviteurs se serait principalement déroulée au nord, et plus particulièrement au nord-ouest de la Terre du Milieu ; et cela parce que les Elfes, et par la suite les Hommes qui fuyaient Morgoth poussaient toujours plus à l'ouest, en direction du Royaume Bienheureux, et au Nord-Ouest, au point où les rives de la Terre du Milieu se rapprochent le plus du pays d'Aman. Le « sud » *Harad* est donc un terme vague, et bien qu'avant la Submersion, les Númenoréens aient poussé loin au Sud leurs explorations des côtes de la Terre du Milieu, leurs colonies au-delà d'Umbar avaient été annexées par Sauron ; ou encore fondées par des Hommes qui déjà à Númenor même étaient des suppôts de l'Ennemi, elles s'étaient faites hostiles et toutes dévouées à leur Maître. Les régions sud confinant avec le Gondor (et appelées par les gens du Gondor tout simplement le [Proche ou Extrême] Sud Harad) auraient sans doute été plus susceptibles de se convertir à la « Résistance » ; mais au Troisième Âge, Sauron avait déployé une grande activité dans ces régions qui lui fournissaient des hommes pour ses guerres contre le Gondor. Il se peut donc que Gandalf ait parcouru ces pays dans les premiers temps de ses travaux.

Mais son principal domaine était « le Nord », et tout particulièrement le Nord-Ouest, Lindon, l'Ériador et le Val d'Anduin. Elrond et les Dúnedain du Nord (les Rangers) étaient ses alliés privilégiés. Il avait une connaissance des « Halflings » qui lui était propre, et une affection pour eux toute particulière, sa sagesse lui donnant prescience de l'importance qu'ils revêtiraient par la suite ; et au surplus, il percevait leur qualité intrinsèque. Gondor l'attirait moins pour les raisons précises qui le rendait plus intéressant aux yeux de Saruman : comme centre de savoir et de pouvoir. Ses souverains étaient irrévocablement opposés à Sauron, et par le sang et par leurs allégeances traditionnelles, et certainement par toute leur action politique. Leur royaume constituait de par son existence même, une menace pour Sauron, et il ne pouvait persister en son être et se perpétuer que pour autant où il résisterait, les armes à la main, à la menace que Sauron faisait peser sur lui. Gandalf ne pouvait pas faire grand-chose pour guider les fiers souverains du Gondor, ou les instruire, et c'est seulement au déclin de leur puissance, lorsqu'ils se trouvèrent ennoblis par leur courage et leur constance dans une lutte apparemment vouée à l'échec, qu'il commença à avoir grand souci d'eux.

Le nom *Incánus* est de consonance « étrangère » : il n'appartient en effet ni au Westron, ni à une langue elfe (Sindarin ou Quenya), ni ne renvoie-t-il à aucune des langues encore en usage parmi les Hommes du Nord. Une note dans le Livre de Thaín nous apprend qu'il s'agit d'un mot du parler Haradrim, adapté au Quenya, et signifiant tout simplement « Espion-du-Nord » (Incá + nús) [11].

Gandalf est une transposition en anglais, du même ordre que celles opérées pour les noms des Hobbits ou des Nains. Le nom existe réellement en Vieux Norrois (c'est celui d'un Nain qui figure dans le *Völuspá* [12]) et je l'ai utilisé car il m'a paru contenir le radical *gandr,* un bâton, et singulièrement, un bâton du type de ceux qui ont usage « magique » ; d'où *Gandalf* que l'on pourrait traduire : « créature elfe au bâton magique » ; Gandalf n'était pas un Elfe, mais les hommes avaient tendance à l'identifier aux Elfes, son alliance avec eux et l'amitié qui leur portait étant choses connues. Le nom étant rapporté au « Nord » en général, on doit admettre que *Gandalf* représente un nom de langue westron, mais formé d'éléments qui n'avaient pas été empruntés aux langues Elfes.

Une note écrite en 1967 attribue un tout autre sens aux paroles de Gandalf, « Et Incánus au Sud », et à l'étymologie de ce nom :

Ce que l'on doit entendre par « Sud » n'est pas du tout clair. Gandalf affirme n'avoir jamais visité « l'Est », mais en fait, il semble bien avoir limité ses voyages et sa vigilance aux terres de l'Ouest habituées par les Elfes et autres peuples généralement hostiles à Sauron. Au moins semble-t-il peu probable qu'il ait jamais parcouru le Harad (ou l'Extrême Harad !), ou qu'il y ait séjourné assez longtemps pour avoir acquis un nom particulier dans l'une quelconque des langues étrangères parlées dans ces régions peu connues. Le Sud désignerait donc ici le Gondor (considéré dans sa plus grande extension, à l'apogée de sa puissance). A l'époque où se déroule ce récit, nous constatons cependant que Gandalf est appelé Mirthrandir, au Gondor (par tous les hommes de qualité et par ceux d'origine númenoréenne, tel

Denethor, Faramir et autres). C'est là un nom sindarin, celui, dit-on, utilisé par les Elfes ; mais les Grands, au Gondor, savaient et parlaient couramment le Sindarin. Le nom « populaire » de Gandalf en westron, le Parler Commun, aurait donc été, à l'évidence, un genre de sobriquet, quelque chose comme « Mantegrise », inventé dans le lointain passé, et qui subsistait alors sous une forme archaïque. C'est peut-être le *Maugris* utilisé par Éomer au Rohan.

Mon père conclut ici que « au Sud » désigne effectivement le Gondor, et que Incánus était (tout comme Olórin) un nom quenya, mais inventé au Gondor, dans les Temps Anciens, lorsque le Quenya était encore d'usage courant parmi les gens cultivés, et la langue de toutes les chroniques historiques, comme cela avait été le cas à Númenor.

Dans les tables Royales, on lit que Gandalf survint à l'Ouest, au Troisième Âge, vers le début du onzième siècle. Si nous supposons qu'il commença par parcourir le Gondor assez fréquemment et assez longtemps pour y acquérir un ou plusieurs noms — par exemple sous le règne d'Atanatar Alcarin, 1800 ans environ avant la Guerre de l'Anneau — on peut voir dans Incánus un nom quenya qui lui aurait été attribué à l'époque, et serait après tombé en désuétude, pour ne survivre que dans le souvenir des gens cultivés.

Sur la base de cette hypothèse, on peut proposer une étymologie à partir d'éléments quenya : *in* (*id*) — « esprit » et *Kan* — « souverain », qui se retrouve dans *cáno, cánu,* « souverain, gouverneur, chef » (qui par la suite devait fournir le second élément des noms *Turgon* et *Fingon*). Dans cette note, mon père évoque le nom latin *incánus* « aux cheveux gris », de manière à suggérer que telle aurait été l'origine réelle du nom de Gandalf, à l'époque où fut écrit *le Seigneur des Anneaux,* une proposition qui si elle se confirmait, aurait de quoi surprendre ; mais au terme de la discussion, il fait observer que la coïncidence de pure forme entre le mot quenya et le mot latin doit être tenue pour absolument « fortuite », tout comme le mot sindarin *Orthanc,* « une hauteur fourchue », se trouve coïncider avec le mot anglo-saxon *orpánc,* « un habile stratagème » ce qui est la traduction du nom lui-même en langue Rohirrim.

NOTES

1. Dans *les Deux Tours* III 8, on lit que « Bien des gens tenaient Saruman pour le chef des Mages », et lors du Conseil d'Elrond (*la Fraternité de l'Anneau* II 2), Gandalf le dit explicitement : « Saruman le Blanc est le plus grand de mon ordre. »

2. On trouve une autre version des paroles que Círdan adresse à Gandalf en lui remettant l'Anneau de Feu aux Havres Gris, dans *les Anneaux du Pouvoir* (*le Silmarillion*) ; et aussi, en des termes presque analogues, dans l'Appendice B au *Seigneur des Anneaux* (note liminaire aux Tables Royales du Troisième Âge.)

3. Dans une lettre écrite en 1958, mon père dit qu'il ne savait pas grand-chose sur les « deux autres », car ils n'avaient pas partie liée à l'histoire du Nord-Ouest de La Terre du Milieu. « Je pense, écrit-il, qu'ils furent mandés en des régions lointaines, à l'Est et au Sud, bien au-delà des terres où s'étendait l'influence númenoréenne, sans doute en tant que missionnaires dans des pays occupés par l'ennemi. Quel fut le succès de leur action, je l'ignore ; mais je crains qu'ils échouèrent, comme échoue Saruman, quoique de manière différente ; et je soupçonne qu'ils furent les fondateurs et les instigateurs de cultes secrets et de traditions « magiques » qui persistèrent après la chute de Sauron. »

4. Dans une note très tardive sur les noms des Istari, Radagast est donné pour un nom ayant cours parmi les Hommes du Val d'Anduin, « difficile à interpréter aujourd'hui ». Rhosgobel, dont on dit dans *la Fraternité de l'Anneau* II, 3, qu'elle était « l'ancienne partie de Radagast », se trouvait, croit-on, sur les confins forestiers entre le Carrock et la Vieille Route Forestière.

5. D'après la mention qui est faite d'Olórin dans *les Valaquenta* (*le Silmarillion*), les Istari, semble-t-il, étaient effectivement des Maïar ; car Olórin était Gandalf.

6. *Curumo* serait le nom de Saruman en Quenya, forme que l'on ne trouve nulle part ailleurs ; *Curunir* était la forme sinda-

rine. En *Saruman*, nom qui lui fut donné par les Hommes du Nord, s'entend le mot anglo-saxon *searu, saru* « habileté, ruse, finesse ». *Aiwendil* doit signifier « ami des oiseaux » ; voir *Linaewen* « Lac des oiseaux » au Nevrast (voir l'Appendice au *Silmarillion,* pour le mot *lin*) (I). *Pallando* malgré son orthographe, contient peut-être *palan* « lointain », qui se retrouve dans *palantir* et dans *Palarro,* « L'Éternel Errant », nom du navire d'Aldarion.

7. Dans une lettre écrite en 1956, mon père dit : « Dans *le Seigneur des Anneaux,* il n'est presque jamais fait référence à quelque chose qui n'ait pas son *existence* propre (en tant que réalité d'ordre secondaire, ou sous-jacente à la création) » ; et dans une note appendue à cette remarque, il ajoute : « Les chats de la Reine Berúthiel et les noms des deux autres mages (avec Saruman, Gandalf et Radagast, ils étaient cinq) sont les seules exceptions qui me viennent en mémoire. » Dans la Moria, Aragorn dit à Gandalf qu'il est plus assuré de retrouver son chemin pour rentrer chez lui par une nuit obscure, que les chats de la Reine Berúthiel » (*la Fraternité de l'Anneau* II 4).

L'histoire de la Reine Berúthiel existe néanmoins, ne serait-ce que sous forme d'ébauche plus que sommaire, et en partie illisible. Elle était l'épouse malfaisante, solitaire et non aimée de Tarannon, douzième Roi du Gondor (au Troisième Âge, 830-913) et premier des « Rois-navigateurs » qui assuma la couronne au nom de Falasture, « Seigneur des Côtes », et fut le premier roi sans enfants (*le Seigneur des Anneaux,* Appendice A, I ii et iv). Berúthiel vivait dans la Maison du Roi à Osgiliath, haïssant les rumeurs et senteurs de la mer ; cette Maison que Tarannon avait fait construire sous Pelargir, « Rade des Navires du Roi, était juchée sur des arcades, dont les fondations s'enfonçaient profondément dans les flots agités de l'Ethir Anduin, à son embouchure » ; Berúthiel détestait les formes et les couleurs, et les riches parures, et ne portait que du noir et de l'argent, vivant dans des chambres nues, et les jardins de la maison d'Osgiliath étaient remplis de sculptures tourmentées, sous les cyprès et les ifs. Elle avait neuf chats noirs et un blanc, ses esclaves, avec lesquels elle tenait conversation, et dont elle lisait les pensées, les incitant à percer à jour tous les noirs secrets du Gondor, de sorte qu'elle savait « tout ce que les hommes souhaitaient dissimuler », et elle faisait de son chat blanc l'espion de ses chats noirs, et elle les tourmentait. Pas un homme de Gondor n'osait les toucher ; et tout le monde les craignait, et on les maudissait lorsqu'on les voyait passer. Ce qui suit est presque entièrement illisible dans l'unique manuscrit, sinon la fin, où l'on déchiffre que le nom de Berúthiel fut effacé du Livre des Rois (« mais la mémoire des hommes n'est pas tout entière enclose sous le couvert des livres, et les chats de la Reine Berúthiel ne disparurent jamais complètement des récits »). Le Roi Tarannon la fit mettre toute seule avec ses chats, sur un navire chassé à la dérive par un fort vent du nord. La dernière fois qu'on aperçut le navire, il cinglait à vive allure au large d'Umbar, sous un fin croissant de lune, un chat comme figure-de-proue et un autre en vigie, à la flèhe du mât.

8. Il est fait ici référence à « La Seconde Prophétie de Mandos » qui ne figure pas dans *le Silmarillion;* on n'en tentera pas ici l'élucidation qui impliquerait une analyse de la mythologie en regard de ce qui est donné dans la version publiée.

9. Gandalf dit une nouvelle fois : « Olórin je fus dans l'Ouest, dont la mémoire s'est perdue » lors de sa conversation à Minas Tirith, avec les Hobbits et Gimli, après le couronnement du Roi Élessar ; voir « L'Expédition d'Érebor ».

10. Les « étranges étoiles » appartiennent exclusivement au Harad et semblent indiquer qu'Aragorn a voyagé assez avant dans l'Hémisphère sud. [Note de l'auteur.]

11. Un signe sur la dernière lettre d'Inka-nus suggère que la consonne finale se prononçait *sh*.

12. Un des poèmes figurant dans les grands cycles de poésie en ancien Norrois, connus sous le nom « d'Edda poétique » ou « ancienne Edda ».

3

LES PALANTIRI

LES *palantíri* ne furent certes jamais d'usage courant ni de notoriété publique, même à Númenor. En Terre du Milieu, on les tenait enfermées dans des chambres fortes, en haut de puissantes tours, où, hors leurs gardiens attitrés, les Rois et Surintendants avaient seuls accès ; on ne les consultait ni ne les exposait jamais au vu de tous. Mais tant qu'il y eut des Rois, les Pierres Clairvoyantes n'eurent rien de sinistre ou de secret ; leur utilisation n'entraînait aucun danger, et le Roi, ou quiconque avait autorité pour les interroger, n'aurait jamais hésité à révéler la source de son savoir quant aux actes et opinions des souverains éloignés, pour peu que ce savoir lui vînt par le truchement des pierres [1].

Passé le temps des Rois et Minas Ithil perdue, il n'est plus question d'une utilisation des Pierres, libre et quasi officielle. Après le naufrage d'Arvedui Le-Dernier-Roi, en l'année 1975 [2], il ne resta plus de Pierres clairvoyantes dans le Nord. En 2002, la Pierre-Ithil disparut. Et seules demeurèrent alors la Pierre-Anor à Minas Tirith, et la Pierre-Orthanc [3].

Il y eut deux raisons à l'abandon des Clairvoyantes, et au fait que leur souvenir même devait s'oblitérer parmi le commun. La première fut l'ignorance de ce qu'il était advenu de la Pierre-Ithil ; on a admis, non sans vraisemblance, qu'elle avait été détruite par les défenseurs de Minas Ithil, lors de la chute et du sac de la ville[4]. Mais il se pouvait aussi qu'elle ait été capturée et se trouvât en la possession de Sauron ; et certains plus sagaces et perspicaces y ont certainement songé. Mais considérant la chose, il leur apparut que la Pierre ne pouvait guère servir Sauron dans son vouloir de nuire au Gondor, à moins qu'elle puisse établir le contact avec une autre Clairvoyante qui lui fût accordée[5]. Et, pense-t-on, c'est pour cela que la Pierre-Anor, dont il n'est jamais fait mention dans les rapports des Surintendants jusqu'à la Guerre de l'Anneau, vint à constituer un secret étroitement gardé, accessible seulement au Surintendant en exercice, et dont aucun (semble-t-il) ne fit usage jusqu'à Deneor II.

La seconde raison de cette perte de mémoire tint à la décadence du Gondor et au déclin de l'intérêt pour tout savoir ayant trait aux Temps Anciens chez presque tout le monde, hors quelques Grands du Royaume, et encore uniquement en ce qui concernait leur généalogie : leurs ascendances et leurs alliances. Gondor, après l'Ère des Rois, devait sombrer en une sorte de « Moyen Âge », où le savoir alla s'appauvrissant et où les techniques se firent rudimentaires. Les communications étaient entièrement assurées par des messagers ou par des courriers à cheval, et dans les cas d'extrême urgence, par des feux d'alarme, et si les Pierres d'Anor et d'Orthanc étaient encore précieusement conservées comme un trésor légué par le passé dont l'existence demeurait connue d'un tout petit nombre, presque plus personne ne comprenait, à supposer même qu'on s'en soit souvenu, les couplets traditionnels où elles étaient nommées. La légende imputait leurs pouvoirs aux anciens Rois Elfes à la vue perçante, servis par les prompts esprits ailés qui leur mandaient les nouvelles et portaient leurs messages.

A cette époque, les Surintendants s'étaient désintéressés, semble-t-il, depuis longtemps de la Pierre-Orthanc : elle ne leur servait plus à rien et elle était en sûreté dans sa tour inexpugnable. Et quand bien même n'aurait point pesé également sur elle l'ombre qui planait sur la Pierre Ithil, elle se trouvait désormais dans une région avec laquelle Gondor avait de moins en moins de rapports. La population du Calenardhon, depuis toujours fort clairsemée, avait été décimée par la Peste Noire de 1636, et le Calenardhon s'était peu à peu vidé de ses habitants d'ascendance númenoréenne, qui émigrèrent en Ithilien et dans les contrées proches de l'Anduin. Isengard demeura propriété personnelle du Surintendant, mais Orthanc même tomba à l'abandon, et un jour vint où l'on ferma la tour et où l'on apporta les clefs à Minas Tirith. Si Beren le Surintendant avait eu la moindre souvenance de la Pierre, lorsqu'il remit les clefs de la tour à Saruman, sans doute pensa-t-il qu'elles ne pouvaient se trouver en meilleures mains qu'en celles du chef du Conseil qui luttait contre Sauron.

Au cours de ses investigations[6] Saruman avait très certainement acquis une connaissance particulière des Pierres, lesquelles ne pouvaient manquer d'attirer son attention ; et il s'était convaincu que la Pierre-Orthanc était encore intacte dans sa tour. Il prit possession des clefs d'Orthanc en 2759, nominalement en tant que gardien de la tour et lieutenant du Surintendant du Gondor. A cette époque, le Conseil Blanc ne se souciait guère de la Pierre-Orthanc. Saruman était le seul qui ayant gagné la faveur des Surintendants, avait suffisamment étudié les annales du Gondor pour comprendre l'intérêt des *palantíri*, et les utilisations possibles qu'offraient celles qui subsistaient ; mais il n'en souffla mot à ses collègues. Et sa jalousie et sa haine étaient telles qu'il cessa de participer au Conseil, qui se réunit pour la dernière fois en 2953. Sans aucune déclaration officielle, Saruman s'empara alors d'Isengard, et en fit sa propriété, et il ne tint plus compte du Gondor. Le Conseil, à n'en point douter, désapprouva la chose ;

mais Saruman était libre de ses décisions, et il avait le droit s'il le souhaitait d'agir à sa guise, selon sa propre politique de résistance à Sauron[7].

Sans doute le Conseil en tant que tel connaissait-il de son côté l'existence des Pierres et leurs anciennes propriétés, mais il ne leur attachait pas grande importance dans la conjoncture de l'époque : c'étaient des choses qui appartenaient à l'histoire des Royaumes Dúnedain, des choses merveilleuses et admirables en soi, mais perdues pour la plupart, ou d'un usage désormais peu probant. On se souviendra qu'à l'origine, les Pierres étaient « innocentes », n'acceptant pas de servir des desseins maléfiques. C'est Sauron qui en fit des objets de sinistre renom et des instruments de domination et de tromperie.

Bien que (averti par Gandalf) le Conseil ait commencé à suspecter les intentions de Saruman en ce qui concernait les Anneaux, personne, pas même Gandalf, ne savait qu'il était devenu l'allié, voire le serviteur de Sauron. Cela, Gandalf ne devait le découvrir qu'en juillet 3018. Mais si dans les récentes années, Gandalf avait approfondi ses propres connaissances historiques du Gondor et celles du Conseil, à travers l'étude des annales de ce Royaume, l'Anneau n'en demeurait pas moins l'objet de leur sollicitude à tous. Ils ne concevaient ni les uns ni les autres les possibilités latentes, infuses dans les Pierres. A l'époque de la Guerre de l'Anneau, le Conseil venait à peine de s'apercevoir des incertitudes quant au sort de la Pierre-Ithil, et (comme on pouvait s'y attendre de la part de gens à ce point écrasés de soucis tels Elrond, Galadriel et Gandalf) ils n'appréciaient pas le fait à sa juste valeur, ne songeant pas à ce qui pourrait se passer si Sauron s'emparait d'une des Pierres et que quelqu'un s'avisait d'en sonder une autre. Il fallut la démonstration, sur les hauts de Dol Barren, des effets de la Pierre-Orthanc sur Peregrin, pour que soit soudain mis en évidence le « lien » entre Isengard et Barad-dûr (lien avéré lorsqu'on s'aperçut que pour attaquer la Fraternité à Perth Galen, aux forces d'Isengard s'étaient jointes d'autres forces sous le commandement de Sauron) ; et que ce lien n'était autre que celui noué entre la Pierre-Orthanc — et une autre *palantir*.

Lorsque montés tous deux sur Shadowfax et fuyant Dol Baran, (*les Deux Tours* III ii) Gandalf s'entretient avec Peregrin, il ne cherche, dans l'immédiat, qu'à donner au Hobbit quelque idée de l'histoire des *palantíri*, afin que celui-ci puisse au moins entrevoir la vénérable ancienneté, l'éminente dignité et les grands pouvoirs des choses où il avait osé s'immiscer. Gandalf ne tenait nullement à dévoiler son propre cheminement, ses découvertes et ses déductions, sauf en sa conclusion : montrer comment Sauron était venu à s'emparer des Pierres, de sorte que l'usage en était dangereux pour *quiconque*, fût-il de la plus haute volée. Mais en même temps, Gandalf songeait sérieusement aux Clairvoyantes, s'efforçant d'évaluer la portée des révélations survenues à Dol Baran, quant à certaines choses dont il avait fait observation ou objet de méditation — telle la surprenante connaissance des événements lointains, que possédait Denethor, et son aspect prématurément vieilli, perceptible chez lui alors qu'il avait à peine dépassé la soixantaine ; et ce bien qu'il appartînt à une race et à une famille qui jouissait encore normalement d'une plus grande longévité que le commun des hommes. Nul doute que la hâte de Gandalf d'atteindre Minas Tirith, outre l'urgence des temps et l'imminence des hostilités, fut avivée par la crainte soudaine que Denethor n'eût lui aussi interrogé une *palantir*, et par le désir de juger quel effet cela avait produit sur lui : et, en particulier, si dans l'épreuve cruciale d'une guerre à outrance, on n'allait pas découvrir que Denethor (à l'instar de Saruman) n'était plus un homme de confiance, et qu'il se laisserait asservir au Mordor. Et c'est donc à la lumière de ce doute éveillé dans l'esprit de Gandalf, qu'on doit considérer tout ce qui intervint entre lui et Denethor, à son arrivée à

Minas Tirith et dans les jours qui suivirent, et tout ce qui fut rapporté de leurs conversations[8].

L'importance qu'accordait Gandalf à la *palantir* de Minas Tirith datait donc seulement de l'aventure survenue à Peregrin sur Dol Baran. Mais naturellement sa connaissance ou ses conjonctures touchant l'existence même de la Pierre étaient bien antérieures. On ne sait pas grand-chose des mouvements de Gandalf jusqu'à la fin de la Paix Vigilante (2460), et la formation du Conseil Blanc (2463) ; l'intérêt privilégié qu'il porta au Gondor semble s'être manifesté seulement après que Bilbo eut découvert l'Anneau (2941) et le retour en force de Sauron au Mordor, en 2951[9]. A cette époque, l'Anneau d'Isildur était le souci premier de Gandalf (comme d'ailleurs de Saruman) ; mais on imagine volontiers que sa lecture des archives de Minas Tirith lui apprit beaucoup de choses sur les *palantíri* du Gondor, bien qu'il ne semblât point avoir apprécié aussi promptement que Saruman leur portée réelle, l'esprit de Saruman, différent en cela du sien, étant attiré par les instruments et organes de pouvoir plutôt que par les individus. Pourtant Gandalf en savait déjà bien plus long que Saruman sur les origines véritables et sur la nature des *palantíri*, car tout ce qui concernait l'ancien royaume d'Arnor et l'histoire ultérieure de ces régions relevait de sa sphère propre, et il était proche allié d'Elrond.

Mais la Pierre-Anor était devenue un noir secret : après la chute de Minas Ithil, il n'est fait nulle mention de son sort dans les annales et chroniques des Surintendants. Or il semble historiquement prouvé que ni Orthanc ni la Tour Blanche de Minas Tirith n'ont jamais été prises ou mises à sac par les ennemis, et on a donc tout lieu de croire que les Pierres étaient intactes et qu'elles se trouvaient en leurs sites anciens ; mais il se peut aussi que les Surintendants les aient fait enlever, et peut-être

« enfouies profondément »[10] en quelque secrète chambre-au-trésor, ou même au fin fond de quelque cache montagneuse, telle Dunharrow.

On aurait cité Gandalf disant qu'il ne *pensait* pas que Denethor eût eu l'audace de l'utiliser, du moins tant que la sagesse l'habitait[11]. Quand et pourquoi Denethor prit sur lui d'interroger la Pierre reste encore matière à conjectures. Gandalf pouvait bien avoir son idée sur le sujet, mais étant donné la personnalité de Denethor et ce qu'on raconte de lui, on peut admettre qu'il commença à utiliser la Pierre-Anor des années avant 3019, et bien avant que Saruman se soit hasardé, ou ait jugé utile, de sonder la Pierre-Orthanc. Denethor avait succédé à la fonction de Surintendant en 2984, à l'âge de cinquante-quatre ans ; c'était un homme impérieux, avisé et cultivé au-delà du commun, et un homme résolu, sûr de lui et de caractère intrépide. Ce n'est qu'après la mort de sa femme Finduilas, en 2988, que son entourage vint à constater chez lui les premiers signes d'une « sombre préoccupation » ; mais on a tout lieu de croire qu'il s'était adressé à la Pierre *dès* qu'il avait accédé au pouvoir, ayant longtemps étudié la question des *palantíri* et toutes les traditions les concernant, elles et leur utilisation, dans les archives secrètes des Surintendants, accessibles seulement au Surintendant en exercice et à son héritier. Vers la fin du règne de son père, Echtelion II, il dut concevoir le vif désir de consulter la Pierre, tandis qu'au Gondor l'inquiétude s'avivait et que sa propre position se trouvait minée par la gloire de « Thorongil »[12], et la faveur que lui accordait le Roi son père. Un, au moins, de ses motifs, dut être sa jalousie à l'égard de Thorongil et son hostilité envers Gandalf, à qui, lors de l'ascension de Torongil, le Roi montrait grande estime ; Denethor voulait l'emporter en connaissance et en savoir, sur tous ces « usurpateurs » ; et, le cas échéant, ne pas les perdre de vue lorsqu'ils étaient ailleurs.

Il convient de distinguer le point de rupture dans

son affrontement avec Sauron, de la tension même, inhérente à toute utilisation de la Pierre[13]. Cette tension, Denethor se croyait (non sans raison) capable d'y résister. Et on pense que l'affrontement avec Sauron n'eut lieu que beaucoup plus tard et qu'à l'origine, Denethor ne l'envisageait nullement. Sur le maniement des *palantíri* et la distinction entre l'utilisation solitaire des Pierres à des fins de pure « vision », et leur usage à des fins de communication avec une autre, une Pierre « répondante » et son « observateur attitré » ; Denethor put, lorsqu'il eut maîtrisé le maniement des Pierres, apprendre beaucoup de choses sur les événements survenus au loin, en sondant la seule Pierre-Anor ; et même après que Sauron se fut avisé de ses opérations, il put encore l'utiliser tant qu'il conserva la force d'âme de contrôler sa Pierre à ses fins propres, malgré tous les efforts déployés par Sauron pour lui « arracher » la Pierre-Anor et la détourner à son usage personnel ; il faut aussi songer que les Clairvoyantes n'étaient, pour Sauron, qu'une minime partie de ses vastes desseins et opérations : un moyen de dominer et de tromper deux de ses adversaires, mais qu'il ne voulait pas (ni ne pouvait) garder la Pierre-Ithil sous observation constante. Car il n'était pas de ceux qui remettent l'usage de tels instruments de pouvoir aux mains de subordonnés ; au demeurant, aucun de ses serviteurs n'était de taille à se mesurer mentalement à Saruman où même à Denethor.

Quant à Denethor, il se trouva fortifié en sa propre position, et contre Sauron lui-même, par le fait que les Pierres se laissaient beaucoup plus aisément manipuler par leurs usagers légitimes : et, singulièrement, par les « Héritiers d'Élendil » (tel Aragorn), et par ceux, également, qui avaient hérité d'une autorité légitime (et c'était le cas de Denethor) — à bien distinguer donc, de Saruman et de Sauron. Et on notera que leurs effets sur Saruman et Denethor furent différents : Saruman tomba sous l'emprise de Sauron, jusqu'à souhaiter sa victoire, ou du moins il cessa de le contrer ; alors que Denethor devait rester inébranlable dans son opposition à Sauron, mais en arriver à croire sa victoire inévitable, à s'abîmer dans un noir désespoir ; les raisons de cette différence tenaient très certainement tout d'abord à ce que Denethor était un homme d'une puissante force de volonté, et qui maintint l'intégrité de sa personnalité jusqu'à l'effondrement final provoqué par la blessure (apparemment) mortelle du seul fils qui lui restait. C'était un homme fier, mais cet orgueil n'avait rien d'exclusivement personnel. Il aimait le Gondor et son peuple, et se croyait désigné par le destin pour les conduire en ces temps obscurs. D'autre part, la Pierre-Anor était sienne de *plein droit.* Et rien, sinon des questions de pure opportunité, lui en interdisait l'usage en ses moments d'angoisse. Il dut deviner que la Pierre-Ithil se trouvait en des mains malfaisantes, mais il risqua le contact avec elle, confiant en sa propre force d'âme. Et sa confiance n'était pas entièrement injustifiée, car Sauron ne devait jamais parvenir à le vaincre, mais seulement à l'abuser de ses tromperies. Au début, sans doute, Denethor ne chercha pas à interroger le Mordor, se contentant des « vues lointaines » que pouvait lui procurer la Clairvoyante ; d'où sa surprenante connaissance des événements survenus à distance. On ne dit pas s'il prit contact avec la Pierre-Orthanc et avec Saruman. Il est probable que oui, et non sans profit personnel. Sauron, quant à lui, ne pouvait s'entremettre dans ses entretiens : seul « l'observateur attitré » de la Pierre Maîtresse, située à Osgiliath, avait pouvoir « d'écouter aux portes ». Lorsque deux Pierres conversaient, une Troisième les trouvait toutes les deux muettes [14].

Au Gondor s'était probablement perpétué un important savoir traditionnel touchant les *palantíri,* un savoir que les Rois et Surintendants avaient dû se transmettre, même après qu'on eut cessé d'utiliser les

Pierres. Les Clairvoyantes étaient un don inaliénable fait à Élendil et à ses héritiers, à qui elles appartenaient de plein droit : mais cela ne signifiait pas que seuls lesdits « héritiers » aient eu droit d'usage sur elles. Les Pierres étaient légalement utilisables par quiconque en avait reçu bonne et due autorisation, soit d'un « héritier d'Anárion », soit d'un « Héritier d'Isildur », autrement dit d'un Roi légitime du Gondor ou de l'Arnor. Et normalement, ces « mandants » avaient seuls droit de les utiliser. Chaque Clairvoyante avait son propre gardien dont l'un des devoirs était de la « visionner » à intervalles réguliers, ou lorsqu'il en recevait l'ordre, ou encore en temps de besoin. D'autres personnes étaient nommées également pour sonder les Pierres, et les ministres de la Couronne chargés plus particulièrement des « Renseignements », les inspectaient régulièrement et à des occasions spéciales, rapportant toute information ainsi recueillie au Roi et à son Conseil, ou, le cas échéant, au Roi dans son privé. Au Gondor, dans les derniers temps, à mesure que la fonction du Surintendant prenait de l'importance et devenait héréditaire, fournissant, dirons-nous, une « doublure » permanente du Roi et un Vice-Roi immédiatement disponible en cas d'urgence, les pouvoirs de décision et d'utilisation, en ce qui concerne les Pierres, semblent s'être concentrés entre les mains des Surintendants, et les traditions touchant leur nature et leur maniement s'être maintenues et transmises dans leur Maison. A partir de 1998[15], date à laquelle la fonction était devenue héréditaire, l'autorisation d'utiliser, ou bien de déléguer l'autorisation d'utiliser les Pierres, vint de même à se transmettre légalement dans leur lignée ; et ainsi Denethor les détenait-il de plein droit[16].

Il convient cependant de noter à propos du récit qui figure dans *le Seigneur des Anneaux*, que primait en droit cette autorité déléguée, fût-elle héréditaire, tout authentique « héritier d'Élendil » (c'est-à-dire tout descendant reconnu d'un Roi ou d'un Seigneur souverain des royaumes númenoréens, lesquels, en vertu même de leur ascendance, avaient un droit prééminent d'utilisation, valable pour l'une quelconque des *palantíri*). C'est ainsi qu'Aragorn revendiqua le droit de prendre possession de la Pierre-Orthanc, à l'époque sans propriétaire ni gardien ; et aussi parce qu'il était *de jure* le Roi légitime et du Gondor et de l'Arnor, et pouvait s'il en décidait ainsi, et pour de justes causes, annuler en sa faveur toute concession préalable.

La « Tradition des Clairvoyantes » s'est perdue et on ne peut guère la reconstituer que par conjectures et à partir de ce qui a été conservé à leur propos. Elles étaient parfaitement sphériques, paraissant, au repos, avoir été façonnées dans un seul bloc de verre ou de cristal d'un noir opaque. Les plus petites avaient environ un pied de diamètre, mais il y en avait de beaucoup plus grosses, et c'était le cas, très certainement, des Pierres d'Osgiliath et d'Amon Sûl. Initialement, elles étaient posées sur un socle accordé à leurs dimensions, et aux usages prévus : une table basse en marbre noir, de forme circulaire, où l'on pouvait au besoin les faire pivoter à la main. Elles étaient très lourdes mais parfaitement lisses, et si par accident ou vilénie, elles étaient déplacées ou bousculées, elles ne subissaient point de dommage. Et de fait, aucune violence dont était capable l'homme de l'époque ne les pouvait briser ; mais d'aucuns pensaient que soumises à une chaleur extrême, la chaleur de l'Orodruin par exemple, elles risquaient d'éclater, et que tel avait sans doute été le sort de la Pierre-Ithil, lors de la chute de Barad-dûr.

Bien qu'elles ne fussent marquées d'aucun signe extérieur, elles comportaient des *pôles* permanents, et elles étaient logées dans leur site originel de manière à se « tenir droites » ; leur diamètre, d'un pôle à l'autre, pointait alors vers le centre de la terre, à condition toutefois que le pôle permanent inférieur se trouvât au-dessous. C'est en cette position que les faces disposées le long de la circonférence devenaient les faces réceptrices, accueillant les visions de l'extérieur, mais les transmettant à la vue de « l'observateur attitré » placé du côté opposé, de sorte que l'observateur qui désirait voir « l'Ouest », s'installait du côté est de la Pierre, et s'il désirait transférer sa vision vers le Nord, il lui fallait se déplacer vers sa gauche, en direction du sud. Mais les Pierres mineures, celles d'Orthanc, d'Ithil et d'Anor, et probablement celle d'Annúminas, avaient également dans leur situation originelle, une orientation fixe, de telle sorte que leur face ouest (par exemple) était tournée vers l'Ouest, et manœuvrée dans une autre direction, ne reflétait plus rien. Si une Clairvoyante avait été gauchie ou bousculée, on pouvait rétablir son équilibre par l'observation, et donc en la faisant pivoter sur elle-même. Mais si elle avait été démise de son socle et jetée à terre, comme ce fut le cas pour la Pierre-Orthanc, il était beaucoup plus difficile de la remettre en place. Et ce fut donc par « pure chance », comme disent les Hommes (ou comme aurait dit Gandalf) que Peregrin, tâtonnant maladroitement, réussit à installer la Pierre au sol, plus ou moins « droite », et qu'assis à l'Ouest, il se trouva avoir la face fixe reflétant l'Est, en position de vision correcte. Les Pierres majeures n'avaient pas de telles contraintes : on pouvait les faire pivoter, elles n'en « voyaient » pas moins dans toutes les directions [17].

Laissées à elles-mêmes, les *palantíri* ne pouvaient que « voir » : elles ne transmettaient aucun son. Et non soumises à un esprit directeur, elles se faisaient volontiers fantasques, et leurs « visions » étaient (du moins en apparence) parfaitement fortuites. Placées sur une hauteur, leur face ouest pouvait, par exemple, réfléchir les lointains, ne livrant qu'une vision confuse et déformée des plans supérieurs, inférieurs et latéraux, et un premier plan totalement brouillé par les objets qui allaient se dérobant et s'enfouissant dans une clarté toujours plus diffuse. Et il arrivait aussi que le hasard, l'obscurité ou le phénomène dit « d'ensevelissement » (voir ci-dessous), orientât ou offusquât tout ce qu'elles donnaient à « voir ». La vision des *palantíri* n'était nullement « aveuglée » ou « occultée » par les obstacles physiques, mais uniquement par l'obscurité ; de sorte qu'elles pouvaient voir *au travers* d'un pan de ténèbres ou d'ombre, mais ne rien discerner à l'intérieur qui ne fût éclairé. Elles étaient donc capables de percer à jour les murs des chambres, cavernes ou souterrains, mais sans rien pouvoir distinguer de ce qui s'y trouvait, à moins qu'une lumière n'éclairât la scène ; mais elles n'avaient pas elles-mêmes pouvoir de fournir ou de projeter cette lumière. On pouvait se dissimuler à leur vue par le procédé dit « d'ensevelissement », au moyen duquel certaines choses ou lieux ne se reflétaient plus dans une Pierre, car voilés d'un tain ou d'un épais brouillard. Comment ceux qui connaissaient l'existence des Clairvoyantes, et la possibilité d'être surveillés par elles, opéraient cet « ensevelissement », demeure l'un des mystères perdus des *palantíri*[18].

L'observateur pouvait, à volonté, forcer la Pierre à se concentrer sur un certain point, placé sur sa ligne directe de vision ou à proximité[19]. Les « visions » non contrôlées étaient de petites dimensions, surtout pour les Pierres mineures, cependant elles s'accroissaient considérablement si l'observateur se plaçait à *bonne* distance du *palantir* (soit trois pieds environ). Mais soumises à la volonté d'un « observateur » habile et fort, les choses plus lointaines pouvaient être agrandies, et comme rapprochées et rendues plus nettes, et leurs arrière-plans gommés. Vu de très loin, un homme apparaissait ainsi comme une minuscule figure, haute à peine d'un pouce, difficile à distinguer sur un fond de paysage ou de foule ; mais un effort de concentration permettait à l'observateur d'élargir et de clarifier sa vision jusqu'à ce que le personnage se présentât à lui en toute clarté, bien que réduit dans le détail, comme une image d'environ un pied de haut, susceptible néanmoins d'être identifié, à supposer qu'il le connût. Et par un processus d'intense concentration, l'observateur pouvait même agrandir certains détails qui l'intéressaient, venir à distinguer (par exemple) si le personnage portait un anneau au doigt.

Mais cette « concentration » était très fatigante, voire éprouvante. On s'y livrait donc seulement lorsqu'il était urgent d'obtenir l'information souhaitée, et que la chance (peut-être corroborée par d'autres renseignements) permettait à l'observateur de choisir au sein du chaos d'images que lui offrait la Clairvoyante, les éléments pour lui signifiants, et qui concernaient ses préoccupations propres. Par exemple, Denethor assis devant la Pierre-Anor, inquiet pour le Rohan, et cherchant à décider s'il devait ou non, ordonner la mise à feu des signaux d'alarme et l'envoi de « la flèche », pouvait se placer sur une ligne tendant vers le nord-nord-ouest, ligne qui traversait directement le Rohan à proximité d'Édoras, et se dirigeait ensuite vers les Gués de l'Isen. A l'époque, on devait discerner des mouvements d'hommes sur cette ligne. Ceci étant, Denethor pouvait se concentrer sur (disons) tel ou tel groupe, venir à les identifier comme des Cavaliers, et finalement découvrir parmi eux tel personnage connu de lui, Gandalf, par exemple, chevauchant à la tête de renforts vers Helm's Deep ; et qui, soudain, se détachait du groupe pour filer vers le Nord[20].

Les Clairvoyantes n'avaient pas capacité de percer à jour l'esprit de l'individu, à l'improviste ou contre sa volonté ; car la transmission de pensée dépendait de la *volonté* des usagers de l'un et l'autre côté, et la pensée (reçue sous forme de parole[21]) était transmise d'une Pierre à l'autre seulement en vertu d'un accord préalable.

NOTES

1. On les utilisa très certainement lors des consultations entre l'Arnor et le Gondor, en l'année 1944, quand on eut à décider de la succession à la couronne. Les « messages » reçus au Gondor en 1973, disaient la grande détresse où se trouvait le Royaume du Nord ; ce fut là peut-être le dernier recours aux Clairvoyantes jusqu'aux approches de la Guerre de l'Anneau. [Note de l'auteur.]

2. Avec Arvedui furent englouties les Pierres d'Annúminas et d'Amon Sûl (Weathertop). La troisième *palantir* du Nord avait des propriétés particulières (voir note 16) ; c'était celle qui se trouvait dans la tour Élostirion sur Émyn Beraid.

3. La pierre d'Osgiliath s'était abîmée dans les eaux de l'Anduin, en 1437, durant la guerre civile qui sévit à l'époque de la Lutte Fratricide.

4. Les Tables Royales pour l'année 2002, comme aussi l'Appendice A (I, iv), font état d'une *palantir* capturée lors de la chute de Minas Ithil ; mais mon père note que ces annales furent établies après la Guerre de l'Anneau, et que cette affirmation, certaine en soi, n'en est pas moins le fruit d'une déduction. En fait, on ne devait jamais retrouver la Pierre-Ithil, et il est fort probable qu'elle périt dans la destruction de Barad-dûr.

5. De leur propre fait, les Pierres se bornaient à *voir* : des scènes ou des personnages en des lieux lointains, ou encore dans un passé lointain, lesquels se présentaient sans aucune explication ; et du moins aux époques plus tardives, l'observateur avait des difficultés à dégager les visions qu'il voulait ou désirait révéler. Mais lorsque deux esprits en accord mutuel sondaient une Pierre, la pensée pouvait se transmettre (c'est-à-dire être reçue sous forme de « parole ») et les visions qui occupaient l'esprit d'un observateur pouvaient dès lors être vues par l'autre (cf. note 21). Initialement, ces pouvoirs servaient aux fins de consultation politique, à l'échange de nouvelles utiles à la bonne marche des gouvernements, ou encore à l'administration de conseils ou d'avis ; il s'agissait plus rarement de simples gestes d'amitié ou de plaisir, de bienvenue ou de condoléance. Sauron fut seul à faire usage d'une Clairvoyante pour imposer sa volonté supérieure, et exercer une domination sur son vis-à-vis, un « observateur » pusillanime qu'il contraignait à lui révéler ses pensées cachées et à se soumettre à ses ordres. [Note de l'auteur.]

6. Voir les observations de Gandalf, au Conseil d'Elrond, touchant l'étude attentive qu'aurait faite Saruman des parchemins et documents de Minas Tirith.

7. Pour toute politique de pouvoir plus ambitieuse et toutes visées guerrières, Isengard était bien placée, car elle commandait

la Trouée de Rohan. Ce lieu était un point faible dans le système de défense de l'Ouest, et ce tout particulièrement depuis la décadence du Gondor. Par là s'infiltraient les espions et émissaires ennemis, et jusqu'à des armées entières, comme ce fut le cas à l'Âge précédent. Le Conseil ne semble pas avoir été mis au courant de ce qui se passait à l'intérieur de l'Anneau d'Isengard, car depuis de longues années, la forteresse était étroitement gardée. L'utilisation, et peut-être « l'élevage » d'Orcs furent tenus secrets et ne peuvent guère dater d'avant 2990 au plus tôt. Il semble que des troupes d'Orcs aient participé à des combats hors du territoire d'Isengard avant l'attaque sur Rohan. Si le Conseil avait eu connaissance de ces faits, il aurait immédiatement compris que Saruman était devenu un agent du Mal. [Note de l'auteur.]

8. Denethor était manifestement au courant des intuitions et des soupçons de Gandalf, et tout à la fois irrité et, non sans une certaine amertume, amusé. Notons les paroles qu'il adresse à Gandalf lorsqu'ils se rencontrent à Minas Tirith (*le Retour du Roi* V i) : « Je connais suffisamment de ces exploits pour mes propres décisions contre la menace de l'Est. » ; et surtout ses remarques ironiques, un peu plus loin : « Bon, dit-il ; car les Pierres ont beau être perdues, à ce qu'on dit, les Seigneurs de Gondor n'en ont pas moins une vision plus aiguë que les gens moindres, et bien des messages leur parviennent. » En dehors même des *Palantíri,* Denethor était un homme d'intelligence supérieure, et prompt à lire les pensées qui se cachaient derrière l'expression ou les paroles de son interlocuteur ; rien d'étonnant dès lors à ce qu'il ait perçu dans la Pierre-Anor, la vision des événements qui se déroulaient au Rohan et à Isengard. [Note de l'auteur.]

9. Notez le passage dans *les Deux Tours* IV 5, où Faramir (qui était né en 2983) se remémore avoir vu Gandalf à Minas Tirith, lorsqu'il était tout enfant, et à deux ou trois reprises par la suite ; et affirme que ce qui avait amené Gandalf dans cette ville, c'était sa passion pour les documents anciens. La dernière visite de Gandalf daterait, semble-t-il, de 3017, époque où il découvrit le parchemin d'Isildur.

10. Il est fait ici référence à ce que Gandalf dit à Peregrin (*les Deux Tours,* III 11) : « Qui sait où gisent à présent les Pierres disparues de l'Arnor et du Gondor, et si elles ont été enfouies, ou coulées au fond de l'eau ? »

11. Il est fait ici référence aux paroles de Gandalf après la mort de Denethor (*le Retour du Roi* V 7, en fin de chapitre). La correction apportée par mon père, et provenant de la présente discussion — « Denethor n'aurait pas osé l'utiliser » au lieu de « Denethor n'osa pas l'utiliser » —, n'a pas été incluse dans l'édition définitive (par simple mégarde, semble-t-il). Voir l'Introduction.

12. Thorongil (« l'Aigle de l'Étoile »), nom attribué à Aragorn lorsque sous un déguisement, il se fit serviteur du Roi Échtelion

II du Gondor ; voir *le Seigneur des Anneaux,* Appendice A (I, iv, *les Surintendants*).

13. L'utilisation des *palantíri* entraînait un état de tension mentale, surtout chez les hommes des époques plus tardives, qui n'étaient pas rompus à ces opérations ; venant s'ajouter à ses autres soucis, cette tension a pu contribuer à la « sombre préoccupation » de Denethor. Sa femme dut en souffrir plus tôt que les autres, et cela put aggraver son malheur et hâter sa mort. [Note de l'auteur.]

14. Une note marginale, non localisable, fait observer que « l'orgueil exclusivement personnel de Saruman et sa volonté de puissance, avaient porté atteinte à sa probité ; et que tout cela provenait de ses recherches sur les Anneaux de pouvoir, car dans son fol orgueil, il se crut capable d'en faire usage, ou d'en manipuler Un, le Maître Anneau, au mépris de la volonté d'autrui. Et s'étant départi de tout loyalisme, tant envers les individus qu'envers la cause, il était devenu vulnérable à l'emprise d'une volonté plus forte que la sienne, à ses menaces et à son ostentation de pouvoir. » Au surplus, il n'avait lui-même aucun *droit* à l'usage de la Pierre-Orthanc.

.15. 1998 fut l'année de la mort de Pelendur, Surintendant du Gondor. « Après le gouvernement de Pelendur, la fonction de Surintendant devint héréditaire au même titre que la royauté, et transmissible de père en fils, ou au plus proche parent. » *Le Seigneur des Anneaux,* Appendice A I, iv, *les Surintendants.*

16. Les choses se passèrent différemment en Arnor. Les pierres appartenaient légalement au Roi (qui en temps normal utilisait la Clairvoyante d'Annúminas) ; mais le Royaume vint à se scinder, et il y eut contestation pour la dignité de Grand-Roi. Les Rois d'Arthedain, dont la revendication était manifestement la mieux fondée, entretenaient un gardien spécial à Amon Sûl, dont la Pierre était considérée la plus forte des *palantíri* du Nord : et c'était bien la plus massive et la plus puissante, et celle par où passait l'essentiel des communications avec le Gondor. Après la destruction d'Amon Sûl, par l'Angmar, en 1409, les Pierres furent toutes deux entreposées à Fornost, où vivait le Roi de l'Arthedain. Et elles furent englouties dans le naufrage d'Arevedui, et il ne resta plus aucun mandant, détenant un droit quelconque, direct ou par héritage, d'utiliser les Pierres. Au demeurant, des Clairvoyantes du Nord, il ne restait plus que la Pierre-Élendil sur Émyn Beraid, mais elle avait des propriétés spéciales et ne servait pas à des fins de communication. Le droit héréditaire d'en faire usage était toujours dévolu à « L'Héritier d'Isildur », le chef suprême et reconnu des Dúnedain, et le descendant d'Arvedui. Mais on ignore si aucun d'entre eux, y compris Aragorn, l'a jamais sondée, en leur dur languir de l'Ouest à jamais perdu. C'étaient Círdan et les Elfes du Lindon qui avaient la garde et l'entretien de cette Pierre et de sa Tour. [Note de l'auteur] — Dans l'Appendice A (I, iii) au *Seigneur des Anneaux,* on lit que la *palantir* d'Émyn Beraid

« était différente des autres et qu'il n'y avait point correspondance possible entre Elles, car cette Clairvoyante fixait uniquement la Mer. Élendil l'avait posée en cet endroit afin de pouvoir scruter « en droite ligne » l'horizon et entrevoir Éresseä, et l'Ouest à jamais perdu ; mais les Flots convulsés dans les parages d'Éresseä recouvraient Númenor pour toujours. » Cette vision d'Éresseä que se procure Élendil en sondant la *palantir* d'Émyn Beraid, est évoquée également dans *les Anneaux de Pouvoir* (*le Simarillion*) : « On croit aussi qu'il voyait parfois au loin la Tour d'Avallonë sur Éresseä, là où était la Pierre Maîtresse et où elle est toujours. » On remarquera que dans le présent récit, il n'a pas été mention de cette Pierre-Maîtresse.

17. Une note tardive et hors contexte affirme que les *palantíri* n'étaient ni polarisées ni orientées mais sans autres détails.

18. Cette note tardive à laquelle il vient d'être fait référence, décrit certains aspects des *palantíri* sous forme un peu différente ; en particulier le concept de « l'ensevelissement » semble utilisé à de tout autres fins. Voici cette note hâtive et quelque peu obscure : « Elles conservaient les images reçues, de sorte que chacune d'entre elles contenait en elle-même une profusion d'images et de scènes, remontant parfois au passé immémorial. Elles ne pouvaient « voir » dans l'obscurité ; autrement dit, elles n'enregistraient pas les objets ou figures placés dans la pénombre. Et on les gardait elles-mêmes dans le noir, parce que dans ces conditions, il était beaucoup plus facile de visionner leur contenu et, au fil des siècles, de limiter leur « surcharge en image ». Comment s'y prenait-on pour les « ensevelir » était un secret bien gardé, et à ce jour ignoré. Les obstacles physiques — mur, colline, bois — ne suffisaient pas à les « aveugler », tant que les objets au-delà se trouvaient, eux, en pleine lumière. On pense, ou du moins on imagine, que dans leurs sites originels, les Clairvoyantes étaient renfermées dans des coffres sphériques, verrouillés, afin de prévenir leur mésusage par des personnes non autorisées ; et on admet que ces « étuis » servaient aussi à les « ensevelir » et à les mettre en sommeil. Ces coffres-étuis devaient être fabriqués en un quelconque métal ou une autre substance aujourd'hui inconnue. » Les notes marginales accompagnant ces précisions sont en partie illisibles, mais on peut cependant en dégager ceci : que plus on se projetait loin dans le passé, plus la vision se faisait nette ; et que pour les visions « à distance », il y avait une « bonne distance », variable selon les Pierres, qui livrait l'image la plus nette des objets considérés. Les *Palantíri* majeures voyaient beaucoup plus loin que les Pierres Mineures ; pour celles-ci, la « bonne distance » était d'environ cinq cents milles, soit la distance qui séparait la Pierre-Orthanc de la Pierre-Anor. « La Pierre-Ithil était trop rapprochée, mais elle servait surtout [mots illisibles], et non pour les contacts personnels avec Minas Anor. »

19. Il va de soi que l'orientation ne se divisait pas en « quartiers » distincts, mais qu'elle était continue ; de sorte que la ligne

de vision directe avec un « observateur » assis au sud-est passait par le nord-ouest, et ainsi de suite. [Note de l'auteur.]

20. Voir *les Deux Tours* III 7.

21. Cet aspect est décrit plus explicitement dans une note isolée, que voici : « Deux personnes qui sonderaient des Pierres mutuellement « concordantes » pourraient converser, mais non pas par le son, que les Pierres ne transmettaient pas. Se considérant l'un l'autre par le truchement des Clairvoyantes, les deux observateurs échangeraient des « pensées » — non point toutes leurs pensées ou leurs intentions véritables, mais un « discours silencieux », c'est-à-dire les pensées qu'ils souhaitent précisément transmettre (et qui avaient déjà pris forme linguistique dans leur esprit ou avaient même été prononcées à haute voix), et que leur correspondant recevait et traduisait immédiatement en « paroles », et que l'on ne peut rapporter que sous cette forme. »

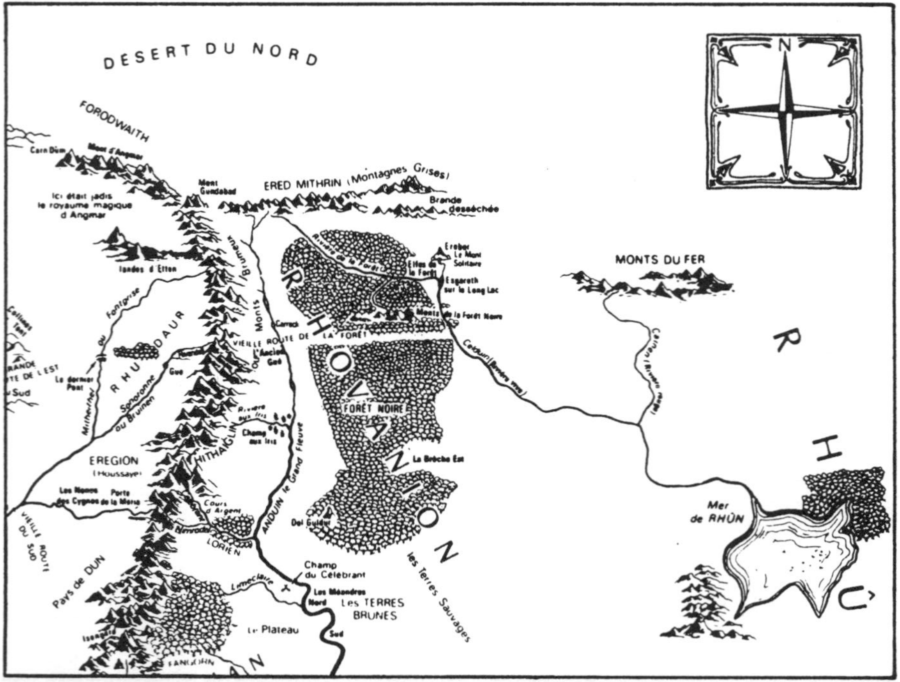
DESERT DU NORD
FORODWAITH
Carn Dûm
Mont d'Angmar
Ici était jadis le royaume magique d'Angmar
Mont Gundabad
ERED MITHRIN (Montagnes Grises)
Brande desséchée
Landes d'Etten
Fontgrise
RHUDAUR
Le dernier Pont
Mitheithel
Sonoronne ou Bruinen
Gue
Monts Brumeux
Carrock
VIEILLE ROUTE DE LA FORÊT
Gué
Rivière aux Iris
Champ aux Iris
HITHAIGLIN
EREGION (Houssaye)
Les Nonnes des Cygnes
Porte de la Moria
Cours d'Argent
LORIEN
VIEILLE ROUTE DU SUD
Pays de DUN
ANDUIN le Grand Fleuve
Champ du Célébrant
Limeclaire
Les Méandres Nord
Les TERRES BRUNES
Le Plateau
Sud
FANGORN
RHOVANION
Rivière de la Forêt
Elfes de la Forêt
Erebor Le Mont Solitaire
Esgaroth sur le Long Lac
Monts de la Forêt Noire
FORÊT NOIRE
La Brèche Est
Dol Guldur
les Terres Sauvages
Celduin (Rivière vive)
MONTS DU FER
Carnen (Rivière rouge)
RHÛN
Mer de RHÛN
N

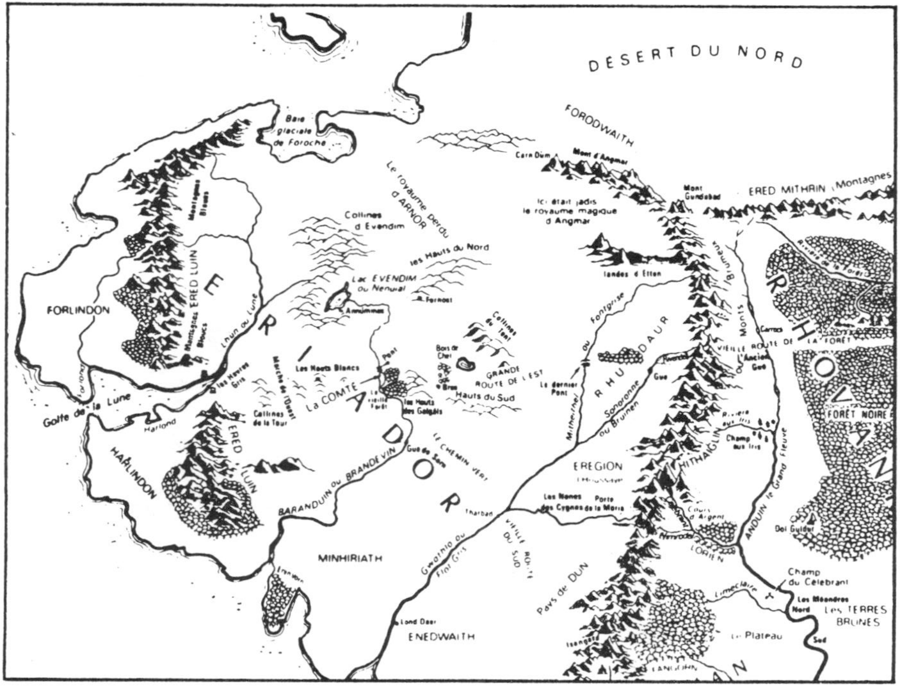
DESERT DU NORD
FORODWAITH
Baie glaciale de Foroche
Carn Dûm
Mont d'Angmar
Mont Gundabad
ERED MITHRIN (Montagnes
Ici était jadis le royaume magique d'Angmar
Le royaume perdu d'ARNOR
Collines d'Evendim
les Hauts du Nord
Lac EVENDIM ou Nenuial
Annuminas
Fornost
landes d'Etten
Collines du Vent
ERIADOR
ERED LUIN
Montagnes Bleues
FORLINDON
Lhun ou Lune
Golfe de la Lune
Harlond
HARLINDON
les Havres Gris
Marche de l'Ouest
Les Hauts Blancs
Collines de la Tour
La COMTÉ
Pont
la vieille Forêt
les Hauts des Galgals
Bois de Chet
Brée
GRANDE ROUTE DE L'EST
Hauts du Sud
Le dernier Pont
Mitheithel ou fontgrise
RHUDAUR
Sonoronne ou Bruinen
Gué
LE CHEMIN VERT
Gué de Sarn
BARANDUIN ou BRANDEVIN
Tharbad
MINHIRIATH
Gwathlo ou Flot Gris
Lond Daer
ENEDWAITH
VIEILLE ROUTE DU SUD
Pays de DUN
EREGION
Les Nones des Cygnes
Porte de la Moria
Cours d'Argent
LORIEN
HITHAIGLIN
Monts Brumeux
VIEILLE ROUTE DE LA FORÊT
Carrock
l'Ancien Gué
Rivière de la Forêt
RHOVANION
FORÊT NOIRE
Rivière aux Iris
Champ aux Iris
ANDUIN le Grand Fleuve
Dol Guldur
Champ du Celebrant
Limeclaire
Les Méandres Nord
Sud
LES TERRES BRUNES
Le Plateau
Isengard

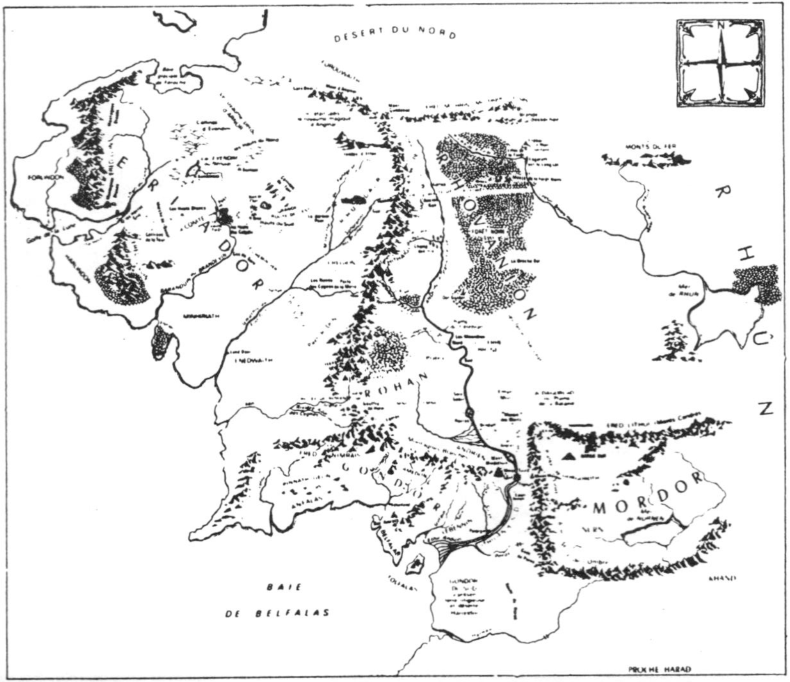

DESERT DU NORD
ERIADOR
RHOVANION
RHÛN
MONTS DU FER
COMTÉ
FORLINDON
HARLINDON
MINHIRIATH
ENEDWAITH
ROHAN
GONDOR
ANFALAS
MORDOR
KHAND
BAIE
DE BELFALAS
TOLFALAS
PROCHE HARAD

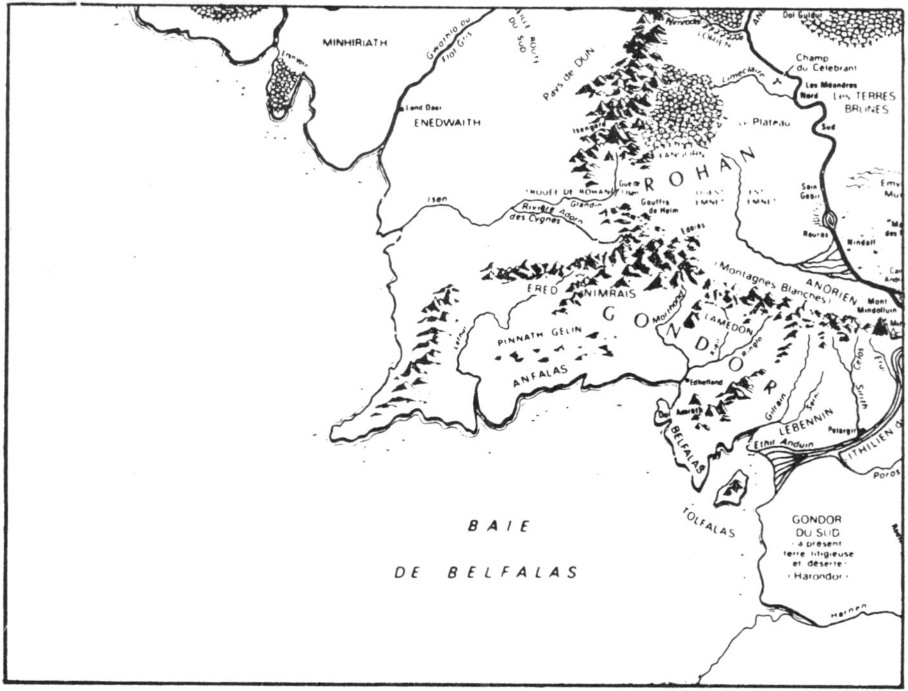
MINHIRIATH
Gwathlo ou Flot Gris
Lond Daer
ENEDWAITH
Pays de DUN
Champ du Celebrant
Les Méandres
Nord
Sud
LES TERRES BRUNES
Plateau
ROHAN
Isengard
Isen
Rivière Adorn
des Cygnes
Gouffre de Helm
Edoras
Montagnes Blanches
ANORIEN
Mont Mindolluin
EREDNIMRAIS
GONDOR
PINNATH GELIN
ANFALAS
LAMEDON
Edhellond
Ringlo
Gilrain
Sirith
Celos
LEBENNIN
Pelargir
Ethir Anduin
BELFALAS
TOLFALAS
ITHILIEN
Poros
GONDOR DU SUD
à présent
terre litigieuse
et déserte
Harondor
Harnen
BAIE
DE BELFALAS

TABLE DES MATIÈRES

Troisième partie : le Troisième Âge

Quatrième partie

La planète des singes
Pierre Boulle

Y a-t-il des êtres humains ailleurs que dans notre galaxie ? se demandent le professeur Antelle, Arthur Levain et Ulysse Mérou en observant, de leur vaisseau spatial, le paysage d'une planète curieusement semblable à celui de notre Terre. Après s'y être posés, les trois hommes découvrent qu'elle a de drôles d'habitants : c'est la planète des singes.

La vallée de la peur
Arthur Conan Doyle

Un crime mystérieux à Birlstone, une énigme de plus à résoudre pour le maître des détectives : le fameux Sherlock Holmes, accompagné de son fidèle Watson. Une enquête qui va les mener jusque dans la lointaine Amérique, sur les traces du roi du crime, le professeur Moriarty.

Petite Princesse
Frances Hodgson Burnett

Elle a douze ans, elle est belle, intelligente et riche, avec un papa qu'elle adore. Sara est une petite princesse que le destin a gâtée dans le Londres des années 1870. Mais brutalement la chance tourne : plus de père, plus d'argent, le bonheur s'est envolé. Malgré la misère, la souffrance et les larmes, Sara ne perd pas espoir...

Les chasseurs de loups
James Oliver Curwood

Découvrez le Grand Nord canadien, le Désert Blanc cher à Curwood comme à son maître Jack London : sur les pas d'un jeune Américain, plongez dans cet univers rude et hostile, parcourez ses épaisses forêts de sapins et ses montagnes enneigées, hantées par les élans, les loups et de féroces tribus indiennes. Dans la bonne humeur comme dans la peine, vous partagerez les aventures de Roderick Drew qui s'initie à la vie de trappeur avec son ami Wabi et le vieil Indien Mukoki.

Les trois petits mousquetaires
Émile Desbeaux

Du haut de ses onze ans, avec pour tout bagage un vieux sac démodé et un courage à toute épreuve, le jeune Marius de Champagnac fait son entrée dans un lycée parisien, un beau jour de 1873. De rendez-vous secrets en bagarres héroïques, une épopée scolaire digne de son modèle : les célèbres mousquetaires d'Alexandre Dumas.

Pompéi (Anthologie)
Alexandre Dumas, Théophile Gautier, Gérard de Nerval

Pompéi, ensevelie sous le Vésuve, retrouve, ici, les couleurs de la vie. Dumas, Gautier, Nerval, Jensen, voyageurs et poètes, en explorent les mystères dans de célèbres nouvelles : Arria Marcella, Isis, Gradiva. *Cette anthologie entraîne le lecteur dans une Pompéi de rêve, où le temps a été suspendu et où de modernes héros rencontrent d'antiques et mystérieuses héroïnes.*

Moonfleet
John Meade Falkner

Sur les rivages de l'Angleterre du XVIIIe siècle, Moonfleet : un village battu par les vents. John, jeune orphelin de quinze ans, part à la recherche du trésor perdu de Barbe Noire... Contrebandiers patibulaires, falaises vertigineuses, cryptes et passages secrets... Ce livre de mystère et de brume est aussi un formidable roman d'aventures.

Le meilleur des mondes
Aldous Huxley

Les expérimentations sur l'embryon, l'usage généralisé de la drogue. Ces questions d'actualité ont été résolues dans l'État mondial, totalitaire, imaginé par Aldous Huxley en 1932. Défi, réquisitoire, anti-utopie, ce chef-d'œuvre a fait de son auteur un des témoins les plus lucides de notre temps.

Fortune carrée
Joseph Kessel

Aventures folles, combats cruels, chevauchées fantastiques, tempêtes en mer Rouge, attaque de pirates, caravanes dans des déserts de pierre d'une beauté inouïe... Du Yémen au Pays des Issas, deux aventuriers fous de liberté, Igricheff le Russe métissé de Kirghiz, et Mordhom le marin breton, captent notre imagination. Ce roman nous fait découvrir et aimer des pays et des hommes aux antipodes de notre monde civilisé.

Le livre de la jungle
Rudyard Kipling

Un petit d'homme perdu dans la mystérieuse jungle indienne, recueilli par des loups, instruit par un ours, protégé par une panthère noire et un serpent python contre les menaces d'un tigre cruel : voici l'histoire de Mowgli « la grenouille », devenu aujourd'hui un mythe familier et universel.

Le second livre de la jungle
Rudyard Kipling

« Petite grenouille, prends ta propre piste » : Mogwli, l'enfant abandonné dans la jungle indienne et recueilli par les loups, a grandi. Toujours accompagné de ses fidèles amis, il poursuit sa chasse contre le tigre cruel qui a juré de le dévorer, mais le temps viendra de rejoindre le village des hommes.

L'enfant noir
Camara Laye

Un jeune écrivain de 25 ans décide de raconter son enfance africaine, en Haute-Guinée. Mais, au-delà d'un récit autobiographique, il nous restitue, dans toute sa vérité, la vie quotidienne, les traditions et les coutumes de tout un peuple. Avec cet Enfant noir, *Camara Laye nous offre un livre intemporel plein de finesse et de talent.*

Belliou la Fumée
Jack London

Avec les aventures de Kit Belliou, dit la Fumée, Jack London nous donne une vision souriante de la ruée vers l'or dans le Grand Nord. Malgré les épreuves, Belliou ne connaît jamais ni l'amertume, ni le découragement. Au contraire, son intelligence, sa générosité et son sens de l'humour le sortent des situations les plus désespérées.

Michaël chien de cirque
Jack London

Un chien volé sur une plage des îles Salomon, un perroquet, un steward, un vieux marin, tous compagnons d'infortune à la suite d'un naufrage. Michaël chien de cirque, *un roman d'aventures en forme de protestation contre le dressage des animaux dans les cirques et les music-halls.*

Les patins d'argent
Pierre Jules Stahl

Ils sont pauvres, ils s'aiment tendrement, ils sont frère et sœur, ils se nomment Hans et Gretel et vivent dans la Hollande du milieu du XIXe siècle. Pays faussement tranquille où l'hiver métamorphose canaux et étangs en une immense piste de glissade. Au bout de laquelle, promise au plus rapide, brille une merveilleuse paire de patins d'argent.

Contes et légendes inachevés
Premier Âge
J. R. R. Tolkien

L'histoire de la Terre du Milieu n'est pas contenue tout entière dans Le Seigneur des Anneaux. *D'autres fragments, présentés ici, sont apparus. Vous qui entrez dans ce livre enchanté, découvrez le temps où les Elfes vivaient avec les hommes, suivez les aventures de Tuor le radieux et du ténébreux Túrin... et attendez le « Deuxième Âge ».*

Contes et légendes inachevés
Deuxième Âge
J. R. R. Tolkien

L'histoire de la Terre du Milieu n'est pas contenue tout entière dans Le Seigneur des Anneaux. *D'autres fragments, présentés ici, sont apparus. Vous qui entrez dans ce livre enchanté, entendez l'appel de la Mer qui hante Aldarion, explorez l'île de Númenor, assistez aux premiers combats contre Sauron le Maléfique, avant de partir vers le « Troisième Âge ».*

Achevé d'imprimer
par Maury-Eurolivres S.A.
45300 Manchecourt

Dépôt légal : octobre 1996.

POCKET - 12, avenue d'Italie - 75627 PARIS Cedex 13